日本価値創造ERM学会創立10周年記念シンポジウム

企業の価値創造経営プロセスの新たなる体系化をめざして

JAVCERM10周年記念書籍刊行委員会 編
The Japanese Association of Value Creating ERM

ESGの観点から見た価値創造と資本市場

規制哲学転換の下での金融機関経営のあり方と今後の展望
〜金融機関の価値創造, ERMの進化の方向〜

企業と投資家はいかに意見交換をするか
〜価値向上に向けた企業の動き〜

企業における価値創造ERMの実践
〜多様な実践の形態からERM実践のあり方を考える〜

Enterprise Risk Management

PROGRES
プログレス

は し が き

　日本価値創造 ERM 学会（The Japanese Association of Value Creating ERM：JAVCERM）は，2007 年 5 月 18 日に設立（初代会長：刈屋 武昭）されました。

　本学会は，事業会社（リスクマネジメント，内部監査，経営企画等）に所属する会員，およびコンサルティング会社や金融・保険会社に所属する会員，ならびに大学や研究機関の研究者である会員で構成されており，設立以来 10 年間で 200 件を超える研究成果が発表されています。

　昨年（2016 年）度には，設立 10 周年を記念して，以下の通り，計 4 回のシンポジウムを開催いたしました。

> 第 1 回：2016 年 5 月 13 日（於：学士会館）
> 　　「ESG の観点から見た価値創造と資本市場」
> 第 2 回：2016 年 7 月 22 日（於：学士会館）
> 　　「規制哲学転換の下での金融機関経営のあり方と今後の展望
> 　　　　―金融機関の価値創造，ERM の進化の方向―」
> 第 3 回：2016 年 9 月 9 日（於：明治大学）
> 　　「企業と投資家はいかに意見交換をするか
> 　　　　―価値向上に向けた企業の動き―」
> 第 4 回：2016 年 11 月 18 日（於：学士会館）
> 　　「企業における価値創造 ERM の実践
> 　　　　―多様な実践の形態から ERM 実践のあり方を考える―」

本書は，開催当日参加が叶わなかった会員をはじめ，広く価値創造やリスクマネジメントに関心をお持ちの読者に，これら4回のシンポジウムでの基調講演とパネルディスカッションの内容をまとめ，お伝えすることを狙いとするものです。

　茲に，あらためて，講演者およびパネルディスカッションに登壇いただいた方々，ならびに熱心に聴講いただいたシンポジウム参加者の皆様に深く感謝申し上げます。

　末筆ながら，株式会社プログレスの野々内邦夫社長には本書の出版企画の段階から大変お世話になり厚く御礼申し上げます。

　なお，本書では，講演者およびパネリストの方々の所属や肩書は発表当時のものとし，敬称は略させていただいておりますのでご容赦ください。

2017年8月10日

JAVCERM10周年記念書籍刊行委員会

目　次

日本価値創造ERM学会設立から10年と日本の企業シス
　テムの競争力……………刈屋　武昭（設立会長：2007年度〜2012年度）・i

リスクの計測と価値創造…川北　英隆（第2代会長：2013年度〜2016年度）・v

ERMとESGの融合………………加藤　康之（第3代会長：2017年度〜）・ix

日本価値創造ERM学会創立10周年記念シンポジウム《第1回：2016年5月13日（金）》
ESGの観点から見た価値創造と資本市場

●基調講演●
ガバナンスを中心としたESG改革の最新事情
—新たな段階に入ったESGと企業価値の関係：機関投資家の視点から—

堀江　貞之

1. はじめに　4
2. ESGをめぐる最近の動向　6
3. ESGと企業価値との関係　9
4. 日本におけるESG改革と企業価値向上　15

●パネルディスカッション●
機関投資家，企業から見たESGと企業価値

〈パネリスト〉　永安　正洋／八木　博一／奥野　一成
〈モデレータ〉　加藤　康之

◆先進企業によるESGの取組み　23
◆年金基金によるESGの取組み　24
◆運用機関によるESGの取組み　27
◆ESGに取り組む企業の狙い　29
◆ESGに取り組んでいる企業に対する評価　32
◆ESG投資家の状況　35
◆ESG投資の今後の進展　37

日本価値創造 ERM 学会創立 10 周年記念シンポジウム《第 2 回：2016 年 7 月 22 日（金）》

規制哲学転換の下での金融機関経営のあり方と今後の展望
―金融機関の価値創造，ERM の進化の方向―

●基調講演●

金融規制の潮流と銀行 ERM

吉藤　茂

1. はじめに　46
2. 金融規制の潮流　47
   (1) ストレス事象を振り返る前に―民間銀行と規制当局の信頼関係　47
   (2) アジア通貨危機　48
   (3) リーマンショック　48
   (4) 欧州債務危機　53
   (5) Libor 問題　54
   (6) リーマンショック後の規制強化の流れ　55
   (7) 規制間の相互作用　59
   (8) 金融システムの安定と経済成長の両立を目指して　60
3. 銀行 ERM　62
   (1) リスクアペタイト・フレームワーク　63
   (2) ストレステスト　66
   (3) リスクカルチャー　71
4. 将来に向けて　73

●パネルディスカッション●

グローバルな金融監督規制と金融機関の ERM による価値創造

〈パネリスト〉　碓井 茂樹／玉村 勝彦／村木 正雄／三宅 将之
〈モデレータ〉　酒井 重人

◆グローバルな保険監督・規制と保険会社の ERM　77
◆個別最適と合成の誤謬　87
◆金融機関のリスクガバナンスの発展　90
◆ERM 思考法で新テクノロジーと金融機関について考える　103

日本価値創造ERM学会創立10周年記念シンポジウム《第3回：2016年9月9日（金）》

企業と投資家はいかに意見交換をするか
―価値向上に向けた企業の動き―

●基調講演●

株主価値向上に向けた最近の日本企業の動き
―株主資本コストを意識したROEの向上―

太田 洋子

1. 本講演の趣旨　*118*
2. 投資家と企業の間におけるROEおよび株主資本コストの認識ギャップについて　*120*
3. 企業の成長ステージに応じた株主資本コストの変遷　*128*
4. 企業・事業固有のリスクを表すベータの把握　*132*
5. 目指すべきROEの水準と長期的視点での株主価値の最大化　*134*

●対　談●

企業と投資家の意見交換の現場

安藤　聡／川北　英隆

- ◆IRにおけるスチュワードシップ・コードとコーポレートガバナンス・コードの位置づけ　*145*
- ◆統合レポートについて　*147*
- ◆建設的な対話とは　*150*
- ◆株主との対話におけるIRオフィサーの役割　*153*
- ◆海外の機関投資家との対話におけるポイント　*157*
- ◆IRの目的と議決権行使　*158*
- ◆CSRへの取組みについて　*161*

日本価値創造ERM学会創立10周年記念シンポジウム《第4回：2016年11月18日（金）》

企業における価値創造ERMの実践
―多様な実践の形態からERM実践のあり方を考える―

―◎基調講演◎―

経営と価値創造ERM
―ショッピングセンターを事例として―

刈屋 武昭

1. SCのERM的戦略的経営　173
    1-1　価値創造ERM経営　173
    1-2　SCをめぐるビジネス環境の進化　176
2. SC経営の現状とリスク対応の経営の必要性　177
3. SCの戦略的経営のあり方　180
    3-1　SC経営側によるテナント経営：ソフト内部統制　182
    3-2　テナントミックスとSCの理念・ビジョンに関わるコンセプト　184
    3-3　SCブランドの陳腐化・集客力低下への対応オプションの継続的実施　185
4. ERM的戦略経営の具体的なKRI　186
    4-1　内部リスク要因　188
5. 「ERMによるSC経営とテナント経営の統合」の問題　189
6. ERM的な視点からの価値創造戦略　190
    6-1　シミュレーション結果　192
7. 要約的結論　194

―◎パネルディスカッション◎―

企業におけるERMの実践
―実務担当者からの提言―

〈パネリスト〉　菅原　正／大森　勉
〈モデレータ兼パネリスト〉　吉野　太郎

■テーマと3つの論点　195
■パネリストからの提言　196
　◆日産自動車のリスクマネジメント　196
　◆エンターテイメントビジネスから見たERM　200
　◆ERMに求められる役割・機能　207

■ディスカッション　*211*
　◆ ERM に求められる役割・機能　*211*
　◆ 構築すべき組織・機能とモニタリングのあるべき姿　*214*
　◆ リスクマネジメント事務局を置く部署　*217*
　◆ ERM を実践する中で遭遇する課題　*217*
　◆ リスクマネジメント教育　*219*

編集後記──日本価値創造 ERM 学会 10 年間の歩み　*223*

● 研究会（2007 年度～ 2015 年度）　*227*
● 研究発表大会（設立大会（2007 年 5 月）～第 10 回大会（2016 年 9 月））　*235*
● 日本価値創造 ERM 学会創立 10 周年記念シンポジウム（2016 年度）　*240*

■ 索　引　*245*

日本価値創造 ERM 学会設立から 10 年と日本の企業システムの競争力

刈屋 武昭

(設立会長：2007 年度～ 2012 年度)

　2007 年 5 月 18 日に日本価値創造 ERM 学会（JAVCERM）を設立して以来 10 年，当学会は昨年の活発な記念講演会等の活動を含め，学会の設立趣意の基本「企業全体の価値創造経営プロセスに関わる有効な ERM 経営プロセスのあり方について研究調査の交流の場を作り，社会の中で価値創造 ERM に関して学習プロセスとして機能することを狙い，結果として日本企業の経営力を高めていく」ために，海外の専門家の招聘交流など数多くの地道な活動をしてきました。次の 10 周年に向けて，さらにその存在の有効性を高めるために，将来の方向性を議論するときでしょう。

　企業をめぐる経済・政治・社会・技術の経営環境をみると，各国の経済成長の鈍化や所得格差から派生する国内の政治経済問題や，テロリズムと難民の問題などに関係してグローバリズムに対抗するナショナリズムが台頭し，政治的なリスクも大きくなっています。シェールガス・オイルは国際石油価格を低下させ，その供給構造は今後 10 年間は変化しないでしょう。石油や資源価格の低迷は，アフリカ，中東，南米，ロシアなどの政治・経済に影響を与えています。企業には，これまで以上に ERM 的な視点に基づく統合的な経営の重要性が増しています。

日本の企業経営に関しては，この10年間をみますと，日本的企業システムに内包している深刻なリスクの問題を浮き彫りにしているように見えます。日本企業の中で,「進化に対応して自らを変える」経営者がERM的な能力をいかんなく発揮している企業は，トヨタ，日産やソフトバンクなどでしょう。絶えずフォワード・ルッキングの立場から，リスクを抑制しながら，組織全体を変え，利益を狙う姿勢が明確です。一方，企業による犯罪事件として，日本を代表するオリンパス，三菱自動車，シャープ，東芝など多くの企業名がウィッキペディアに掲載されています。フジサンケイ危機管理室のサイトには毎月の不祥事の事例がその内容とともに記録されています。これらを見ると内部統制問題をこえた日本的経営に関わる問題がありそうです。

　エンロン，ワールドコムの資本主義の基盤を揺るがす不祥事をきっかけとして成立した，米国の2002年企業改革法（SOX法）では，企業経営プロセスの有効性を求めて，経営者責任を問う内容が明確に規定されました。一方，日本では，2006年金融商品取引法で,「経営者は自らの責任において，財務報告に係る内部統制について，方針の決定・計画・整備を実行すること」に関する内部統制報告書を提出する義務（その判定は監査法人が認定）が課せられました（JSOX法）。このような「日本的」制度設計の内容については，最初から問題点が指摘されましたが，「日本的」制度が合意の形成の妥協の産物的であるがゆえに，制度設計の甘さが不祥事リスクの遠因になっていると考えます。オリンパスや東芝などの監査に関して，不祥事を起こしている新日本有限責任監査法人もこの10年間の問題です。

　2006年の改正会社法にもこの問題があります。例えば，2008～09年の金融危機で，日本の大金融機関も大きな損失を出したのですが，問題は，危機が起こった後に，その投資価値やその後に起こりうる不確実性を十分認識しないまま，リーマンとか，メリルリンチなどの危機で倒産寸前の投資銀行を買いに出

て大きく損失を計上し，第三者割当による莫大な資金調達をしました。そこで，株価を半値以下にした大金融機関の「トップ経営者の行動」の合理性・責任を問うても，法的には無意味で，一般株主は泣き寝入りでした。この問題は，定款自治の中のガバナンス問題ではなく，日本の企業システムのあり方を体系化している会社法の問題でしょう。株主の意思を超えて，大規模の資金調達を取締役特別決議に委ねてしまう制度の問題でしょう。この経営者行動の日本経済への影響は，個人株主や第三者割当の企業を通して多くに波及して，一部は雇用にも影響していきました。会社法では，目先の見かけ上の機会に流されて，多くの一般株主の権利の希薄化と厳しい経済環境の中での株価の長期低迷へと導いた経営者の責任は，日本国家のリスク経営の対象ではないのです。

　経営者は，「国家は，そのリアクティブなリスク経営として，大きな危機の後には規制を変える」ことを理解する必要があるでしょう。エンロン等の問題の後に2002年のSOX法が成立したように，2010年の金融危機の後には，大恐慌以来の大改革である金融規制改革法が成立し，投資銀行的な行動の規制が大きく制限されました。

　会社法や金融商品取引法と経営者のモラルハザードとの関係を考察し，規律ある企業システムの確立が，日本経済の向上と日本企業の競争力の向上に必要であると思っています。

リスクの計測と価値創造

川 北 英 隆
（第 2 代会長：2013 年度〜2016 年度）

　日本価値創造 ERM 学会という学会の名称から何をイメージするだろうか。ERM が Enterprise Risk Management の略だと知らされていたとしても，リスクと価値創造がいかに結びついているのかをイメージすることの難易度は高いように思う。

　多少ファイナンスの知識があるのなら，リスクとリターンが表裏一体のものであり，「フリーランチはない」と理解しているだろう。しかし，学会名に込められた本当の意図をすぐに理解できるのだろうか。この問いかけである。

　実のところ，学会が設立された当初，筆者自身，正確にイメージできていたかどうかは大いに疑問である。この点，最近になり，学会名の理解を促す事例が出てきている。1 つは銀行の事例である。もう 1 つは事業会社の事例である。

　銀行の事例は，日本のメガバンクをはじめとして，GSIBs（Global Systemically Important Banks）が用いているリスクアペタイト・フレームワーク（RAF）である。銀行に対する規制を前提として，自行の体力を確認しつつ，リスクのコントロールと同時並行的にリターン（利益）をできるかぎり高めていくための枠組みである。

RAFの根幹をなすのは数値モデルである。外部要因や内部の経営方針を数値化して入力し，それらが自行に与える影響をシミュレーションできるように設計されている。この数値モデルを用いて分析することで，経営計画を精緻に練り上げられる。

　入力する環境と経営の選択肢の組み合わせをいかに設定するのか。また，シミュレーション結果の評価と，最終的な経営上の意思決定がどうあるべきなのか。これらは依然として（多分，意思決定部分は将来においても）人間の判断に委ねられる。とはいえ，モデルは経営の合理性をサポートしてくれる。

　この意味でのRAFが，銀行としての規制対応だけに限定されないことは明らかである。銀行も企業である。その企業の収益力を安定的に高めるため，積極的に活用すべきツールである。

　RAFをリスク管理のための最新の事例として指摘すると，必ず出てくる感想がある。金融機関は特殊な業種だというものである。

　筆者として，この感想には違和感がある。事業会社であっても，少なくとも大企業ともなると，経営が直面するリスクとリターンを数値的に把握することが重要になる。この意味での違和感がある。

　事業会社としては，最近生じた日本の大手電機会社S社とT社の事例を思い出し，それを入念に分析して他山の石とすることが有意義だろう。この2つの事例の特徴は，特定分野における大規模な工場建設や企業買収がもたらした巨額の損失にある。

この事例において，両社が将来の大きなリターンを思い描き，意思決定したことを問題視するつもりはない。

　他方，損失の可能性，すなわちリスクを事前にどこまで把握していたのか。ある程度リスクを認識していたとして，その認識の方法が適切だったのか。さらには，最終的な意思決定の段階において，リターンだけではなくリスクに関する認識が経営陣の間で共有され，十分に議論されたのか。これらの点が問われる。リスクに関する認識が不十分なまま意思決定がなされたのであれば，それは暴走以外の何物でもない。

　リスクの観点から眺めると，しばしば事業会社は銀行と大きく異なっている。リスクを分散できないことに，事業会社の特徴がある。Ｓ社とＴ社の事例が典型である。

　リスク分散できないのであれば，より入念なリスク分析と，そのリスクに見合った経営的工夫と意思決定が求められる。極論すれば，事業会社の意思決定において，合議制が成り立つのかどうかである。創業者やオーナー系企業がしばしば大成功するのは，リーダーシップに基づく経営が事業会社に求められる証左の１つだろう。

　このことが，リスクの評価が不必要だとの結論には決して結びつかない。上場企業であるのなら，リスクを評価し，認識したうえで，それでも決断し，実行しなければならないことを経営トップとして明らかにすべきである。それが真のリーダーシップだろう。

　Ｓ社とＴ社において，両社の目指した事業からのリターンの期待値と，それがもたらすリスクへの正しい認識とが整合的に議論されたのか。議論を尽く

した上での意思決定だったのか．結果だけで善し悪しを決めるのではなく，プロセスの検証が求められる．

　銀行をはじめとする金融機関であれ，一般事業会社であれ，企業の役割は従業員や投資家や社会に対して価値を創造することにある．この価値創造とは，単純に利益を追求することではない．リスクに関する評価と認識による裏付けが不可欠である．

　以上を考えるとき，日本価値創造 ERM という学会名の先進性に思い至る．

ERMとESGの融合

加 藤 康 之
(第3代会長：2017年度〜)

　日本価値創造ERM学会（JAVCERM）は創立10周年を迎えました。本書は創立10周年を記念して開催された4回のセミナーの内容をまとめたものです。セミナーは当学会で研究されてきた幅広い研究分野を集約したものになっており，ERM研究の最新の状況を理解する手助けになるものと確信しています。

　さて，当学会は，企業全体の価値創造経営プロセスに関わる有効なERM（Enterprise Risk Management）のあり方について研究することを目的として設立されました。この10年間，ERM研究も企業のERMも蓄積が進みました。では，この間，日本企業の実際の経営や価値創造の成績はどうだったでしょうか。残念ながら，良い成績を残したとは言えません。粉飾決算等の企業不祥事，無謀なM&Aと失敗，増えない女性幹部社員，形ばかりの外部取締役，サービス残業等の労働問題。企業価値を示す株価も他の先進国市場に比べて大きく低迷しています。ERMの考え方は多くの企業にそれなりに浸透し，そして，具体的な施策も行われたはずです。仏は作ったが魂が入らなかったと言わざるをえません。なぜ，十分に機能しなかったのでしょうか。なぜ，日本企業は変われなかったのでしょうか。その答の一つが，企業内部の論理が優先され，外部からの監視が十分ではなかった，と言えるのではないでしょうか。魂を入れるにはそれなりの仕組みが必要だったのです。

ところで，投資の世界では，今，ESG（Environmental, Society, Governance）投資が注目されています。そして，このESG投資がERMを推進する仕組みの一つになるのではないかと期待しています。ESG投資とは，投資家が企業に投資をするときには企業の環境，社会，ガバナンス対応を考慮して意思決定を行うというものです。そして，そのESG向上のために投資家が企業経営に積極的に関わろうとするものです。なお，この積極的な関わりを投資家によるエンゲージメント活動と呼んでいます。投資家がESG投資を進めようとする理由は，この3つの要因が企業のリスク要因として，そして，企業価値向上の要因として重大なものになってきているからです。ESG投資は投資の大前提になりつつあります。そして，ESG投資はERM経営の推進に好循環をもたらすと考えられるようになっています。それはESG投資を通して投資家が企業のERM経営を監視するようになるからです。

　ESG投資については，高いリターンをもたらすのか，投資リスクを低減できるのかなど投資パフォーマンスに関してまだ様々な議論があるところです。しかし，その社会的意義は広く認知されるようになっており，世界の公的年金を中心に広く採用されつつあります。金融庁はこの考え方の一環として，企業の価値創造に対する投資家の働きかけと責任を明確にしたスチュワードシップコードを制定し，その導入を年金基金や運用会社といった機関投資家に促しています。企業の所有者が株主である投資家だとすれば，投資家からの直接的な働きかけが最も効果的と考えることが出来るからです。ERMが企業内部の対応であるのに対し，ESGは投資家から企業へのアプローチです。そして，この2つが融合することにより，企業価値の向上が効果的に実現されると期待できます。

　今，ERMはESGの登場により新たな段階に入ったと言えます。企業価値向上において，ERMとESGの両輪がその原動力になると期待されています。当学会においても次の10年に向けて重要なテーマの一つだと考えています。

日本価値創造 ERM 学会 創立 10 周年記念シンポジウム
《第 1 回：2016 年 5 月 13 日（金）》

ESG の観点から見た価値創造と資本市場

●基調講演●

ガバナンスを中心とした ESG 改革の最新事情
―新たな段階に入った ESG と企業価値の関係：機関投資家の視点から―

堀江　貞之　[野村総合研究所　上席研究員]

●パネルディスカッション●

機関投資家，企業から見た ESG と企業価値

〈パネリスト〉　永安　正洋　[日本電産　CSR 推進室長]
　　　　　　　八木　博一　[セコム企業年金基金　常務理事]
　　　　　　　奥野　一成　[農林中金バリューインベストメンツ　常務取締役[CIO]]
〈モデレータ〉　加藤　康之　[京都大学経営管理大学院　特定教授]

はじめに——ERM と ESG

司会　三宅　将之（日本価値創造 ERM 学会　理事）　日本価値創造 ERM 学会創立 10 周年記念シンポジウムを始めさせていただきたいと思います。開会に先立ちまして，当学会の加藤副会長からごあいさつをお願いしたいと思います。よろしくお願いします。

加藤　本日は，お忙しい中，ご参集いただきまして誠にありがとうございます。当学会も創立 10 周年を迎えることができました。私も当時，この学会の設立に関わったのですが，どんな思いで設立をしたのかということを思い起こすために，設立趣意書の冒頭の部分だけを読み上げさせていただきたいと思います。

　「設立趣旨，日本価値創造 ERM 学会，ERM（Enterprise Risk Management）学会は，価値創造を目指す経営の枠組として 2004 年 COSO による ERM の枠組みを参考にしながら，企業全体の価値創造経営プロセスに関わる有効な ERM 経営プロセスのあり方について研究調査の交流の場を作り，社会の中で価値創造 ERM に関して学習プロセスとして機能することを狙う。」
　こういった趣旨が冒頭に書かれています。
　COSO というのは米国でつくられたものですが，企業の内部統制のガイドラインを提案した米国の委員会の名前が COSO ということになります。当時，米国では企業の不祥事がいろいろ続きました。その企業の不祥事に対応して，企業の経営はどうあるべきか，企業のリスク管理をどう行うべきかということで，この委員会が設けられてガイドラインが示されたということになります。これは今でいう ESG につながっていくものだと思いますが，10 年前にそういった経緯があったということです。
　この 10 年を考えますと，日本の企業の経営環境もずいぶん変わったのではないかと思います。内部統制という話も当時からあったわけですが，当初はやや名目的なお話であったのが，それから 10 年たって，かなり現実的に，そして実質的な内容に変わってきた，進化してきたというふうに考えています。日

本の企業では，グローバル競争が厳しくなって，大企業でもだんだんビジネスがなかなか立ち行かなくなり，それを売却して新しいビジネスモデルをつくるといった取組みも最近になって頻繁に起こるようになっております。それから企業の不祥事が企業経営の根幹を変えてしまうといったことも起こるようになってきたわけです。

　一方，直近では，本日のテーマでもありますが，ESG投資が注目を浴びるようになり，投資家サイドからのプレッシャーも極めて高くなってきているということで，ESG，ERMといったものがますます日本で重要な考え方として，今後，より発展していくと考えています。

　このような環境下，当学会といたしましても，ERM，そしてESGに関して今後も焦点を当て，学会活動としてさまざまな研究の結果を提示できる体制をつくって，社会に貢献していきたいと考えております。

　本日は，創立10周年記念セミナーの第1弾ということです。本年度，記念セミナーを4回やる予定になっておりますが，第1回ということで，最近，注目を浴びていますESGに着目してお届けする予定です。短い時間ではありますが，本日，よろしくお願いいたします。

　司会　ありがとうございます。
　本日は2部構成になっています。第1部では，基調講演を野村総合研究所の堀江さんからお願いすることになっています。その後，第2部では，3名のパネリストの方にご登壇をいただきまして，パネルディスカッションを予定しております。
　それでは，野村総合研究所の堀江さんから，「ガバナンスを中心としたESG改革の最新事情」というテーマでお願いしたいと思います。

●基調講演●

ガバナンスを中心とした ESG 改革の最新事情
―新たな段階に入った ESG と企業価値の関係:機関投資家の視点から―

堀江　貞之［野村総合研究所　上席研究員］

1. はじめに

　ただいまご紹介をいただきました野村総合研究所の堀江です。加藤さんから，「ガバナンスを中心とした ESG 改革の最新事情」という題で話すようにとのことでしたので，そのとおりの題でお話しします。私は機関投資家の調査をやっております。後のパネルで事業会社サイドの視点の話も出ると思いますので，私は投資家サイドから ESG に関するさまざまな課題についてのお話をさせていただきたいと思っています。

　タイトルに「ガバナンスを中心とした」と書いたのは，私が過去 3 年ほど政府が実行している改革に，実際に携わってきたという立場を尊重していただいたものと思っています。ガバナンスの専門家ではありませんが，ESG の中でもガバナンスは，企業価値向上にも大きく関係するのではないかと思います。当然，リスクは，今，加藤さんがおっしゃいましたように，ダウンサイドリスクにも大きく関係しますが，企業価値向上にも非常に関係すると考え，ESG の中でもガバナンスを中心にお話をさせていただきます。

　最初に，GPIF（年金積立金管理運用独立行政法人）の運用委員長代理を過去 2 年行い，先月退任いたしました。正直，激動の 2 年間で，政策アセットミック

スの変更から始まり，スチュワードシップ・コードの署名という仕事のお手伝い，ガバナンス会議の中で投資原則の作成等の仕事です。また，厚労省の年金部会でGPIFを理事長が何でも決定出来る独任制から合議制への移行法案を閣議決定し，通常国会では提案できませんでしたが，秋の臨時国会では出したいと厚労省の方が言っておられますので，私としては，今年中には成立させてほしいなと思っています（筆者注：2016年末に法案が成立）。

　もう一つは株式市場を中心にした改革で，二つのコード，スチュワードシップ・コードとコーポレートガバナンス・コードの会議に参加をし，ガイドライン作成のお手伝いをしました。

　最後の活動は私的研究会で，主役である日本企業の資本生産性を大きく改善したいという活動を3番目の活動としてやっています。

　きょうは3点お話をさせていただきます。まず，1点目はタイトル通り，ESGをめぐる最近の動向のお話です。私はあくまで機関投資家の立場なので，ESG投資に関わる動向に関し，欧米の話と日本の話を最初にさせていただきます。ガバナンス・コードは最後の3点目でさせていただきます。

　2番目の話は少し古い調査ですが，野村総合研究所で2008年に行ったESGの調査に関することです。そこで得た知見は，基本的に今もほとんど変わっていないと思っています。つまり，ESG要因が企業価値にどういう影響を与えるのか，という質問を2008年に行っています。実際に当時，欧米の長期投資家として有名だった方々，たとえばジェネレーション・インベストメント・マネージメント（元副大統領のアル・ゴア（AL GORE）が会長）で話を聞いて，ESGが企業価値にどう関係するのかを調査しました。その話を2点目にしたいと思います。

　結論を言うと，ESG，ESGと声高に叫ぶよりは，長期視点の投資を本丸にして促進させることが，ESG投資を促進させる道になるというのが当時の結論でした。今も，その思いは変わっていません。一方，受託者責任の考え方が過去5～10年の間で非常に大きく世界的に変わったというのは紛れもない事実です。その受託者責任の考え方，これはスチュワードシップ・コードのところにも絡みますが，投資家としての責任をどこまで考えるのかということに関して，欧米でかなり大きな進展があったと考えています。しかし，ESG投資

に関していうと，本丸は長期視点の投資であり，長期視点の投資を実行するのであれば，ESG項目は考えざるを得ない。そういう意味から，ESGは長期視点の投資を促進させることで最も意識されるということを2番目にお話をさせていただきます。

3点目に，日本での企業価値をどういう道筋で上げていくべきかについての話をさせていただきます。

2. ESGをめぐる最近の動向

最初のポイントは，ESGをめぐる最近の動向で，何点かお話をします。まず，ヨーロッパとアメリカのESG投資に関わる動向をかいつまんでまとめておきます。

新聞報道等でご存知かと思いますが，ヨーロッパの機関投資家はESGに非常に熱心で，アメリカの機関投資家はそうでもありません。

アメリカでESG投資が進まなかった大きな理由は，年金監督局である労働省のESG投資に関する解釈にあります。その解釈変更が去年（2016年）の暮れに行われました。これまでの解釈は，「受託者は基金の受益者の金銭的利益を犠牲に社会・環境政策の促進を追求してはならないが，リスク・リターンが競合する投資先と同等であればESG投資を行っても良い」というものでした。まずこの文章を確認したというのが1点と，それにプラスしてもう1点，追加されたポイントがあります。

それが今回，解釈変更が行われたと言われている点で，「投資の経済価値に関係する可能性があり，投資先の経済価値を分析するための主要な構成要素となり得る」と認めたのです。ここが非常に重要なポイントで，要は，ESG項目が企業価値の向上にも資するものだという解釈を加えたということで，アメリカでもESGに関わる投資が今後拡大するのではないかといわれています。

この解釈変更は大きなインパクトを与えると考えており，ESGに関しては，アメリカはあまり熱心ではなかったところが多いように感じましたが，これが変わる可能性があるというのが1点です。

ヨーロッパでは昔から，ESGは投資を考える上で当たり前のものとなって

います。たとえば一番端的な例は，フランスの公的年金です。フランスの公的年金の株式投資はすべてESGを考慮した投資です。フランスの公的年金は，最初のマネジャー選択の段階で，ESGを投資プロセスの中で考慮していない投資戦略は採用しないと宣言をしています。つまり，運用会社の選定の最初のスクリーニング，第一次スクリーニングの段階でESGのプロセスを考えなければ採用されないということです。北欧やオランダもそうですし，ESGに関する考え方が極めて浸透していると思います。

何故，国によってこのような違いが生じているのか。ヨーロッパの年金の方と話をする機会がありますが，受託者責任をどの程度真剣に考えているのかという点に帰着するのではないかと私は考えています。年金を受け取っている人だけではなく将来世代のことも考えた上で投資をすべきだ，そういうふうに非常に広範に受託者責任を捉えているのが欧州の国々です。そう考えると，将来の企業価値を高めるという観点からESGを考慮せざるを得ない。企業価値を長期的に高めるという判断が広い意味で受託者責任につながると捉えていることが，ESGの考え方が浸透している要因になっているのではないかと考えています。

もう1つの流れは，コンサルティング会社によるESGレーティングの開始です。日本でESG投資を拡大する上で非常に重要だと思っています。何故なら，日本人は現世ご利益的なものがぶら下がらないと，なかなか行動しないからです。たとえばマーサーが，ESGレーティングを運用会社に対してつけています。日本株のレーティングを4段階で評価しています。1が一番いいわけですが，今のマーサーのレーティングによると，日本株の投資戦略は3や4のレベルが多いようです。一方，海外のグローバル株のマネジャーは，1とか2のレベルも結構いたようです。日本の運用会社のレベルはまだまだという評価になっています。

マーサーのESG評価が重要なのは，もう1つ理由があります。GPIFに関係しますが，GPIFは2017年，グローバル株式のマネジャー選定をする予定です。第一次のスクリーニングは全部マーサーにアウトソースする予定のようです。過去は定量評価だけでしたが，最初の段階からマーサーの定性評価も使う。マーサーの定性評価の中でESGが考慮されると考えられますので，グロ

ーバル株式のマネジャー選定でも，最初のスクリーニング段階からESGが考慮される可能性があることを意味しています。良いか悪いかはわかりませんが，運用会社の態度を変える上で，運用会社の評価基準の変化も重要ではないかと思っています。このような評価基準の変化が現れ始め，運用会社サイドに対するいい意味でのプレッシャーがかかっているというのが1点。

もう1点は，企業に関しても，いくつかの研究機関からESGをどのぐらい真剣に考えているかをレーティングする動きが出ています。日本の事業会社も，このESGレーティングをかなり気にされているようで，ある研究機関の方に聞いたところ，過去2年間で日本企業からの問い合わせが圧倒的に増えたとおっしゃっています。こういった現世ご利益的な，評価をされて恥ずかしいとか，採用されないといった，実際のビジネスに直結する形での変化があることを，私はポジティブに考えています。このような動きもまた大きなトレンドとして重要なのではないかと考えています。

一方，翻って日本はどういうふうになっているのか。後のパネルに登壇されるセコム企業年金の八木さんはたぶん10年ぐらい前にESG投資をされています。しかし，その後はなかなか広がらないというのが企業年金のESG投資の状況ではないでしょうか。

企業年金での動きが遅い中，ここ2～3年で投資を加速させているのが公的年金です。私が運用委員をやっていたGPIFも例外ではありません。運用委員としての私の最初の仕事は，スチュワードシップ・コードの署名のお手伝いでした。2014年の4月に運用委員になり，5月の段階で支援を始めました。

次に，GPIFだけではなく，地共連や公立学校共済等でも実際に日本株のESG投資というマンデートが出ています。アセットオーナーがこういう形でESG投資をマンデートとして与え，それに対する投資戦略を採用するという動きが出たことが大事なことなのかと思っています。

特にGPIFは，アセットアロケーションを変更し，30兆円以上の日本株投資をしている最大の投資家，株主であるわけです。GPIFが自ら投資家責任を重く考えることは，運用会社に対して，いい意味での影響を与えると思います。その流れの中，GPIFがスチュワードシップ責任を非常に重く考えて，いろいろな対策を講じてきたというのが現在の状況です。

2015年末にスチュワードシップの専任者として小森さんが採用されました。小森さんは，海外の運用会社と日本の事業会社をつなぐ役割をしていた方で，グローバルな運用会社の人が日本の優れた経営者の方とどういった議論をしているかということを一番肌で感じて知っている日本人です。したがって，短期の業績予想に関連した質問をエンゲージメントと称している運用者は，そのことを見破られてしまいます。これは，いい意味で運用会社の方にプレッシャーを与えると思います。

　実際の議論の中身を評価できる人がGPIFに入ったことは，長期の視点で議論をする本当の意味をGPIFが理解しているということだと考えています。

　GPIFのように非常に大きな金額を運用するアセットオーナーが，こういった形でESGを投資プロセスの中にある程度組み込み，運用会社の評価基準の中に入れて採用を検討することを真剣に考えるようになったことは，運用会社に良いインセンティブを与えることになり，重要な活動ではないかと考えています。

　以上が，最初の説明部分です。一言でいうと，ESG投資は盛り上がりを見せていると思います。一方，投資戦略としてESG投資をどのように考えるか，この点に関して私は強い意見を持っており，次にそのお話をさせていただきたいと思います。

3．ESGと企業価値との関係

　図1は，2008年6月に野村総合研究所で行ったESG調査から得られたESGの意味をまとめたものです。ESG投資の実態について10社以上の運用会社を訪問し，どういう考え方でESG投資を実行しているかを聞きました。当時，日本では，倫理投資に近いニュアンスでESG投資が語られていたと記憶しています。たばこ会社に投資をしないとか，ガバナンス投資ですかとか，そういった質問が出る程度の低いレベルだったと記憶しています。しかし，向こうで聞いた話は，日本の状況とは全く違い，「ESG投資はパフォーマンスを高めるためにやっているんだ」という点です。すなわち，ベンチマークに勝たないと意味がない，ということをまずいわれました。

図1　ESGと企業価値の関係

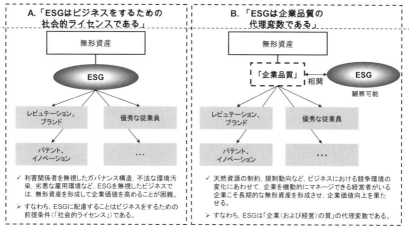

(出所）野村総合研究所

　図1は，ESGがどのように企業価値と関係しているのかに関して，過去に非常に優れたリターンを挙げておられる長期視点の投資家の方がいっておられたことをまとめたものです。つまり，ESGは企業価値に対して2つのインパクトがある。1つは図1の左，Aと書いた部分で，ESGはビジネスをするための社会的ライセンスであるという考え方です。今，日本でもいろいろな不祥事が起こっていますが，ESGが企業のダウンサイドリスクに関係するという考え方です。ESGを考慮していないと社会から信用を失い，企業の存続すら危うくなるという意味でESGを考えるということは，ビジネスをするための社会的ライセンスであるという考え方で，どちらかというと企業の下方リスクに関係するものだというのが1つの考え方です。

　もう1つは図1の右，Bと書いた部分は，ESGは企業品質の代理変数であるという考え方です。これは，ESGは明らかに企業価値の向上というリターンの側面に大きく関係するというものです。ESGに対する考え方としては，大きく分けると，1つはダウンサイドに関係するということと，もう1つはリターン向上にも関係するということの2つの側面を持つということです。この考え方は納得していただけると思いますが，もう1つ重要な点は，その影響がどのくらいのタイムスパンで関係するのかということです。ESGが関係する

図2 ESGと期間別のリターン・リスク要因の関係

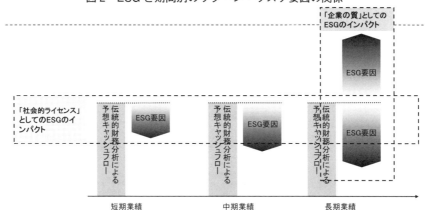

(出所) 野村総合研究所

タイムスパンを説明したのが図2になります。

図2には，ESG項目が影響を及ぼす期間についての考察が掲載されています。ESG項目がダウンサイドリスクに関係するのは，短期から長期まで期間によりません。ただし，今起こっている不祥事で明確に理解できることは，非常に短期的なインパクトもありうるという点です。

一方，リターンに対する影響，企業価値向上に対する影響という観点でいうと，人によって意見が違いますが，基本的には非常に長期間で影響がある性格を持つものだというのが一般認識です。短期でも非常にインパクトがあるという方もいますが，アップサイドに対する影響は非常にじわじわと利く，非常に長期的なもので，10年，20年をかけると大きな差が出るような，そういったものなのではないかと個人的には考えており，実際に長期での影響が大きいといった方が非常に多いということです。

ESGに関連する投資の変遷をまとめたのが図3になります。今，ESG投資は第3世代に入ったと考えています。最初の1970年代から始まったのは，いわゆる倫理投資です。たばこ企業や軍事関連企業を明確に投資対象から排除するもので，いわゆるネガティブスクリーニングです。英語ではSin企業といいますが，ちょっと罪深いような意味合いの企業を排除するという形での投資が1970年代から始まったということです。

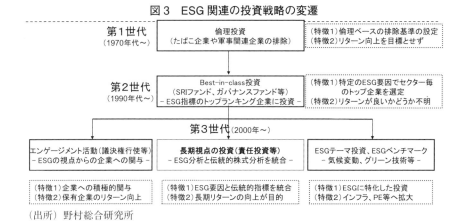

(出所) 野村総合研究所

　第2世代は，Best-in-class投資と呼ばれるものです。たとえば，SRIファンドや企業年金連合会で以前採用していたコーポレートガバナンスファンドなどです。1つのファクターに注目し，たとえばコーポレートガバナンスで非常に優れたと思われている企業群に投資をする。これをBest-in-class投資と呼んでいます。

　今も存在すると考えられますが，主流にはなっていません。2000年以降，ESG関連投資は，3つに分けることができると考えています。1つは図3の左下，エンゲージメント活動です。2つのコード（スチュワードシップ・コード，コーポレートガバナンス・コード）で強調されている企業と投資家との建設的な対話です。建設的な対話とは，投資先企業に対して黙っているのではなくて，企業価値を上げることに関する議論を指します。企業価値に関係しない議論は全く意味がありません。アクティブオーナーシップという言い方もします。これが，図3の左下の意味です。

　もう1つの投資は，テーマ投資，図3の右下です。クリーンエネルギーといった1つのテーマを決め，そのテーマにフォーカスをした投資というのが右下の部分です。たとえば，スマートベータという形でのいろいろな株価指数も考えられます。ESGに着目した指数，それに追随するパッシブ投資が考えられます。

　しかし，今述べた2つの投資は，主流の投資ではないと思います。主流は，

図3の真ん中にある「長期視点の投資」です。

　投資の考え方は非常にシンプルです。ESG項目がどういうふうに企業価値に関係するのか，という期間を考えれば明らかですが，長期の視点で投資をしない投資家，つまり短期投資家がESGを考えて投資ができるのか。別の言葉で言い換えると，短期の株価にESGは関係するのかといわれたら，不祥事のようなダウンサイドリスクを除くと，株価上昇にESGが関係する可能性は低いと思っています。

　長期視点の投資家，非常に長期のスパンで企業価値を真剣に評価しようとする投資家であれば，先ほどG（ガバナンス）が長期の企業価値の向上に関係すると海外の識者の方が整理していましたが，ESG項目を考慮せずして長期視点の投資はできないわけです。したがって，長期視点の投資をすれば，ESG項目は当然考えるべきもので，ESG項目が投資プロセスの中に統合され，考慮されるのは当然です。

　「ESG」，「ESG」と声高に言わなくても，長期視点の投資戦略をアセットオーナーが採用するようにすれば，ESG項目はおのずと考慮されることになります。考えないと，ちゃんとしたリターンが出ないわけですから。したがって，ESGを考慮してほしいのなら長期視点の投資戦略を拡大することが重要です。

　アメリカのCFA協会が，2015年の10月にESG投資に関するレポートを出しています。CFA協会はESG投資を6つ定義しています。最初が倫理ベースの投資で，これが第1世代。2番目がBest-in-classで，第2世代。3番目がアクティブオーナーシップです。4番目と5番目がテーマ投資とインパクト投資です。6番目がESGインテグレーションで，図3の真ん中の投資に相当します。私が考えたものと，アメリカのCFA協会の定義はほとんど同じです。しかし私は，長期視点の投資がESGを考える上では最も重要で，長期視点の投資を促進させることがESGの重要性を高める一番重要なポイントだと思っています。

　もう1点，長期視点の投資家のプロセスについて図4で補足説明します。長期に優れた成績を収めているポートフォリオマネジャーの投資プロセスはだいたい同じです。1番目は定量スクリーニングです。定量スクリーニングで株価や株価を含むバリュエーション指標は使いません。たとえば，PBRとかPER

図4　長期視点の投資家の投資プロセス

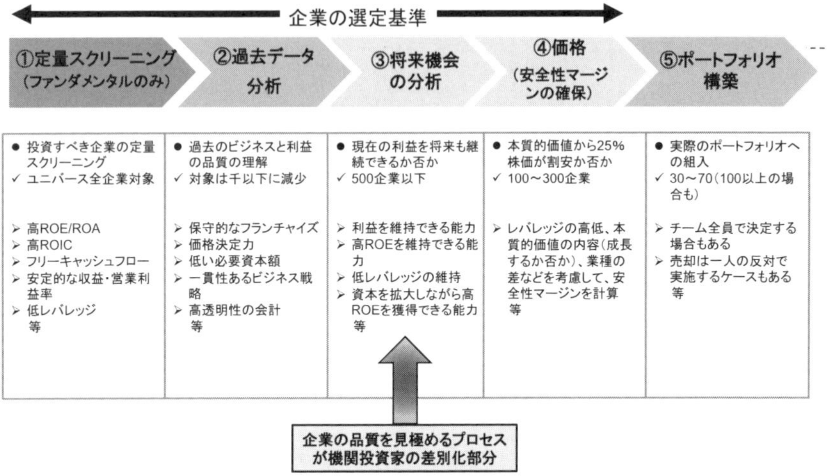

← 企業の選定基準 →

①定量スクリーニング（ファンダメンタルのみ）	②過去データ分析	③将来機会の分析	④価格（安全性マージンの確保）	⑤ポートフォリオ構築
● 投資すべき企業の定量スクリーニング ✓ ユニバース全企業対象 ➤ 高ROE/ROA ➤ 高ROIC ➤ フリーキャッシュフロー ➤ 安定的な収益・営業利益率 ➤ 低レバレッジ 等	● 過去のビジネスと利益の品質の理解 ✓ 対象は千以下に減少 ➤ 保守的なフランチャイズ ➤ 価格決定力 ➤ 低い必要資本額 ➤ 一貫性あるビジネス戦略 ➤ 高透明性の会計 等	● 現在の利益を将来も継続できるか否か ✓ 500企業以下 ➤ 利益を維持できる能力 ➤ 高ROEを維持できる能力 ➤ 低レバレッジの維持 ➤ 資本を拡大しながら高ROEを獲得できる能力 等	● 本質的価値から25%株価が割安か否か ✓ 100〜300企業 ➤ レバレッジの高低、本質的価値の内容（成長するか否か）、業種の差などを考慮して、安全性マージンを計算等	● 実際のポートフォリオへの組入 ✓ 30〜70（100以上の場合も） ➤ チーム全員で決定する場合もある ➤ 売却は一人の反対で実施するケースもある等

↑
企業の品質を見極めるプロセスが機関投資家の差別化部分

（出所）運用会社へのインタビューから野村総合研究所が作成

といった指標を最初のスクリーニングに使うのは，真の長期投資家ではありません。

　最初のスクリーニングは，あくまで企業だけを見て，いわゆる優れた会社の最低条件をスクリーニングします。高品質企業に焦点を当てたスマートベータも開発されており，ご存知とは思いますが，高ROEや低財務レバレッジといった条件が含まれます。

　2番目のステップは，過去データの分析です。これは，言うほど簡単ではありません。過去データといっても，長期視点の投資家は，30年，40年といった極めて長期間のデータを分析します。弊社は2015年が創業50周年で，社史を作成しました。社史の類いのものを誰が読んでいるかといえば，長期投資家が読んでいます。長期投資家の多くは，社史をくまなく隅から隅まで読んでいます。あと30年，40年の財務データを参照し，どのような費用を使いブランドを構築し，どういった差別化ポイントがあるのかを分析するわけです。

　3番目のステップは将来分析です。第2ステップまでは過去分析でしたが，3番目のステップは将来性の分析です。今いい会社であっても，それが10年，20年，本当にいい会社のまま継続してキャッシュフローが出続けるのかを分

析します．2番目以上に3番目のステップが差別化部分になります．経営者へのインタビューや詳細な財務分析等を総合して競争優位性がどこにあるのかを分析し，そのプロセスの中にESGのファクターも1つの要素として考えられます．

ただし，企業によっては，ESGが長期の企業価値と密接に関係するとは限りません．たとえば，2008年にジェネレーション・インベストメント・マネージメントに上場している運用会社の評価にESGは使っていないとのことでした．業種の特性によって，ESGの企業価値に対するマテリアリティ（重要性）は違うわけです．将来のキャッシュフローがどのくらい頑健なのかということを本当にチェックするのが3番目のプロセスで，ここにESGが関係しうるが，その影響の度合いは企業によって異なるということかと思います．

4番目のステップに初めて株価が登場します．推定した企業価値に対して株価が本当に安い企業だけを厳選して投資をすることになります．

説明が長くなりましたが，2番目のポイントとして，ESGは企業価値にどのように関係するのかを優れた投資家の視点から述べさせていただきました．

4. 日本におけるESG改革と企業価値向上

3番目に，今の日本の状況，特にガバナンスに関してESG改善の兆しが何かあるのかについての私見を述べさせていただきます．

図5は，政府が行っている資本市場改革をまとめたものです．一言でいうと，全てのインベストメント・チェーンは関与する全参加者，利害関係者に受託者責任を貫徹させることが一番重要なメッセージです．

一番重要な参加者は，明らかに右上の日本企業です．日本企業の資本生産性が上がれば，その高い利益をベースに労働者に高い給与が支払われ，また投資家に高い配当が支払われるという形で経済が活性化することになります．主役はあくまで右の上の企業です．ただし，企業だけに集中していたのでは動かない．そこで，左の上にあるアセットオーナーから，そのお金を委託して投資するアセットマネジャーにまで幅広く受託者責任を貫徹してもらい，投資先企業に対する責任を貫徹することで企業に対するいい意味でのプレッシャーをかけ

図5 日本の資本市場改革の概要

「金主」を動かす	運用会社を動かす	企業（銀行を含む）を動かす
①『責任ある投資家』意識の導入	②運用会社の受託者責任貫徹	③資本生産性を厳しく意識した経営
■スチュワードシップ・コードの受け入れ表明&実行 ➢自らの投資家責任の明確化 ➢運用会社のスチュワードシップ活動のモニタリング及び評価 ■統治機関及び執行機関のガバナンス強化 ➢監督と執行権限の分離による責任の明確化及び専門性向上	■スチュワードシップ・コードの受け入れ表明&実行 ➢長期視点・企業価値重視の投資戦略の確立 ➢自らのガバナンス改善（顧客視点重視） ➢企業との建設的なエンゲージメント活動の確立 ■報酬制度の長期インセンティブ付与 ➢長期リターン連動の報酬制度の採用	■コーポレートガバナンス・コードへの準拠&実行 ➢企業価値の明確な定義、価値向上への経営方針 ➢資本生産性向上のための資本政策の確立 ➢資本生産性目標・目標達成のプロセスの明確化 ➢社外取締役による社長指名委員会の設置 ■株主の立場に立った取締役会機能の強化 ➢株主の意見を取締役会に反映させる機関設計（資質を備えた独立取締役の選任を含む） ➢株主総会・取締役会・経営会議の役割整理 ■非効率な持ち合い縮小を通じた資本生産性改善 ➢持ち合い株式の方針開示 ➢持ち合い株式の議決権行使基準の策定

販売会社を動かす	
④販売会社の受託者責任貫徹	中長期の収益性を重視した銀行経営
■顧客視点に立ったアドバイスの貫徹 ➢顧客収益を最大化させる責任 ➢顧客視点に立ったビジネスモデルの確立 ✓販売手数料依存のビジネスモデルからの脱却 ■顧客収益を重視したビジネスモデル及び報酬制度の確立 ➢顧客残高・収益に比例した手数料体系 ➢顧客残高・収益に比例した報酬制度の採用	■中長期の収益性を高める有価証券投資 ➢株主収益を長期で最大化させる責任 ➢株主視点に立った投資モデルの確立 ■株主収益を重視したビジネスモデル及び報酬制度の確立 ➢中長期のトータルリターンに比例した報酬制度の採用

（出所）野村総合研究所

　る活動も重要だということになります。全部の関係者を一緒に動かしていくことが、改革の鍵です。

　資本市場改革の現状はどうか。冒頭に申し上げたように、海外の機関投資家の評価は厳しい。具体的な成功事例を見せてほしいというのが、彼らの共通意見です。コーポレートガバナンス・コードを導入して経営が変化した企業事例はないのかというのが共通した質問です。改革は始まったばかりで結果を性急に急ぐ必要はないという意見の方もいますが、もう少し成果を急ぐべきではないのかというのが私の正直な気持ちです。

　なぜ動かないのか、いろいろな理由が考えられます。図6は、その理由の1つを示したものです。図6は、横軸に投資の長さを示しています。短期保有か長期保有かではなくて、投資を考える上で短期の視点で考えているか、長期の視点で考えているかというのが横軸です。一方、縦軸は投資家が企業価値をどのくらい真剣に考えているのかを示しています。日本の株主構造の良い点は、長期視点の投資家が非常に多いことです。右側の投資家が非常に多いのですが、一方で悪い点があり、右下の投資家が多いことです。つまり、長期視点で投資を考えているが、企業価値のことをあまり真剣に考えていない投資家が多いこ

●基調講演●ガバナンスを中心とした ESG 改革の最新事情
―新たな段階に入った ESG と企業価値の関係：機関投資家の視点から―

図6　日本の上場企業の投資家（株主）構造の状況

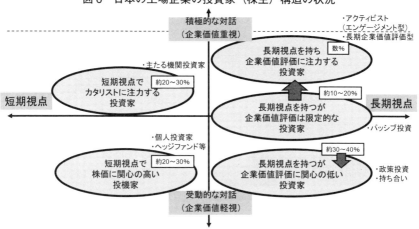

（出所）各種資料を基に野村総合研究所作成

とです。

　100％持合いが悪いとは言いませんが，持合いがその投資の典型例です。持合いは明らかに経営者の経営規律を弱めており，このような保有比率が極めて高い。機関投資家が良い株主提案，つまり企業価値が上がると思われる提案をしても，図6の右下の投資家が反対をする。この投資家が常に経営者の側に付くので，経営規律が高まらないことになります。やはり，持合いは絶対的に減らさなければ，経営規律が高まらない。悪い持合いを減らさなければ，経営規律が高まるという形にはならないと考えています。

　もう1つ改善すべきは，右の真ん中のパッシブ投資家で，GPIF も含まれます。パッシブといっても，投資先企業に何もしなくても良いとは私は考えていません。受託者責任を重く考え，30 兆円以上を持っている GPIF は，何らかの形で投資先企業に対して，いい意味でのプレッシャーをかける役割がある。直接投資はできないので，運用会社を通じてこの活動を行い，右上の投資家のような活動を行ってもらうことが重要です。

　もう1つの改善点は，右上の投資家を増やすという活動です。ただし，右上の投資家が多数派になるよう状況は想定していません。海外でも，右上の投資家はごく一握りの比率です。長期視点で投資を考えることは，一筋縄ではいか

図7　資本生産性（ROE等）改善のためのアクティビズム

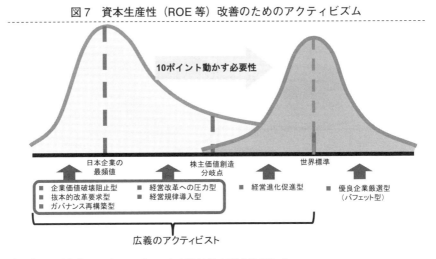

（出所）運用会社へのインタビューから野村総合研究所が作成

ない難しい業務で、海外でも少数派です。今、海外で起こりつつあることは、右上の長期視点の投資家が企業価値の向上につながる良い提案を行い、その提案に他の投資家の方が賛同するという形での共同作業です。アメリカで起こっていることは、数パーセントしか株式を保有していないアクティビストが経営者に対して行った提案をほかの機関投資家が支持することで、その提案を通し、企業価値を上げる。このような形であれば、右上の投資家は多数派である必要はなく、ほかの投資家がいい提案をサポートする形で、経営者に対していい意味での議論を深めていくという姿ができるのではないかと考えています。

その意味で、私は、アクティビストの役割は非常に重要だと思っています。図7は、ROE等の資本生産性改善のためのアクティビストの役割を示したものです。図7には、ROEの山が2つあります。右のほうはROEが高い山で世界標準であり、左の山が日本の平均値です。世界標準と比べて日本の標準の山は10％くらい低く、世界標準に近づける努力が必要です。ROE8％が分岐点だとすると、8％より低いが5％より高いといった日本企業が多い。このようなゾーンの企業に対して、いい意味でのある程度のプレッシャーを与えるようなアクティビストが必要だと考えています。

このようなアクティビストの活動とESGがどう関係するのか。アクティビストの対象となる企業の中には、上場企業としてガバナンスが良くない企業もあると聞いており、ガバナンスの点でアクティビストが健全な提案をすることによって、ガバナンスが改善され、企業価値の向上につながるといった姿を期待したいと思います。アクティビストの活動はなかなか難易度が高いので、多くの投資家が実行できるとは思いませんが、このようなアクティビストが5社とか10社登場すれば、日本企業の山も右の方向に少しずつ動くのかもしれないという期待を持っております。

時間になりましたので、私の話は以上ということで、何かご質問がありましたら、お受けしたいと思います。ありがとうございました。

〈質疑応答〉

司会 ありがとうございました。10分ほど時間がございます。せっかくの機会ですので、ぜひ、ご質問、ご意見がございましたら、お願いしたいと思います。

質問者1 堀江さん、どうもありがとうございました。ESGの話になると、ガバナンスにいつも焦点が当たりますが、EとSもあります。特にSに関して、日本企業の問題点というのがあればお尋ねしたい。

堀江 たとえば、どういうものでしょうか？

質問者1 たとえば、ソーシャルという意味では、お客さまもいらっしゃいますし、それから従業員もいるわけですね。問題なのは、日本企業の場合、従業員の中で女性の参加率が低い、特に管理職の方に女性が少ないといわれるのが一つ。それから、ヒューマンキャピタルが大事なわりには、非正規社員が増えてきて、企業の中にノウハウがたまらなくなってきた。あるいは、製造業でベテランの方が定年を迎えて再雇用されないから、日本から出ていって東南アジアの若い人に教える。日本の企業価値も人的資本がどんどん毀損していくような方向にいっているのではないか、ということを私は問題だと思っているのですが、外国人投資家からそういうことの指摘はありますか？

堀江 そういう観点の指摘より、彼らからは報酬制度についての質問が多いです。経営者を含めたインセンティブスキームが、運用会社も含め、基本報酬部分

が多く，成功報酬部分が少ない。成績に連動しない報酬制度の下では，企業価値を高めるインセンティブがあまりないことが企業価値を停滞させている非常に重要なポイントではないかという指摘です。これは，すべての海外機関投資家が指摘する点です。私は少し違う考え方で，それも重要ですが，日本人を動機付けるものは何かを考えることが重要だと思います。私はモチベーション派で，インセンティブ派ではないので，モチベーションを変えることでもう少し経営者を含めた行動を変えられるのではないかと思っています。

質問者1 ありがとうございました。インセンティブを重視することがSだというのは，日本の企業にとっては全く間違いで当てはまらないと思います。逆に，お金を餌にして釣ってという逆に短期志向のパフォーマンスに結び付いていく悪い面がむしろ出てくるのではないか，むしろそういうことをやめたほうがいいのではないかと思います。外国人投資家に対して大いに反撃をしたいというふうに思っているところがあります。

堀江 ただし，運用会社に関しては，私は海外投資家の意見は正しいと思っています。たとえば，日本の資本市場改革の説明を私がしても，日系の運用会社の質問は緩い。海外に行くと，こちらが返答に困るような厳しい質問が多い。その質問の厳しさは，リターンに対する厳しさから来ていると思っています。インセンティブスキームは極めてポートフォリオマネジャーの行動を変えるには利くと思いますが，事業会社の経営者にどのくらい効果があるのかは疑問です。インセンティブスキームの工夫より，恥の文化に訴える方が効果があるのではないでしょうか。たとえば，JPX日経400に構成銘柄として入るかどうかは，その典型です。構成銘柄から外れると恥ずかしい，といった形の動機付けのほうがいいと思っています。また，業種によっても企業価値向上の動機付けは異なると思っています。

質問者1 ありがとうございました。もちろん，業種によって違うし，私が申し上げたいのは，インダストリアルカンパニーに関して，あまり株価連動型とか短期的なものを導入すると，逆に経営者も，投資家も短期志向に陥る副作用が出てくることが多いのではないかという懸念があるということです。

堀江 後のパネルでその話がたぶん出ると思います。私も楽しみにしています。

質問者1 ありがとうございます。

司会 もう一方，せっかくの機会ですから，挙手をお願いできればと思います。いかがでしょうか？

質問者2 今日は大変勉強になるお話を聞かせていただきましてありがとうございます。私も，今，18ページの図7が日本経済が抱えている最大課題であって，まさに左側から右側へどう移すかということだろうと思うのですが，これと当学会の名称にも入っているERMの関係についてどういうふうに考えたらよいのか。賞味期限が切れたものを引き続き持ってしまっているということが右側になかなか行けない要因なので，ERMという普通の内部統制でいうと，目的のところが与えられた形ではなくて，その目的を入れ替えていく，ここのところがうまく機能すると，場合によると左から右へ移っていくのではないかという意識を持っています。そのためには，経営の見える化ということが，あるいは企業部門ごとのリスク・リターンの明確化といった方が良いのかもしれませんが，そういうことが重要かと思っているのですが，このあたりについてご見解をいただければ……。

堀江 ありがとうございます。やはり，事業再編が1つの重要なポイントだと思います。いつも出てくる問題は，東芝が典型例ですが，よほどのことがない限り，大企業の中で不採算部門を切り離すような動きがあまり出てこない。不採算部門を再生できると思い，買いたい人はいっぱいいます。不採算部門を束ねて企業価値を上げる形で事業再編を仕掛けたいという方はいらっしゃいます。しかし売りが出てこないわけです。売却する事業会社側に不採算事業を切り離そうというインセンティブがあまりない。

不採算部門を維持していたから，東芝であああいう会計不正が起こったわけで，不採算部門の切り離しは大きな課題です。労働市場が流動化しておらず，人員整理が難しいという問題もありますが，後のパネルで奥野さんからもお話があると思いますが，企業経営者の仕事は資本の最適構成を考えることであり，そのスキルセットがあまりないことが大きな問題です。資本構成をきちんと考えて，企業価値を上げるというトレーニングをされていない経営者が，残念ながら非常に多いのではないでしょうか。

創業者である日本電産の永守社長やソフトバンクの孫社長といった方は極めて優れた投資家でもあり，キャピタルアロケーションに関しての知見は非常に高いと思います。ところが，日本の場合は，事業運営で成功した人が執行役員になっている会社がほとんどで，キャピタルアロケーションのスキルセットを持った方が少ないわけです。キャリア上，ここに大きな問題があるのではないかと思っています。その問題を解決するためには，

社外の目も要るでしょうし，キャリアアップの段階で子会社の社長をやってもらい，キャピタルアロケーションの能力を若い段階でつけてもらうといったような，経営者のスキルアップ，キャリアアップも必要でしょう。事業運営だけに長けた人を執行役員に上げるだけのパスを変えないと，事業再編はなかなか起こってこないのではないでしょうか。

　司会　ありがとうございました。非常に重要な問題提起が出されたのではないかと思っておりまして，この後のパネルディスカッションでの展開をぜひお願いしたいと思います。あらためまして堀江さん，どうもありがとうございました。
（拍手）

● パネルディスカッション ●

機関投資家,企業から見た ESG と企業価値

　司会　続きまして,パネルディスカッション「機関投資家,企業から見た ESG と企業価値」ということで,日本電産の永安さん,セコム企業年金基金の八木さん,農林中金バリューインベストメンツの奥野さん,の3人のパネリストの方にお願いしたいと思います。モデレータは,京都大学経営管理大学院の加藤さんにお願いしたいと思います。よろしくお願いします。

◆先進企業による ESG の取組み

　加藤　それではパネルを始めさせていただきたいと思います。テーマは,「機関投資家,企業から見た ESG と企業価値」です。本日は企業サイドと投資家サイドからこの分野でご活躍されている方々に来ていただきましたので,活発に議論をしたいと思います。
　最初に自己紹介およびこれまでの ESG の取組みについて,それぞれ簡単にご紹介いただければと思います。まず永安さん。
　永安　日本電産の永安と申します。日本電産という会社で 2003 年から 14 年間くらい IR をやっておりまして,2009 年からこの CSR をやっております。皆さまのお手元の資料の中に,当社の CSR 報告書を入れさせていただきました。日本電産がどういう会社かということをご存知ない方もいらっしゃるかと思いますが,ざっと見ていただきますと,5～6 ページに日本電産の成長の軌跡がございますので,それをご覧下さい。1973 年に創業いたしまして,1988 年に初上場し,先ほども資本市場の話が結構多かったのですが,2001 年にニ

ューヨークに上場いたしました。

　5ページの左に写真がございます。プレハブの掘っ立て小屋で1973年に4名で創業して，今では世界33カ国にグループ会社233社を展開しておりまして，約10万人の従業員に増えている会社でございます。

　ESGの取組みがどうかというお話ですが，CSR報告書の15ページ以下に書いてございます。

　日本電産のESGは何だというと，ガバナンスのところ，エンバイロンメントのところ，それからソーシャルのところですね。ESGという一つの言葉でまとまったのはここ2～3年です。企業で実際にやっている実務者の観点から言えば，それぞれ別々の事象で別々のモーティブというか，いろいろな動きがあって，大きく言えば，グローバルな社会がその時点で環境に関して，それからガバナンスに関して，それからソーシャルに関して，いろいろな要請をされてきて，それに日本では政府なりが動いて，それから企業が動いてきたというのが，実際の歴史ではないかと考えています。

　そういう中で，先ほどオムロンさんのお話が出ましたが，必ずしも当社がフロントランナーというわけではございません。どちらかというと，後ろのほうをついていっているというふうに考えております。ただ，ESGもしくは，このレポートのタイトルになっていますCSRに関して，企業側の視点で言わせていただくと，やはりどんどん変わってきているということだと思います。

　ですから，Eの定義，エンバイロンメントの定義，何をやるべきなのか。ソーシャルの定義，ガバナンス，これがいいだろうということで今言っているものも，数年がたてばやっぱり変わってくる。CSRということ自体もそうでございまして，ESG全体を包含してコーポレート・ソーシャル・レスポンスビリティという言葉がありますが，これ自体も過去の歴史を振り返りますと，いろいろな事件や，いろいろな法律の制定を経て変わってきているということではないかと思っています。以上です。

◆年金基金によるESGの取組み

　加藤　ありがとうございました。では，ESG投資の草分け中の草分けの八

木さん，よろしくお願いします。

　八木　セコムの企業年金ですが，足元の状況は，いま決算をやっている最中のため，細かい情報をすべて整理することが難しく，雑駁な情報しか入れてございません。

　セコムの年金は，キャッシュバランスプランという年金制度です。その中で現在，株式運用について，ほとんどの運用がESG投資になっているという状況です。

　株式投資の割合ですが，全体のおよそ4割がESG投資という状況です。債券運用の配分は，全体で14％ぐらいしかないという状況です。こういう運用をやっていると，3月末までの運用パフォーマンスはとんでもなくひどいだろうなと，ご専門の方々はすぐに計算されると思うんです。確かにあまりいい状態ではなかったんですが，それでもプラスの1％に若干欠けるくらいの仕上がりでした。

　そのような状況になった背景は，ESG投資という運用が結構下支えをしてくれているという実態でして，昨年度の運用機関ごとの運用成績を見てみますと，プラス7％くらいを達成した会社からマイナス7％くらいと，結構差があるんですね。別にベンチマークを見てやっているわけではないんですが，TOPIXがマイナス10％くらいの水準でしたので，それに比べると，まあまあいい状態で仕上がったのではないでしょうか。平均的に見ますと，国内株式の運用でしっかりとプラスででき上がっているというあたりが，このESG投資をやってきた成果かもしれないなと思っております。

　各運用機関さんにお願いしている状況ですが，私どもの基本方針は各運用機関さんにはきちんとお話をしています。最初に，年金財政を長期的に健全に維持するということを押さえています。2番目は，年金一時金の給付に充てるための安定したインカム収益の獲得に努めてください，と。トータル収益ではありません。それから3番目に，国連の責任投資原則を遵守してアセットオーナーとしての社会的責任を果たせるように運用してくださいとお願いしています。4番目に，収益の源泉を分散することによって，分散投資の実現をお願いしています。そして5番目に，セコムをはじめとする各事業所のオーナーとして，加入者，受給者の年金資産の受託者として，基金として適切に行動すると

いうことを，それから，各運用機関の方々には，フィデューシャリー（fiduciary）をきちんと全うしてくださいとお願いしています。

　このESG投資の特徴は何なのかということですが，言うまでもなく，インカム収益をきちんと上げてくださいとお願いしているわけです。

　一昨年と昨年は1％くらいしか資産が増えていないんですが，インカム収益の増え方を比較しますと，13％ほど増えているんですね。ですから，インカム収益中心で運用してくださいというオーダーに対して，各運用機関さんがしっかりと応えて積み上げていただけた結果であろうと思っております。

　それから，年金一時金の給付のほぼすべてをこのインカム収益で賄えるということの確認ができています。したがいまして，こういう情報を事業主，それから加入者の方々，受給者の方々にお伝えをしていますので，そういう循環の中から考えていくと，キャピタル収益のボラティリティはあまり気にならなくなってくる，というプラスの効果も多少はあると思っています。

　こういうような年金制度の運営ですが，年金制度が勝手にやっているかというと，そうではありません。セコムのCSRレポートがセコムのホームページに掲載されています。その中に，「社会から見たセコムのCSR」という，当時は常務取締役・総務本部長でしたが，ついこの間，社長になられた中山さんと私の対談が出ております。会社のESGに対する取組みと，年金のESGに取り組んでいる内容，方向感とが完全に一致しているということで，会社も年金のESGの取組みに支援をしていただいている状況だと理解しています。

　ESG運用のファンドの基本的なコンセプトは，ガバナンスにフォーカスをしてやってくださいというオーダーです。では，EとSのファクターは全く無視しているかというと，そうではなくて，モントリオール・カーボン・プレッジというカーボン・フットプリントのボリュームの測定をして，徐々にいい方向に持っていきましょうというアプローチがあるんですが，昨年度は，これにセコムの年金として賛同表明をしまして，各運用機関さんに一緒にやりましょうという呼びかけをしています。

　たくさんある運用機関さんの中では，DIAMさんがそのオーダーに応えていただきまして，一緒にカーボン・プレッジに向けて努力を続けている状況です。いずれまた，Sのファクターにも拡大していこうと考えているところです。

●パネルディスカッション●機関投資家，企業から見た ESG と企業価値

◆運用機関による ESG の取組み

加藤 ありがとうございました。今，基金のほうからお話をしていただきましたので，最後にマネーマネジャーの立場ということで，奥野さん，お願いします。

奥野 農林中金バリューインベストメンツ（NVIC）の奥野と申します。最初に，このESGについて，パネルディスカッションということで，加藤先生からお話があったので，「えっ，ESGか」と。長期投資をやっているのですが，ESGを本当に明示的に気にしていたかというと，全然気にしていなかったというのが正直なところで，私にお話できるのかと思いながらも，受けさせていただきました。

われわれは，2007年から，一言で言うと，「売らない株式投資」ということで，日本企業に投資させてもらっています。売る必要のない会社しか買わないといったほうがいいかもしれません。今，21社に投資させてもらっていますが，ほとんど入れ替えはありません。9年前からずっと持たせてもらっている会社さんの企業価値の増大の中で，株価もそれを見逃さず着実に上がっています。それで，だいたい年率18％のリターン。あまりTOPIXそのものを気にもしていないですが，普通にアウトパフォームしています。われわれの投資家さまは，農林中金をはじめ，本当に長期投資のできる企業年金さまと機関投資家さまで，今，助言残高は2,000億円規模になっています。

投資家さまに申し上げているのは，お預かりしたお金を使って，僕が株券の売買をするわけではないです，と。売買回転は10％を切っています。株券の売買をやるようなことというのは，はっきり言うと，ほとんど手数料ゼロで，誰でも普通にできるわけですね。そんな参入障壁のないことをやって，ずっと勝てるなんていうことは絶対ないわけです。

それよりも，日本電産さんのモーターづくりにベットしたほうが，普通に15％もうけてもらえている。たとえばコンピュータのハードディスクのところは8割のシェアを持たれていますが，日本電産にこれでけんかしようなんていう人はもう世の中にいないわけですよ。日本電産しかもうからないような世界

になっているわけですね。だったら，株券の売買なんかする必要はなくて，永守さんにお金を預けたほうがリーズナブルですよね，というふうに思うわけです。

　こういう話を投資家さまの前でさせてもらうと，「あっ，そうかな」とみんな納得していただけます。そんなやり方を9年間やらせていただいています。フィッシャーが言っているとおり，本当にいい会社は売る必要はない，売るタイミングなんかどこにもないという仮説が，日本企業でも成り立つのかというのが，僕が2007年にこれを農林中金の中で社内ベンチャーのような形で始めたときの問題意識ですが，残念ながら，そのような企業は日本にはほとんどないです。これが，たぶん日本企業，TOPIXが全然高値を抜けない理由です。

　アメリカは，リーマンショックの前の高値を抜けて倍返ししているわけですね。だってリーマンショックの震源地ですよ。これについては，もうちょっと真剣に考えたほうがよい。安倍さんや，黒田さんがどんなことをやったって株価が上がらないのはそういうことで，結局一言で言うと，BPSが積み重なっていないから，利益が出ていないから，競争力がないからです。ちゃんと競争力のある会社に投資をしておれば，株価は普通に上がっています。ちなみに，僕たちの21社はすべてちゃんと高値を抜いてきています。

　それはそれとして，きょうはESGについてということなので，先ほど堀江さんがおっしゃった話そのものでございまして，ESGをあまり気にしていませんというふうに申し上げましたが，僕らが投資させてもらう会社さんの企業価値は何かというと，結局，将来的に出てくるキャッシュフローの現在価値でしかないわけです。キャッシュフローがどこから出てくるかといったら，営業利益しかないわけです。営業利益をずっと積み重ねる企業というのは一体何かというと，社会にとって本当に意味のある財やサービスを提供し続けることができるかどうかなんですね。

　長期投資をするということは，その営業利益が出続けるかどうかということをチェックするという観点で言うと，社会にとって意味のないサービスをやっている会社とか，社会にとって害のあるものをつくっている会社とかはもうその時点でバツですよね。だから，基本的に投資期間を長く取れば取るほど，当たり前のこととして，事業の継続性，ESGもこれに包含されると考えていますが，

こんなことを当たり前のこととしてチェックしなければいけないわけです。

　先ほどのご質問にもあったように，Sはどうするんですか，と。確かにそのSの中で，先ほど，従業員の話とかもありました。こういうのは，経営者に聞いても，「そんなのはちゃんとやっていますよ」と言うに決まっているんです。それで，「ああ，そうですか」なんて言っていてもしようがなくて，だから僕たちは実際に足を運んで工場を見せてもらうわけです。調査費用は掛かるんですが，海外の工場に行くと，フランクに話していただける方が多くて，本音の話が結構聞けるんですね。

　だって，僕たちはキャピタルストラクチャーの一番リスクの高いところを持っているわけですよね。これが，毎日売買できるからという理由でリスクがないなんて思っているとすると，それはもう完全な考え違いだと思っています。一番リスクの高いところを持っているんだから，一番ちゃんと調べましょうよと，当たり前のことを当たり前にやるという話で事業価値というのが出てくる。

　残念ながら，短期投資の方がESGについて何か言い始めると，それこそ社外取締役が何人いるかとか，そんな話になってしまうわけですね。そういう定量的な話になると，それをやってもうけようとするマネーマネジャーが必ずいるんですね。だって，「それ，ちゃんとやっています」と言ったら，それがまたファクターになるわけですよ，何たらファクターとかといって。ファクターとかになった瞬間に，もうそれは織り込まれてしまうんですよね。

　織り込まれて何になっているかというと，マネーマネジャーの単なる給料になっているだけです。ということなので，別にそれを分かって投資しているんだから，それはそれでしようがないかと思うんですが，そういうことは，ことさらに強調するような話ではなくて，長期で投資をすれば当たり前のことを当たり前にチェックするだけの話で，それには結構コストも掛かるんですよということを，最終投資家の方にご理解いただきながらやっていくということかと思っています。

◆ ESG に取り組む企業の狙い

　加藤　ありがとうございました。一通りみなさんの自己紹介と取組み，ESG

に対する考え方をお聞きしたところですが，ESG を実践している方は自信があって熱いというのがよくわかりました。

　永安さんにお聞きしたいのですが，CSR の報告書も作られて，ESG をそれなりに意識して企業経営をされているということだと思いますが，この ESG によって，日本電産としては何を狙っているのか。ESG に着目することによって，結果として企業として何が向上したのかということについて，お話いただけますでしょうか。

永安　何を狙っているのかといいますと，ESG も，それを包含する CSR も，基本的には社会の企業に対する要請なんですね。社会が企業にこれをやってほしいと思うことがたくさんあって，それに対して企業がどれだけ応えていけるかということで，アプローチは日本の ESG もそうですし，海外の企業であっても，企業側が能動的に動いている歴史ではないのではないかと思います。

　たとえば環境の問題でいいますと，1992 年にリオデジャネイロで地球環境サミットがあって，それから環境の問題が出てきたわけですね。1992 年のその地球環境サミットで国連の気候変動に関わる枠組条約というのが動き出したわけですね。これに基づいて，1997 年に京都でその関係者会議の COP が開かれて，有名な京都議定書ができた。これ自体は企業が動かしてきたものではなくて，グローバルなコミュニティで，CO_2 が増えると地球が温暖化して困るよねという意識が急速に広がってきた。では，それに対して企業は何をすべきかという話が，その時点でたくさん出てきたんだと思います。

　そういう中で出てきたのが，この CSR 報告書なんです。1992 年の地球環境サミットの年が，日本では環境報告書の元年といわれています。そのときの日本政府のアプローチは，こういう報告をさせればちゃんとやるだろう，と。報告をする，つまり説明責任，アカウンタビリティを果たすということを企業に要請していけば，各企業はやっぱりやっていかなければいけないよね，と。先ほどガバナンスの話が出ましたが，コーポレートガバナンスの報告書は 2006 年に始まっているわけですね。今，急に始まったわけではない。そういうアカウンタビリティを企業に求めることで，環境にしろ，ガバナンスの問題にしろ，ソーシャルもそうなんですが，企業としてはやっていかなければいけないということになってきていますね。

そのときどきの当社も含めた日本企業の考え方は，その段階で何が要請されているのかということです。グローバルには，たぶん皆さんもお聞きになったことがあると思いますが，環境ではISO14001というフレームワークがあります。これは，各企業が環境のCO_2とか水とか廃棄物などの数値の現状をチェックして対応策をとってよくしていく，PDCAといわれる仕組みをつくっているかです。日本企業の多くがISO14001を取り入れています。これが始まったのが1995年で，ソニーさんが日本で最初にISO14001を取得されたと思うんですが，当社は，それから遅れること4年後の1999年に取得しております。2016年の現状を見ると，日本企業はほとんどがISO14001を取得しています。

そういう意味では，アカウンタビリティから攻めるやり方が成功しているといえます。第2のアプローチといえば，私どもがおります電子部品，特にIT系の電子部品の業界は，サプライチェーンというのを使っています。たとえば私どものお客さまの中に，有名なアップルさんがいらっしゃるわけですね。そのアップルさんは，たぶんご存知の方が多いと思いますが，消費者からの一番厳しいいろいろな批判にさらされている会社です。アップルさん自身は工場をお持ちではないから，工場労働者の人権は守られているのかという話は，実はアップルさんではなくて，アップルさんと契約をしている企業に降ってくるわけです。ホンハイとかフォックスコンもそうですし，私どももそうです。そういうサプライチェーンをたどって，「ちゃんとやれ」という話がどんどん出てくる。これに，われわれはいろいろ対応しています。これが2つ目です。

それから，3つ目のアプローチは，企業と社会が協同して価値を創造するというものです。たとえば10年前ですかね，日本の企業でコンプライアンスが大事だという話があって，各企業がコンプライアンス委員会をつくったり，企業内研修をやりました。今はどうかというと，もうコンプライアンスは当たり前なんです。コンプライアンスをやっていない企業は，はっきり言えば問題外。だから，ゼロラインです。では，今は何かというと，知っている方も多いと思いますが，ハーバード大学のマイケル・ポーター教授がおっしゃっている，クリエイティング・シェアード・バリュー（Creating Shared Value）というのがあるんですね。企業とグローバルなコミュニティが一緒になって共通で価値を創造する。今そういうアプローチを取っていかねばならないところに，日本の

企業がなっていると思いますし，われわれはそのアプローチを取っています。

その部分が，お配りしましたCSR報告書の7ページ以降の特集「Our Challenge」と書いてございます。「世界のCO_2の排出量を削減する。」これが私どもグループの挑戦の第1です。第2が，「世界の電力不足を解消する。」第3は，「世界の交通事故"ゼロ"にする。」これは企業側のどういうアプローチかといえば，私どもはグローバルの課題に果敢に挑戦しますよ，解決していきますよ，ということをいっているわけです。

ESGの本質は，先ほどから，長期投資とかいろいろお話がありましたが，私どもから言わせてもらえば，なにか数字ではかるESGではなくて，グローバルのコミュニティが今一番困っている問題を解決するための技術力なりリソースを持っている会社が，このような問題に取り組んでいくことが重要だと考えています。今あげた3つの問題は，明日には解決しません。たぶん5年後，10年後も解決していないかもしれません。でも，グローバルのコミュニティがそれを問題だと思っている限りは，実はビジネスになるんです。

私どもは，そういうグローバルなコミュニティのソリューションプロバイディングを行っていきたいと考えています。

◆ ESGに取り組んでいる企業に対する評価

加藤 ありがとうございました。今，永安さんから企業サイドのアプローチをお話いただいたのですが，次に，投資家サイドからの評価のお話を聞きたいと思います。八木さんと奥野さんに同じ質問です。投資家から見て，日本電産さんも含めて，日本企業の取組みについてどう評価するのか。内外の企業で差はあるのか。それから，興味深い企業の事例などをご紹介ください。まず，八木さんからお願いします。

八木 私のほうは，個社ごとに投資の判断をしているわけではないので，各運用機関さんにお任せしている。やっていただいた内容についていろいろリクエストをするというか，ケチをつけるというか，もうちょっとここをこういうふうにしていただきたいというようなことをお願いしています。

したがいまして，各運用機関さんのアプローチにちょっと形を変えてお話を

してみたいと思います。奥野さんのところはかなり腰の入った長期投資だと理解しているんです。うちのほうも，各運用機関さんに，長期投資をやってくださいという形で，この ESG 投資をお願いしているわけですが，そういった中で不祥事のようなニュースが出てくると，各運用機関さんはすぐに売ってしまうんですね。そもそもいいと思ってポートフォリオに入れた企業をなぜ売るのか。

　しかも，バッドニュースがどういうふうに影響するのか，あるいはエンゲージメントの中で解消できるかどうかを全く判断もしないで，バッドニュースが出たらすぐに売ってしまうということそのものが投資として失敗なのではないですか，ということはよく申し上げています。ですから，腰を据えて長期投資をするんだ，いい会社ならバッドニュースが出たからといって狼狽しないで，しっかりとエンゲージメントをやる，あるいは具体的な提案ができるくらいに運用会社さんのほうがもっと勉強をしなければいけないのではないでしょうか，というようなことでやっているわけです。

　われわれには，四半期に1回各運用機関さんとのミーティングの場がありますが，そういった場で，会社側の理事の方々にお願いをして，年金の運営委員会や運用委員会とご理解いただければわかりやすいと思うんですが，経営目線で各運用機関さんのエンゲージメントの成果，あるいは投資の内容等について，つぶさに見ていただいて，ここは違うのではないか，あるいは議決権行使のありようについても，もうちょっと真面目にやったほうがいいのではないですか，というリクエストもしています。

　投資をしている各企業さんに対して，どういう成果が上がってくるのかということは，やったからといってすぐに何がどう変わるかということはおそらくないだろうと思っています。ただ，時間の経過とともに，なにがしかの成果が上がってくればいい。それから，各運用機関さんのスキルが充実してくれれば投資として成功なのではないか，とも思っています。

　それから，ポートフォリオとして見たときに，どういう特性があるかという分析は，今の段階では，各運用機関さんは全然できないんですね。ですから，従来型のバリュー運用だったらこうだねとか，グロース運用だったらこうだねといった程度の，ごくごくオーソドックスな分析しかできないというのが実態

でして，もっと分析できるツールを開発していかなければいけないのではないかと思っています。

　久しぶりに，昨年度は外国株式に投資をすることができました。これは全部ESG投資なんですが，私は，本質的には日本企業と外国企業はあまり差がないという実感を持っています。確かに，表面上のいろいろな指標や投資上のデータを見ていくと差があるように見えるんですが，ESGのファクターごとに分解していくと，あまり差がないという実感です。むしろ，日本企業のほうがそれなりに真面目に取り組んでいるのではないか，という感触も持っています。

　ただ，具体的に何が違うのかということは，これからつくり上げていくポートフォリオの分析手法を使いながら見ていかないと，具体的には見えてこないのではないかと思っています。

加藤　ありがとうございました。では，奥野さん。

奥野　海外の企業と比べたいと思いますが，先ほど申し上げたような投資コンセプトなので，はっきり言うと，日本企業に投資したいと思ったことは私は1回もないんです。いいビジネスを保有したいと思っているだけでして，それがたまたま日本に上場していたという考え方で，今，21社に投資させてもらって，それが2007年から9年間続いている。そういうやり方なので，もともと海外企業もすごく分析しています。当たり前ですよね。企業の競合環境を分析するのに，日本企業だけを見るなんていうのは，もうその時点で終わっている。4年前から，ある意味，ウォーレン・バフェットの向こうを張って，アメリカ企業も長期厳選投資ということで始めていまして，今，アメリカ企業は24社持っていて，日本企業と同じスタンスで，実際に訪問していろいろなことを質問したり，向こうの施設を見せてもらったりしています。

　そういう比較で申し上げると，やっぱり長期投資は，先ほど申し上げたように，何らかの問題を解決する，人類あるいは地球が持っている問題なり，お客が持っている問題なりを解決するから長期的に営業利益が上がるんですね。何もないのにみんなが利益をくれることは絶対ないわけです。何らかの問題を解決するというのは，永安さんがおっしゃったようなお話だと思っています。その問題が大きければ大きいほど，実はなかなか解決できないので，それを最適に解決できればものすごく儲かるわけですね。という観点でいうと，日本企業

の年次報告書を見させてもらっても,ビッグピクチャーがあまりなかったりするのはちょっと残念だと思っています。

　たとえば,モンサントに行くと,最初に,2050年には穀物の生産量が倍にならないとみんなが飢えるんだ,と言われます。解決の仕方には何があるか。耕作地の面積はこれからはあまり増えません。もう頭打ちです。では,その中で何ができるかというと,一つは当然のことながら農機の改善,もう一つは種の改善。この種の改善を排他的にできるのは俺たちモンサントだけだ。それを言われただけで,何となく儲かりそうな気がするではないですか。だって,それをしないと人が死ぬんですよ,というような大きな話と,そのためにR&Dをこういうふうに使いますよというような論理的な説明をしていただきたいですね。それが正しいか,正しくないか,その確保がちゃんとできているか,できていないかというのをチェックするのが僕たちの仕事でして,経営者の中にはほら吹きがたくさんいるので,そこを10年とか15年分の有価証券報告書をひもといてチェックしていくのが僕の仕事だと思っています。

　この先もそれが続くかどうかというのが長期投資なので,それ以上でもなければ,それ以下でもないと思っていて,日本企業の経営者で,強烈なオーナーシップを持っている人は,必ずそういう問題意識を持っていて,投資機会なんかはいつでもあると思っていますね。

◆ ESG投資家の状況

　加藤　今,奥野さんが外国株投資を始めたとおっしゃったのですが,パフォーマンスはいかがですか。

　奥野　4年前から始めたものについては,言い訳しているわけでは全くないんですが,僕らのポートフォリオは日本株もそうなんですが,下がるときにそんなに下がらずに,上がるときにそこそこついていくんです。もうちょっとちゃんと言うと,日本株が100下がるときに,われわれの日本株ポートフォリオはだいたい50くらい下がって,100上がるときに90くらいついていく。毎月,毎月それをやっていると,結果的にアウトパフォームするという算段になっていて,本当にいい会社はそういうパフォーマンスを,非対象なリターン特性を

持っているんです。それと同じような嗅覚でアメリカ企業を選びましたというのが，ちょうど4年前で，はっきり言うと，4年前からすると，アメリカ株はずっと上がってきているんですね。

そういう意味でいうと，この4年間のパフォーマンスはSP500とほぼちゃらです。上げ局面で若干アンダーパフォームしながら，この1年間ぐらいずっともみ合っているところではアウトパフォームしている。24社を選んでいるんですが，SP500よりも標準偏差が低い。それも日本株と全く同じようなポートフォリオ特性になっています。

加藤 ありがとうございました。永安さんにお聞きします。お仕事柄，投資家とよく対応されているだろうと思いますが，このESGに関して投資家の反応はどうでしょうか？　また，内外の投資家の差はいかがでしょうか？

永安 当社のIRの責任者として申し上げれば，決算説明会を除いて，ワン・オン・ワンもしくはグループミーティングで，当社は年間延べ2,000社と会っています。そのうち，だいたい1,200社は私が会っていますので，そういう意味では，多くの内外の投資家と会っていると言えると思います。

その中で，はっきり申し上げれば，ESGという意識でQ&A等をやっている投資家は，まずほとんどありません。先ほど奥野さんがマネーマネジャーということをおっしゃいましたが，ESG投資というのはどういう投資を指すのかよく分かりませんが，ポートフォリオマネジャー，もしくはポートフォリオマネジャーにアドバイスをするアナリストの方々と話をして，たとえば「ESGをどう考えていますか」ということもあまりありません。

ただ，たとえば昨年6月にパリに行きまして，フランス公務員退職年金補完基金や，NetxisというところのSRIファンドのMilovaにお会いをしていますが，そういうところは，初めからSRI投資といいますか，CSR投資といいますか，そういう投資をされているので，全く違ったアプローチだったということがございます。

加藤 何か，内外の投資家の差はありますか。

永安 ESGで差があるかという点で言えば，先ほどもお話がありましたが，フランスそれからヨーロッパでは，やっぱり説明責任の問題があります。日本の中では，先ほどお話があった，アセットオーナーとか，マネーマネジャーと

かという言葉が今，投資の世界でだいぶ出始めました。GPIFが自分はアセットオーナーだとおっしゃったり，セコムの八木さんもオーナーだとおっしゃっているんですが，ヨーロッパの考え方は違うんですね。アセットオーナーは，実は年金を出している個人なんですよ。

だから，年金を預かっている基金は，実は個人の方に代わっているアセットマネジャーですね。そこが日本に来ると，いや，基金はアセットオーナーで，奥野さんみたいにそこからお金を預かって運用されているところはマネジャーだと。概念が違いますよね。

では，どういう説明責任があるかと考えてみると，運用ファンドは，個人の方，つまりお金を出している国民全体に対して説明責任がある。だから，最初にいろいろとCSRのお話がありましたが，まさに変なところには投資できないよねという話です。たばこは駄目だとか，銃をつくっているところは駄目だとか。国民がそういうところに投資をしてほしいと思って年金を預けているというのがフランスなんかの考え方です。そこから始まって，やっぱり環境問題は大きい。で，環境問題を解決する企業にお金を投資していこうという考え方になっている。私は，そこが大きく日本とヨーロッパとが，違う点かなと思います。

◆ ESG投資の今後の進展

加藤 ありがとうございました。続いて，投資家サイドのお二人にお話をお聞きします。このESG投資は今浸透しつつあって，GPIF，公的年金等が非常に力を入れ始めたということで，状況は変わりつつあると思います。このESG投資の浸透によって，年金基金，運用機関の資産運用の哲学や方法論は，今後大きく変わっていくのかどうか。堀江さんの話では，「なんちゃって投資家」がたくさん出てくるということですが，それも含めてお願いします。

それから，企業年金は八木さんがその先駆者でやっておられたわけですが，その後がなかなか続かないということもあります。今後，ESG投資が企業年金でも多く取り入れられて変わってくるのか。コメントをいただければと思います。八木さん，お願いします。

八木 私どものやり方というのは，あまり大きいところでお話するわけではないですし，できれば何も言わずにこのまま進めていきたいということではあるわけですが，一定程度の情報を多少は出していかなければいけないかとは思っています。先ほど，セコムのお話をしたときにも若干触れましたが，セコムの年金運用の在り方というものが，もともとトータルリターンからインカム収益に軸足を移そうということで取り組んできたということです。

ですから，リーマンショックの前あたりまでには，いったんセコムの年金のファンディングのレベルは，負債に対して1.5倍に，あとちょっとで手が届くかというところまでいったんです。それが，残念ながらリーマンショックを経験して，1.1倍くらいの水準まで大きく下落してしまった。こういう苦い経験の中で，これまでのやり方をずっと続けていっても意味がないと。永安さんがおっしゃるような，その当時の年金のポートフォリオは，やっぱりベンチマークを主体に考えてきたという歴史もございますので，とてもじゃないが，日本株に投資をするといったら，TOPIXをベースにしたアクティブ運用ぐらいしかイメージが出てこないですね。

そうすると，そういうものに投資をすれば，結局，マーケットが下がるから，一緒になってパフォーマンスも下がるんでしょう，というロジックになってしまうわけですね。ここから脱却するためには何が必要なのか，といろいろ考えていくと，リスクを取らない運用も一つの選択肢としてあるわけですが，もう一つは，多くの方々に理解していただけるシンプルな形の運用になっていかざるを得ないわけです。そうなってきますと，たくさんの銘柄に分散をする株式運用は，あまりリスク管理がされないような運用では駄目だねということで，20銘柄か30銘柄前後の集中投資にこだわってみようではないかとなったわけです。

やるんだったら，ちゃんとパフォーマンスが上がるものといったら何だろうということで探していくと，そこに出てきたのがESG投資だった。ESGの中の要素として一番効きそうなのは，どうやらガバナンスだということがだんだん見えてきたので，では，ガバナンスにフォーカスしてやっていこう。これでやっていって，狙いどおりにいい結果が出てくるわけですね。集中投資ですから，十数本のファンドを使っていても，オーバーラップした銘柄もありますが，

全体感からいったら大した銘柄数はない。

　年金の運用で多少パフォーマンスが悪いときに，銘柄リストをお見せすれば，「ああ，この会社に投資しているんだったら，まあいいのではないの」という評価になっていくわけです。それから，先ほど申し上げたようなインカム収益をきちんと意識をして，これが年金の給付につながっていく。つながっていくから，元本を取り崩さない。取り崩さない年金制度のサステナビリティは容易に想像がつくわけですよ。こういう循環に入っていく年金制度であれば，多くの方々に支持をしていただけるということです。

　こういう運用をやっていけばいくほど，ファンディングのレベルがよくなってくる。昨年3月末の時点では，負債に対して1.8倍を超える資産の積み上がりということになってきたわけです。こういう状態が出てきた結果，会社は4月分から年金の掛金を払わなくていいという状態になって，会社が一番最初にそのメリットを受けた。これはちょっとタイミングが遅くなりましたが，従業員，それから受給者の方々への給付を引き上げるような制度改革に取り組んでいこうということで，今，準備をしています。

　こういうような運用が，ちょっとずつ理解されていくと思っております。ほかの企業年金の方々からも，セコムは何をやっているのかと聞かれることも結構ございまして，そのときには全部お話します。そうすると，「ああ，なるほどね」ということで，年金がちょっとずつ広がっていくと思っております。

　ですから，あまり力を入れて，こういうやり方がいいよとか，ああだこうだと言うつもりは全くなくて，こういうことをやったら結果的にいい制度運営ができたねということが評価されていけば，自然に社会に広まっていくんだろうと私は思っております。

　加藤　ありがとうございました。では，奥野さん，運用会社はESG投資について今後どのような方向に行くと思っていらっしゃいますか？

　奥野　ESGに関して，ということですか？

　加藤　ESGが入ってきたことによって，それが運用機関にどのように影響していくかということです。

　奥野　一番危惧するのは，ESGを短期的に使う業者がたくさん出るということですね。おそらくこれは確実に出ます。別にスマートベータがそうである

という気は全くないんですが，ESGに対する考え方は，本当は足を使って，頭を使って，時間をかけて，じっくり調べなければいけない，その企業のDNA的なものですね。これは，かなりアートな世界だと思うんです。本来的にアートなものだと思うんですが，そこのところをサイエンスにしてしまうような，スコアにするような，これは僕は一番悪いところだと思うんですが，そういう話になってしまいます。何でそれがはやるのかというと，要は，お金も掛けずに，人も掛けずにできるからですね。ブルームバーグをたたけばそういうのが出てくるからです。

コストの掛からないものをたくさん売れば，それでもうかる。それで売買があれば，それで証券会社はもうかる。これが要は，この業界がなんかぴりっとしない最大の理由です。金融庁が旗を振って，そんな売り買いをするファンド，投信はやめましょうよといったって，誰も何も改めない。みんな大きなレガシーを持っているから，今の投信会社の人たちは，新しいことをやろうというインセンティブが当然わかないわけです。

本質的でないものを，ちゃんと見きわめる目を持っている人は必ずいる。でも，そういう人はもともとそんなにたくさんいない。僕は，そういうものだと思うんですね。何でもそうなんですが，だいたいの場合，世の中というのは2割もしくは1割くらいの人しか勝たないようにできていて，ほかの人たちは，それに対してフィーを払わなければならないという話にたぶんなると思うんです。なので，あまり悲観もしていなくて，われわれがやることというのは，あまり何も変わらずに，本当に価値を生み続けることができ，しかも，それを排他的に供給できる人に投資をする。そうすれば普通にもうかるでしょう，と。

これは債券がネガティブになっているので，JGBに投資をしたって毀損するのは目に見えているわけですね。トレジャリーに投資をしたって2％しか出ないという世の中にあって，本当に意味のあるものをちゃんと排他的に提供できるような会社さんの価値というのは，このニューノーマルの中では，まさにもっと上がってくるのではないかと考えているところです。

加藤 奥野さんにお聞きしたいのですが，たとえばGPIFのような巨大なファンドが，仮に「奥野さん，1,000億円お願いします」と言ってきたときに，規模ということが問題になるのではないかと思いますが，どのように考えてい

らっしゃいますか？

　奥野　そこは難しい問題です。実際のところ，アメリカの企業であれば，僕はいくらでも投資できると思っています。日本の会社の場合は，キャパシティがあって，僕らの中では，2,000億円までしかできないと思っています。そのことを危惧する必要はないと僕は思うんですね。僕らの目線で見たら21社しかないが，ほかの目線で見たら，長期投資ができるというマネジャーはたくさん，また別にあると思うんです。僕らは，僕らが分かる程度のことしかやらないんです。僕らにとって30cmのハードルしか越える気はないんで，ほかの人から見たら，僕が3mに見えるハードルが30cmに見えるかもしれないわけです。キャパシティというのは普通にあると思います。あとは哲学の問題ですね。

　加藤　ありがとうございました。時間になりましたので，質問は，この後の懇親会でお聞きいただければと思います。

　このパネルはここで終了させていただきたいと思います。どうもパネリストの皆さま，ありがとうございました。（拍手）

日本価値創造ERM学会 創立10周年記念シンポジウム
《第2回：2016年7月22日（金）》

規制哲学転換の下での金融機関経営のあり方と今後の展望
―金融機関の価値創造，ERMの進化の方向―

●基調講演●

金融規制の潮流と銀行ERM

吉藤　茂 ［三菱UFJフィナンシャルグループ　執行役常務グループCAO兼監査部長］

●パネルディスカッション●

グローバルな金融監督規制と金融機関のERMによる価値創造

〈パネリスト〉　碓井　茂樹 ［日本銀行金融機構局　金融高度化センター企画役］
　　　　　　　玉村　勝彦 ［東京海上ホールディングス　執行役員］
　　　　　　　村木　正雄 ［ドイツ証券　調査本部マネージメントディレクター］
　　　　　　　三宅　将之 ［日本工業大学大学院　技術経営研究科教授］
〈モデレータ〉　酒井　重人 ［グッゲンハイムパートナーズ　代表取締役社長］

はじめに——リーマンショックとERM

司会　安井　肇（日本価値創造ERM学会 理事）　今回は，主に金融をテーマにしました。この10年を金融面で振り返りますと，やはり2008年のリーマンショックが，グリーンスパンや当時の麻生首相が「100年に一度の出来事」と言われるほどの大事件であり，「規制の大転換」をもたらしました。

それまでの数十年は，レーガノミクス，サッチャリズムに象徴される「レッセフェール」，「ディレギュレーション（規制緩和）」の方向の政治哲学でした。コンピュータを使うと私どもでも簡単にプレゼンテーションを作れるなど，その利用には「素人でも玄人はだし」のことができます。それは，産業全体の垣根が下がることを意味します。換言すれば，コンピュータの利用が広がれば広がるほど，内在的に規制緩和の圧力が働きます。レーガノミクス，サッチャリズムは，そういうコンピュータの活用に内在する圧力を使って国富を豊かにする政治哲学でした。したがって，技術進歩の流れと政治哲学が長期間にわたり同じベクトルを持っていましたが，リーマンショックを境にして，政治哲学のほうは180度転換してしまって，「二度とリーマンショックを起こさない」という大規模な規制強化の方向へ向かうこととなってしまいました。

そういう中で，いたずらな規制強化を招かずに，イノベーションの果実をできるだけ早く民間が刈り取っていくためには，規律ある経営をやっていかなければならなくなりました。その意味で，ERMの位置づけというものが深まったと考えられます。

さらに，リーマンショック後の金融の大緩和がついに2011年の欧州危機を経て，マイナス金利というような，これまで考えてもいなかった事態が現在生じており，これがまた新しいリスクの火種になろうかともいわれています。また，いろいろな意味でのジオポリティカルな紛争が世界各地で起きています。こうした「不確実性の時代」において，金融機関が如何に価値創造をしてきたのかという点を中心に，最初に基調講演としまして，三菱UFJフィナンシャルグループ執行役常務グループCAO（チーフ・オーディット・オフィサー）兼監査部長である吉藤様より，「金融規制の潮流と銀行のERM」と題するご講

演を頂きました後，モデレータとして，グッゲンハイムパートナーズの酒井様の司会で，東京海上ホールディングスの玉村様，ドイツ証券調査本部の村木様，日本銀行金融機構局金融高度化センターの碓井様，そして日本工業大学大学院技術経営研究科教授の三宅様をパネリストとして，パネルディスカッションを行いたいと思います。

　まずは，長らくずっとリスク管理の世界で銀行界をリードされてこられた吉藤様の基調講演からです。吉藤さま，よろしくお願い申し上げます。

●基調講演●

金融規制の潮流と銀行 ERM

吉藤　茂[三菱UFJフィナンシャルグループ　執行役常務　グループCAO兼監査部長]

1. はじめに

　MUFGの吉藤と申します。きょうはよろしくお願いいたします。

　まず，ERM学会の10周年のシンポジウムの貴重な場に，こういうお話をする機会をいただきまして，誠にありがとうございます。

　私は，今，チーフ・オーディット・オフィサーということで内部監査を担当していますが，この仕事は，実はこの5月からでして，その前4年間はリスク統括部長として，これからお話するような，リスクアペタイト・フレームワークをどう作るかであるとか，あるいは，規制の今の流れの中で，どういうふうに当局とお話をして，どういうふうに民間から意見発信をすればいいかという仕事をしていましたので，そういう経験を生かしてお話をしたいと思っています。また，私自身は，ちょうどバリュー・アット・リスクでリスク計測が始まるようなころ，だいたい銀行がそういうリスク管理部署を独立に立ち上げる時期にもリスク管理に携わっていましたので，そういうことも交えながらお話させて頂きます。

　アジェンダとしては，「規制の潮流」，それから「銀行ERM」，そして「将来に向けて」ということですが，この後にパネルディスカッションがあります

ので，そこにつながる材料の提供という意味も込めてお話をさせて頂こうと思います。また，できる限り私自身が本当に思っていることをお話したいと思っていますので，当然のことながらMUFGの公式の見解ではありませんし，中に出てくる数字も架空のものですので，その点だけはお含みおき頂ければと思います。それでは，早速，話を始めさせていただきます。

2．金融規制の潮流

(1) ストレス事象を振り返る前に――民間銀行と規制当局の信頼関係

まず，イントロダクションとして，2016年4月の国際スワップ・デリバティブ協会における金融庁森長官が行った講演について，最初に触れたいと思います。

森長官は，バーゼルⅡが入る（2004年合意成立）頃の言葉を引用しながら現状をお話されています。すなわち，「バーゼルⅡは，先進的な銀行が達成した進歩を基盤にとりまとめられ，……銀行の内部プロセスの強化を続けるインセンティブを提供する。そして，銀行にリスク管理体制と，ビジネスモデルと，資本戦略，開示の水準を高めようと促すことによって，銀行の効率性と強靭性を共に改善することを目指している。」それとの対比で，「今日とは何と異なる世界でしょうか。ここに見られるのは，バンカーとリスク管理と，イノベーションに対する当局の信頼感」ということで，やはりリーマンショック以降，この「信頼」が崩れて，規制が相当強化されてきたという流れの中にあって，森長官は，一種の危機感を感じてお話をされたと思っています。そこでこれから，今日に至るまでの流れを振り返りたいと思います。

最初に，ストレス事象を簡単に振り返りたいと思います。私が銀行に入った1987年には，「タテホ・ショック」があって，その後，「ブラックマンデー」がありました。非常にダイナミックにマーケットが動くので，私はそのとき以来，この「マーケットストレス」がなぜ起こるか，それをどうしたら防げるか，ずっと考えています。それで，自分なりにもときどきペーパーを書くとか，本を書いたりしてきました。

(2) アジア通貨危機

87年は古すぎるので，その次の97年のアジア通貨危機を取り上げます。図1は，少し見づらいですが，各国の通貨間の相関を，97年の前半と後半で分けて示したものです。流動性の枯渇，質への逃避によって，それらの相関が大きく崩れていることを示しています。このときから，従来やっていた分散共分散法からヒストリカル・シミュレーション法に変わりましたが，もう一つの重要な変化は，やはり単純な計量だけでは，リスクは捉えきれないので，ストレステストが必要という認識になったことです。

図1 アジア通貨危機（1997年）

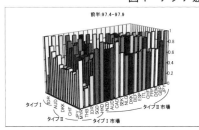
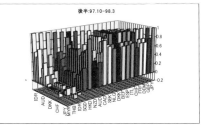

相関関係の崩壊 → ストレステストの必要性

（出所）吉藤 茂［2005］『金融工学とリスクマネジメント』より抜粋

(3) リーマンショック

次に，大きなインパクトを与えたのが2008年のリーマンショックです（図2）。

●基調講演●金融規制の潮流と銀行 ERM　49

図2　リーマンショック（2008年）

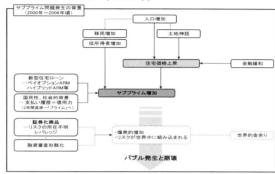

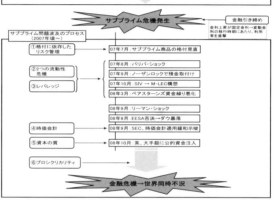

　その前年から始まったパリバショック以降2年にわたる異常な時期でした。リーマンショックそのものは既に様々な場で語られているので，そこは深く触れませんが，その背景には，社会的な要請もあって，サブプライムの住宅ローンが提供されたことがあり，また（リスクを結果的に広めることになった）証券化の背後には金融工学の発展がありました。さらに，金融緩和がそれを助長したところもあって，ある種のバブルが膨らんで，それが破裂したということだと思います。

　要因として，あるいは反省すべきこととして，いくつかのことがいわれました。一つは，証券化商品で問題となった「格付への過度な依存」です。格付は本来，信用コストを表わしています。ところが，当時の証券化商品に対する信用リスクは，格付をそのまま用いたためにデフォルト実績がなかったこともあ

って過小評価されていました。

　また，米国では，2002年頃まではより厳しい規制があった規制資本について，2004年のバーゼルⅡ合意に向けて緩和された部分もあり，規制資本が経済資本，さらには真のリスクよりも小さくなっていました。こうした「規制アービトラージ」を抑える必要があるといわれています。欧米の投資銀行等は，日本の銀行に比べてリスク・リターンとか，資本効率を強く意識していたので，このアービトラージが大きく働いた部分があったと思います。それ以外にも，これからお話するような流動性の問題であるとか，規制の枠組み，会計の枠組みがプロシクリカリティを助長する方向で作用したと考えられたので，そういったものに何とか対応しなければいけないという議論が生まれたと思っています（図3）。

　時価会計については，私が2009年に書いた「自己資本規制強化と邦銀」でも触れたとおり，当時は'時価会計がプロシクリカリティを強める'といわれていました。ただ，その後，いろいろな実証分析等によって，必ずしもそうではない，ともいわれています。宮内惇至著『金融危機とバーゼル規制の経済学』に，その後の実証分析の結果が詳しく記述されていますが，この点は実証分析では証明されなかったと考えています。

　時価会計の光と陰という点ですが，時価会計は，当然時価にリスクが表れるので，価格のシグナルないし，リスク把握機能というプラスの面もあります。しかし，それがグローバルに広がる，あるいは助長するという面があったと，当時思いました。現にターナーレビューでも，時価会計に対してやや否定的な意見が出ていましたが，その後，先ほど言いましたように，いろいろな実証分析で必ずしもそうではなかったと示されたこともあって，現在は，方向としてはどっちつかずにあるのかという気がしています。

　私は，リーマンショック当時，財務企画を担っていて，証券化商品でも相当大きなロスを被って，この価格は本当のマーケットバリュー，フェアバリューから相当ずれているという思いがあったので，時価会計をやや緩めてもいいかと思っていました。ただ，最近は，リスク管理がないがしろにされるような規制の方向にある中において，やはりリスク管理は民間でもっとしっかり強化すべきで，逆にそれがあれば，規制のあり方も変われるはずだと思っています。

図3 トピックス1：流動性リスクと時価会計

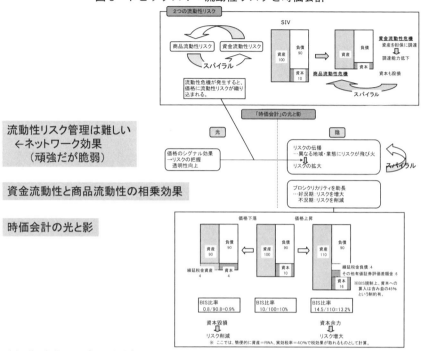

（出所）吉藤　茂［2009］「自己資本規制強化議論と邦銀」より抜粋

　この点からいうと，リスクを表す時価は重要であり，時価会計はやはり大事だというふうに私の考え方もやや変わりつつあります。このように時価会計には光と影の両面があると思います。

　一方で，流動性リスク管理は難しいと明確にいえると思っています。私はマーケットストレスを長く研究する中で，複雑系，あるいはその後のネットワーク理論がこれを説明する大きな枠組みかと思っています。流動性はネットワーク効果が出やすいので，普段は頑強でも，何かのきっかけである閾値を超えると急に脆弱になるということがあり，それだけになかなか計量も難しいし，管理も難しいという面があると思っています。

　また，資金流動性と商品流動性の相乗効果も大きいと思います。証券化商品にはそれが如実に表れていて，商品がなかなか売れなくなって商品流動性でま

図4　トピックス2：円投

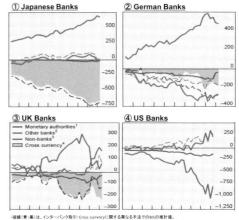

【ネット米ドルポジションの各国銀行比較】

邦銀の突出した円投利用額
→ストレス時の脆弱性

LCR...為替センシティビティに留意

【LCRの変動（為替や預貸Gapに対するセンシティビティ）】

	USD/JPY水準	95.00	105.00	115.00	125.00
預貸Gap拡大	+100百億円	145%	140%	135%	130%
	+200百億円	140%	135%	130%	125%
	+300百億円	135%	130%	125%	120%
	+400百億円	130%	125%	120%	115%

・破線（青・黒）は、インターバンク取引・Cross currencyに関する異なる手法でのBISの推計値。
・出処：BIS Working Paper No 291"The US dollar shortage in global banking and the international policy response"

ず困ると，その後，商品が売れないことによって資金繰りもつかなくなってきます。この2つがスパイラル的に相乗効果を生んで，危機を大きくした面があると思っています。それで流動性に対する規制が必要だという流れになったと思います。

　実際，LCR規制やNSFR規制の形で規制が入ってきました。これ自体は正しい方向とは思いますが，邦銀がやや厳しくなる面が出てくると思います。LCRの規制は全通貨に対するものですので，邦銀はその点では円預金が潤沢にあるので，トータルの数字としては問題ないですが，こと外貨流動性にフォーカスされると，邦銀は相当厳しくなると思います。国によっては，通貨別LCRを規制しようとするところも出てきます。実際，当行でも，外貨流動性は1つの大きな制約になるというのが今の認識です（図4）。

　右側の4つのグラフは，BISの報告書の中にあるCross currency swapの量を表したものです。邦銀が750ビリオンドル位の規模に対して，ドイツやUKの銀行は200ビリオンドル位なので，邦銀が全体としてはCross currency swap（円投）を相当多く利用しています。したがって，ストレスが起きたときには，外貨流動性の確保は相当厳しい状況にあると思っています。

　ユーログループが2015年の重大リスクでも指摘をしているのですが，ドル

を米国が武器のように使っているというのです。もし危機となったとき，ドルを十分に供給してくれないとなると，一気にドル流動性が干上がる惧れがあるので，ストレス時に邦銀が弱点を持っているのは確かだと思います。

また，LCR規制そのものについては，全体としては問題ないのですが，現在邦銀は円をドルに換えて外貨ビジネスを伸ばしていますので，LCR全体も為替の水準によってかなり振れるという状況にあります。この点にも，留意が必要です。

(4) 欧州債務危機

次の危機ということで，欧州の債務危機をとりあげます。これは，リーマンショックの傷がまだ完全には癒えない中で，最初は2009年にギリシャ政権がある種の'会計の不正'のようなことを行って，それが曝露されて始まり，その後，欧州各国に広がっていきました。2011年にはギリシャ国債が額面の約2割を削減され，実質上デフォルトが起きました。要は，リスクがある意味，公的セクターに移ってきたというようなことがあると思います。

図5は，JBIC（日本政策投資銀行）のペーパーを若干修正して載せたものです。政府に問題があると，当然，国債の信用力が低下します。そうすると，民間銀行は国債を結構持っているので，バランスシートは影響を受けて金融機関が傷みます。金融機関が傷むと信用の収縮が起きて，企業や家計の所得の伸びが落ちて，景気は悪化，そして税収が減ります。税収の減少は財政状況を悪化させ，家計と企業でもデフォルトが起きて金融機関がさらに傷みます。ここを救うために公的資金を入れる必要が生じ，それはまた財政悪化をもたらすという形で，'負の循環'が生じます。それを中央銀行が非伝統的な手段も使って，景気も刺激するし，金利を低く抑えることで財政難を緩和するし，民間銀行の資金調達を支えるということですが，ここに限界が来ているというのが今の状態かと思っています。いずれにせよ，もともと民間にリスクがあったときには，それを和らげる，あるいは救う役割を公的セクターが担えましたが，今はリスクの源泉が民間から公的セクターに移っている状況になっていると思います。

図5　欧州債務危機（2011年～）

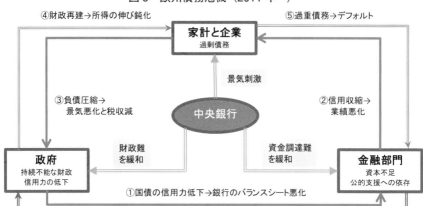

リスクが民間セクターから公的セクターへ

（出所）JBIC［2013］，「ソブリンリスク評価再考」に若干の加筆を加え，作成。

(5) Libor問題

　次に起こったのがLibor問題です（図6）。Libor指標を不正に提示したという内部不正の問題で，「コンダクト・リスク」がいわれるようになりました。これは，法令遵守だけではなく，顧客保護，市場の規律や健全性，さらには有効な競争を阻害するものを幅広く捉えたリスクで，それに備えるべきだという論調が広がっていきました。Moody'sの水野さんが整理されたのを引用していますが，2014年にはいろいろな方がいろいろなことを仰っています。

　ニューヨーク連銀のダドリー総裁は，「ウォールストリートは社会の信頼を失った。これは腐ったリンゴの問題ではなく，リンゴの樽の作り手の問題」，すなわち個人の問題ではなくて組織であるとか経営陣の問題だ，と指摘しています。英国PRAのベイリー総裁は，「金融危機の第2フェーズの根源的な問題は，顧客に対する行動規範，金融制裁，アンチマネーロンダリングというような分野にある。私は金融機関の誤った行動を容赦するつもりはない。」さらに，米国FRBのタルーロ理事は，「金融機関の従業員は法律違反を犯さない限り，

●基調講演●金融規制の潮流と銀行ERM

図6 Libor問題→コンダクト・リスク

【NY連銀 ダドリー総裁 （2014年10月20日講演※）】
「ウォール・ストリートは社会の信頼を失った。
これは腐ったリンゴの問題ではない。リンゴ樽の作り手の問題だ」
※"Testimony on Improving Financial Institution Supervision: Examining and Addressing Regulatory Capture"

【英国PRA ベイリー総裁 （2014年10月16日講演※）】
「金融危機の第2フェーズの根源的な問題は私は顧客に対する
行動規範、金融制裁、アンチマネーロンダリングのような政策分野
にある。私は金融機関の誤った行動を容赦するつもりはない」
※Speech given by Andrew Bailey, Chief Executive, the PRA, at the City Banquet, London

【米国FRB タルーロ理事 （2014年10月20日講演※）】
「金融機関の従業員は法律違反を犯さない限り、どのような方法を
用いてでも収益を最大化することが自分の仕事だとでも考えているのか？…
我々が見たいのは良いコンプライアンスであって、単なるコンプライアンスではない」
※"Good Compliance, Not Mere Compliance"

（出所）水野 裕二［2014］ Moody's ANALYTICS より抜粋。

どのような方法を用いてでも収益を最大化することを自分の仕事だとでも考えているのか？ 私たちが見たいのは，単なるコンプライアンスではなくて，良いコンプライアンスだ」と述べています。これは，要は法令遵守だけではなくて，幅広いコンダクトを意識したコンプライアンスを求めているという趣旨です。こういうところからも，後でお話するようなリスクカルチャーがやはり大事だということが出てきたと思っています。

(6) リーマンショック後の規制強化の流れ

　以上のような規制強化の流れを模式的に表してみました（図7）。上段がリーマンショックの原因になったもの，そのリスクを増幅したもの，あるいはリスクを伝播したものをいかに抑えるかという規制。さらにその後，欧州のソブリン危機があって，いくつかの規制が追加ないし強化される流れがありました。下段には，今日は説明を省きましたが，JPモルガンのロンドン鯨の問題や，今取り上げたLiborの操作問題，さらにアンチマネーロンダリングなどがあっ

図7 規制強化の流れ

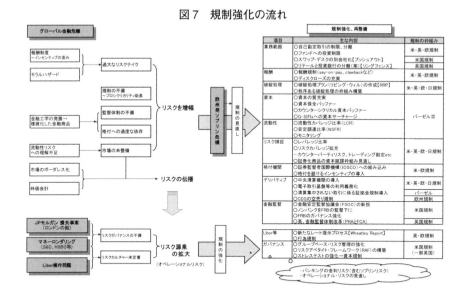

て，リスクの源泉が拡大して，それらに対して，様々な規制が入るようになってきました。

バーゼル銀行監督委員会が行っている規制議論をカテゴリー別に概要をまとめたのが図8です。薄いところは，もうほぼ中身としては決着したもので，網かけ部分が今まさに議論されているエリアかと思います。

資本規制，あるいは流動性規制，これはもう皆さんご案内のとおり，既に導入途上にありますので割愛します。それ以外にも，トレーディング規制では，VaRから期待ショートフォールに変わるし，流動性ホライズンも導入されます。バンキングについては，私たち邦銀や日本の当局から意見を発信して，金利リスクがPillar-1（資本賦課）になるのは避けられました。もともと，バンキングはコア預金など国によって預金の'粘着性'に相当な違いがあるので，一律の規制にはなじまず，したがって，Pillar-1ではなくPillar-2による監督が適しているとも考えていたので，流れはよくなったと思います。ただ，アウトライヤー比率が従前より厳しくなるので，邦銀にもやや厳しい面はあるかと思っています。

図8 バーゼル銀行監督委員会が行っている規制議論のカテゴリー別の概要

カテゴリー	項目	概要（含む最近の動向）	金融機関の対応	懸念される弊害
BCBS（バーゼル銀行監督委員会）	バーゼルⅢ～資本規制	・資本の質の向上、必要水準の引き上げ（2013年から段階的導入済み）。 ・破綻時の損失を吸収し、再資本化の原資となるデッド（TLAC）の保有を求める。	RAFの導入、強化 TLAC債の発行	銀行の資金供給力の低下
	バーゼルⅢ～流動性規制	・LCRは、2015年から段階的導入済み（60％レベルからスタート）。 ・NSFRは、2018年から導入（スタート時点より100％以上が求められる）。	LCRコントロール NSFRに向けた準備	円投の制約、高まるLCRとNIIのトレードオフ
	バーゼルⅢ～レバレッジ比率	・エクスポージャーに対する資本の比率という極めてシンプルな数値に対する規制。 （2015年1月より開示がスタート、2017年前半に数値規格化など最終調整）	B/Sコントロールの強化	伝統的な商業銀行業務への制約
	バーゼルⅢ～トレーディング勘定	・トレーディング勘定のマーケットリスク計測手法の抜本的見直し。 （VaRから期待ショートフォールへ手法変更、流動性ホライズンの導入等）	RFTBに向けたシステム対応 （PC機能の強化等）	業者の体力低下 商品間の関係変化
	バーゼルⅢ～バンキング勘定	・Pillar1（資本賦課）ではなく、Pillar2（監督の強化）にて対応する方向で着地。 （一方で、アウトライヤー規準はTier1の15％となり、現行比厳格化される）	EVE、NII計測の高度化 開示の強化	金利上昇時の混乱に拍車 （アウトライヤー規準に抵触）
	バーゼルⅢ～信用リスク	・標準的手法の全面的見直し（外部格付利用の制限、株式等の適用掛目上げ）。 ・内部モデル適用方法の見直し（大規模事業法人、株式等は内部モデル廃止）。	管理フレームワーク再考 政策株の売却加速	リスク管理の後退 （リスク量の逆転現象）
	バーゼルⅢ～オペリスク	・内部モデル手法は廃止、標準的手法に一本化される。 （市中協議案上、規模等ビジネス指標のウェイト高く、損失データのウェイト低い）	管理フレームワーク再考	オペリスク削減のインセンティブ減退
	バーゼルⅢ～フロアー議論	・内部モデルの適用に対し、新標準的手法で算出した所要資本をフロアーとする。	管理フレームワーク再考	リスク管理の後退 （単純さ、比較可能性の重視）

規制全体としての一貫性は…？

　これから16年末にかけて全体の中身が決まるといわれ，注意しなければいけないのは，まず1つにレバレッジ比率です．大枠は決まってはいますが，G-SIBsにさらに上乗せをするかどうかという議論がまだ残っています．大変気になるのは，下の3つでして，特に信用，オペリスクです．内部モデル適用をやや制限する方向です．たとえば信用でいうと，大規模事業法人や株式では内部モデルが使えなくなる可能性があります．オペは全面的にAMAのような内部モデルを廃止する方向にあります．標準的手法も，今までより外部格付けの使用をかなり制限するとか，シンプルなものにしようという部分もあります．右列に弊害を載せていますが，リスク管理の後退であるとか，リスク管理向上のインセンティブが失われるとか，そういった弊害が予想されるので，ここはあまり変な形で決まってほしくないと思っています．

　さらに，フロアーの議論がこれから始まるといわれており，新しい標準的手法を規準にフロアーを厳しくかけると，結局，内部モデルが多少許されたとしても，実際の必要資本は，この標準的手法のフロアーで決まってしまうことになるので，やはりリスク管理の後退という懸念が出てきますので，ここは非常

図9　国別の規制

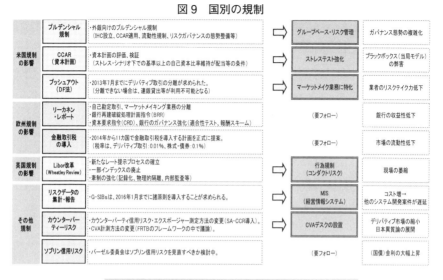

インターナショナル型規制 → マルチナショナル型規制

に注視が必要かと思っています。

　もう1つ感じているのは，個々には意味がある規制だとしても，これだけさまざまな規制が入ると，規制全体としての一貫性は本当に保たれているのだろうか，変な弊害が出ないのかということです。この点は，気になるところです。

　各国別の規制を纏めたのが図9です。具体的な説明は省略しますが，たとえば米国では，プルデンシャル規制，これは外銀に対しても米国と同じような規制を課すもの，あるいはCCAR（包括的資本分析レビュー），ストレステストの結果によって資本政策にも制限を加えるという規制があって，これらを域外に適用するという流れがあります。

　今まではバーゼルというインターナショナルな規制だけを考えていればよかったのですが，マルチナショナルな規制，各国がより厳しいとか，違う視点での規制を入れて，それをグローバルに展開する企業がそれぞれの国で守らなければいけないという面が出てきました。それだけ従来以上に規制に対応するのが難しくなっています。

また，それ以外にもカウンターパーティについての CVA とか，いろいろな規制の議論が進んでいます。さらに，ソブリンの信用リスクについても，ある種の規制を入れようという流れもありますので，この辺もやはり注視すべきエリアかと思います。

(7) 規制間の相互作用

以上のようなことを「規制間の相互作用」ということで整理をしたのが図10 です。資本については，本日はあまり説明しませんでしたが，資本の質を重視することに加え，TLAC（総損失吸収力）のように必要資本がかなり増えるものがあります。さらに，カウンターシクリカルな規制も，最終的には各国の裁量の中で決まるのですが，枠組みとして入っています。

補完指標として導入されるレバレッジ比率は，先ほど触れたように G-SIBs への追加部分がどうなるかが非常に気になります。このレバレッジ比率は，もともとは流動性も意識して導入された規制だと思います。ただ，流動性規制がLCR や NSFR として入るので，やや ダブり感があるし，矛盾した制約になる場合もあります。たとえば，預金があって，それで国債を持つと，LCR はよくなりますが，レバレッジ比率は厳しくなります。どういう行動をとるべきか，

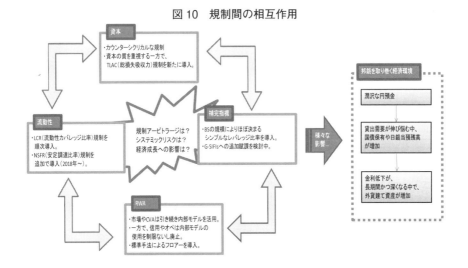

図10　規制間の相互作用

バランスシートのコントロールがより難しくなっていると思います。

さらに，リスク・アセットに関しては，信用とかオペとかが内部モデルの使用を制限する方向にありますが，他方で，市場はVaRから期待ショートフォールに変わるとか，CVAにも複雑なモデルを使っていくということで，規制全体の枠組みとしてはややアンバランスになっている感があります。邦銀が力を入れてモデル化してきた信用とかオペでモデルが使われなくなり，他方で邦銀がシンプルなやり方でやっているCVA等で規制上モデルの使用が広がるので，邦銀にとってやや不利な方向に流れているように感じます。

また，フロアーがかなり厳しい水準で決まるとなれば，結局リスク管理の後退につながる惧れがあります。加えて，規制間の関係をいろいろ考えると，規制アービトラージはたぶんより広がるであろうし，標準的な手法で統一的なリスク計測となれば，システミックリスクはもっと広がるような気もします。しかも，資本も含めて負荷がかなり高まるので，経済成長に悪影響が出ることも懸念されます。

⑻　金融システムの安定と経済成長の両立を目指して

ここまでお話したうえで，冒頭に触れた森長官の講演を再度とりあげます（図11）。以上申し上げたような不安があって，金融システムの安定と経済成長という2つの目的を目指す上で，今ご説明した「静的な規制」による防御壁，たとえば必要自己資本を上げるとか，そういう規制だけで十分なのかという疑問を呈しておられます。そして，プルーデンス政策全体のあり方を評価するに当たっては，ここにあるようなAからGまでの7つの視点が重要であると仰っています。

Aはaggregate，さまざまな政策の複合的な影響の総体を捉えチェックすべき，Bはbehavioralで，銀行行動の変化，たとえば群集行動を考慮する必要があり，Cはcross-sectoralで，資本市場に与える流動性などの影響を考慮すべきで，Dはdynamicで，動学的な変化，規制によって銀行行動が変わって，市場に影響を与えて，実体経済に影響を与えるという側面を見る必要があり，Eはecosystemで，金融システムは複雑な生態系のようなものであり，Fはfeedback loopで，銀行間同士あるいは銀行と市場の間のフィードバックルー

図 11　静的な規制から動的な監督へ

(再び...)森金融庁長官基調講演(仮訳)

「金融システムの安定と経済成長という2つの目的を目指す上で、こうした防御壁（様々な規制）だけで十分でしょうか。...プルーデンス政策全体のあり方を評価するに当たっては、AからGまで7つの視点が重要」

A：aggregate...様々な政策の複合的な影響の総体を捉える。
B：behavioral...規制導入による銀行行動の変化(例えば群集行動)を考慮する。
C：cross-sectoral...様々な形で資本市場に与える影響(流動性など)を考慮する。
D：dynamic...動学的変化(規制→銀行行動→市場→実体経済)を考慮する。
E：ecosystem...金融システムは複雑な生態系のようなもの。
F：feedback loop...銀行同士間、銀行システムと資本市場など様々なフィードバックループが存在
G：general equilibrium...A〜Fまでの相互作用や依存関係も考慮する。

(出所) 国際スワップ・デリバティブ協会第31回年次総会 (2016年4月13日)

プが存在することを考慮すべき、ということです。

こういう7つの視点でチェックするのは当然難しいですが、しかし、こうした相互作用、依存関係も考慮する、換言すれば一般均衡的な思考方法を入れる必要があり、それを避けては通れず、その結果として、やはり静的な規制には限界があって、動的な監督を重視したいと森長官は仰っています。

静的な規制の限界としては、ここに3つ掲げています(図12)。まず、金融システム全体の機能に対する効果、それから副作用を評価するのはなかなか簡単ではないので、やはり当局と銀行が緊密に対話を行って、規制の導入でどういう影響があって、(悪)影響があるからそれを修正するというPDCAを回す必要であるという点です。2つ目は、銀行の健全性はいろいろな動的な影響がありますので、一時点のB/Sだけでは捉えられない(たとえば仮に高い自己資本を求めても、ひとたび悪循環に陥れば、その壁は簡単に崩れてしまう)ので、AからGの視点を取り入れた緊密な監督で規制を補う必要があるという点です。3つ目に、静的な規制は、客観性や透明性の確保とか、比較には優れていますが、規制のアービトラージ(裁定行動)や歪みを生じやすい一方で、監督は予見可能性、透明性、比較可能性の部分ではウィークポイントをもつものの包括的なアプローチが可能になるという点です。

さらに、動的な監督の諸要素を重視するにあたっては、次の3点、すなわち、

図 12　静的な規制の限界と動的な監督の諸要素

【静的な規制の限界】
① 金融システム全体の機能に対する効果と副作用を評価するのは容易でない
　→ 当局と銀行が緊密な対話を行えば、PDCAを適時適切に回せるのではないか。
② 銀行の健全性は一時点のBSだけでは捉えられない。悪循環に陥れば防御壁は崩れる
　→ A〜Gの視点を取り入れた緊密な監督で規制を補うべきではないか。
③ 客観性と透明性の確保や比較には優れているが、規制裁定行為や歪みを生じ易い
　→ 監督は、予見可能性、透明性、比較可能性の面が弱点となるが、包括的な
　　アプローチを可能とする。

【動的な監督の諸要素】
① 銀行のリスクテイクと収益と自己資本の3つの間の関係
　　➡ RAF（リスクアペタイト・フレームワーク）の確立
② 銀行と資本市場や実態経済との間の関係
　　➡ ストレステストの高度化
③ 銀行と顧客の間の関係
　　➡ リスクカルチャーの浸透

（出所）国際スワップ・デリバティブ協会第31回年次総会（2016年4月13日）

①銀行のリスクテイクと収益と自己資本の3つの間の関係，②銀行と資本市場や実態経済との関係，③銀行と顧客の間の関係，をチェックしたいと仰っています。

これらは，まさに民間銀行としてもリーマンショック以降の反省を受けて，強化して取り組んでいることがそれぞれ当たるかと思います。①は，まさにこれからお話をするリスクアペタイト・フレームワークを確立することです。②は，その中でストレステストを高度化し，これを使っていくことです。③は，その礎として，リスクアペタイト・フレームワークを支えるものとして，リスクカルチャーを浸透させようということで，この3つをまさに民間として，今取り組んでいるので，これにちょうど付合すると思っていますので，私としては，森長官が言われるこういう方向に進むのは望ましい方向かと思っています。

3．銀行 ERM

今お話した3つの取り組み，リスクアペタイト・フレームワーク，ストレステスト，それからリスクカルチャー，これらを銀行 ERM ということで取り組

んでいることを,簡単にご紹介したいと思います。

(1) リスクアペタイト・フレームワーク

最初にリスクアペタイト・フレームワークです(図13)。これは,財務の健全性を維持しつつ,長期的な収益の安定化,そして企業価値の向上を実現するための枠組みです。テイクするリスクの種類と量,これを定量・定性の両面から,予め確定して,内外に宣言し,経営も,それから現場も,こういうリスクをとるのだとはっきりさせた上で,規律あるリスク・リターン運営をするというものです。

大きな特徴は2つあります。1つは,残念ながら邦銀においては,これまで財務的な計画あるいは収益計画とリスク管理計画とは,やや分離して立てられていましたが,それを有機的に結びつけるという狙いがあることです。

もう1つは,トップダウン・アプローチとボトムアップ・アプローチを併用するということです。経済資本の配分は,トップダウン的なアプローチが重要ですが,それだけでは十分でありません。現時点では経済資本の中に十分に含まれていない,流動性やオペレーショナルリスクへの備えも必要です。これら

図13 リスクアペタイト・フレームワーク
✓ 財務の健全性を維持しつつ、長期的な収益の安定化と企業価値の向上を実現するための枠組
　□ 引き受けるリスクの種類と量(リスクアペタイト)を定量・定性両面から予め特定し、経営計画の透明性を向上させる。
　□ リスクアペタイトの見直しのPDCAサイクルを活用し、規律あるリスクリターン運営や戦略・リスク運営の実効性を確保する。

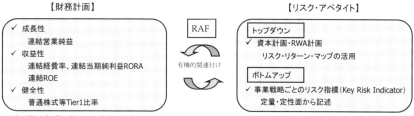

(出所)吉藤 茂,日本銀行金融高度化セミナーでの講演資料「RAFにおけるストレステストの活用」より抜粋(2014年6月5日)

図 14　PDCA プロセス（計画策定からモニタリングまで）

【計画策定プロセス】
- ◇ CRO会議：リスク特性、市場環境を踏まえ、懸念すべきストレスシナリオを決定
- ◇ 市場リスクリターン会議：能動的な操作が可能な市場操作におけるリスクリターン運営方針を検討
- ◇ BS会議：リスクアペタイトを踏まえた将来BSの制約条件を確認
- ◇ リスク管理委員会：次期計画策定に向けた全体のリスク許容度を確認
  - ✓ リスクマップ、トップリスク等のリスク状況の確認
  - ✓ 資本計画の妥当性、ストレス時の自己資本充実度検証　等
- ◇ 計画会議：全行リスクリターン運営方針の決定

【月次モニタリング】
- ◇ ALM委員会：ALM運営等、バランスシート全般に関する状況、方針を確認
- ◇ 役員定例報告：リスクマップ等により、リスクの状況を経営と共有

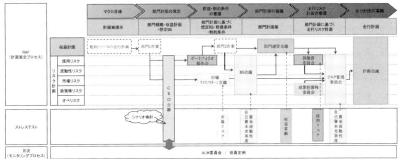

（出所）吉藤　茂，日本銀行金融高度化セミナーでの講演資料「RAF におけるストレステストの活用」より抜粋（2014 年 6 月 5 日）

の必ずしも十分に計量できていないものについて，戦略ごとに定性的なものも含めてボトムアップ的にリスクを表現し，モニターする必要があります。こういうトップダウンとボトムアップの両セットで作り上げるのが，1 つの重要なポイントとして取り組んでいます。

　この有機的な結び付けをするときに大事になるのは，計画をどうつくるかということです。そして，その計画に基づくアクションをどうモニタリングするかが大事になります。その計画策定からモニタリングまでの PDCA プロセスを図 14 に記載しています。

　まずは，市場環境等を踏まえて，メインシナリオを設定します。そのうえで，どういうレベルの ROE とか RORA とか，財務収益を目指すか，といういわばマクロの計画を立てるのが出発点になります。他方で，それをチェックするためのストレスシナリオを，別途の会議体で議論をします。

　これらを前提として，MUFG の場合，法人，リテール，国際，市場等の部

●基調講演●金融規制の潮流と銀行 ERM　65

図15　リスクアペタイトの検証
【A】リスクアペタイト案の策定，【B】想定BSの策定，【C】妥当性の検証（①NII，②自己資本充実度，③資金流動性，④リスクカテゴリー毎），【D】経営計画，RAS確定。

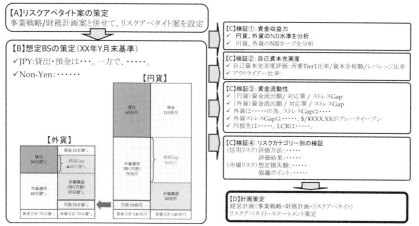

（出所）吉藤　茂，日本銀行金融高度化セミナーでの講演資料「RAFにおけるストレステストの活用」より抜粋（2014年6月5日）

門制を敷いていますので，各部門・ユニットごとに，まず1次的な計画を作ります。これらの計画に基づくバランスシートを作成し，ストレステストなどでチェックを行います。この結果に基づき，CCと部門で話し合い，計画をブラッシュアップします。これを繰り返し何回か行い，最終的にリスク管理サイドがチェックをして，正式な計画とします。

さらに出来上がった計画に対し，（図14にはあまり記載していませんが）定量・定性の両面でいろいろなモニタリングの指標（KRIやKPI）を設定し，それらをモニタリングして，環境変化に応じこのアペタイトを見直すという議論ができるようにPDCAサイクルを強化している状況にあります。

計画策定時のリスクアペタイトの検証について若干詳しく書いたのが図15です。【A】～【B】は，各部門が立てた計画をベースにバランスシートを作る過程を表しています。そのバランスシートに対して，4つのチェックを入れています。

第1にNII，資金収益力です。すなわち，計画が期待に応える収益を生み出

すかどうかです。

　第2に，資本のチェックです。従来のICAAP（自己資本充実度評価）的なストレステストが中心になりますが，レバレッジ比率やアウトライヤー比率など，新たに求められる規制についても見ています。第3は，流動性，特に外貨の流動性が重要になります。邦銀の場合，どうしても潤沢にある円預金を使って，円投で外貨にして外貨バランスシートを大きくするとせざるを得ないので，その外貨流動性が大丈夫かをいろいろとチェックします。第4は，リスクカテゴリー別のチェックです。たとえば，中国のこういうセクターで信用リスクをとっていくという戦略を取った場合に，中国の経済が悪くなったとき，それがアジア全体に波及して，アジアのエクスポージャーを伸ばすという計画に，どういうインパクトがあるのかを信用リスクや市場リスクといったリスクカテゴリー別にチェックします。こういう総合的なチェックをした上で，計画をつくるというようなプロセス。これをリスクアペタイト・フレームワークとして，今，実現しつつあるということです。

⑵　ストレステスト

　リスクアペタイト・フレームワークの中で重要となるのがストレステストです（図16）。ストレステストと一口に言っても，さまざまなストレステストを行っています。人によってストレステストのイメージがだいぶ異なっていて，議論がかみ合わないこともあるので，ここでは目的別に整理してみました。今，私たちの整理としては，4つに分けてストレステストを強化しようと思っています。

　まずは健全性の評価で，これは従来からあるICAAPの世界です。自己資本や流動性の観点から健全性を評価します。リスクアペタイト・フレームワークの中で特に重要なのは，次の戦略の評価です。中国の例のようなイベントドリブンのシナリオが起きたときに財務計画が耐えられるのかというチェックです。第3に，資本政策です。資本調達の場合もありますが，それ以外にも株主還元ということで配当をいくらにするとか，あるいはバイバックするのかなどを考えます。これらの資本政策を行ってもストレス下で資本の十分性が担保できるかというチェックです。

図16 ストレステスト

ストレステストの活用領域は，①財務計画の健全性評価，②ビジネス戦略評価，③資本政策評価，④危機対応の4つ。
ストレステストをRAFの中で融合的に運営し，リスクオフ（リスク回避）だけでなく，リスクオン（リスクテイク）明確化にも繋げる。

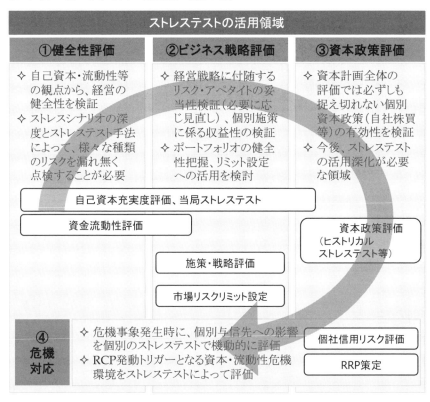

　4番目は，危機対応です。何か起きたとき，たとえば中国で大きなショックが発生したとか，ブレグジットみたいな問題が起きたときに，耐え得るレベルなのかを個別にチェックするという危機対応としてのものがあります。また，RCP（リカバリープラン）の枠組みの中で活用するということもあります。こういう4つを，それぞれ関連させながら，目的別にシナリオの深度や計算する範囲を広げたり狭めたりしながら，ストレステストを高度化する必要があると考えています。

図 17　リスク認識→シナリオの作成

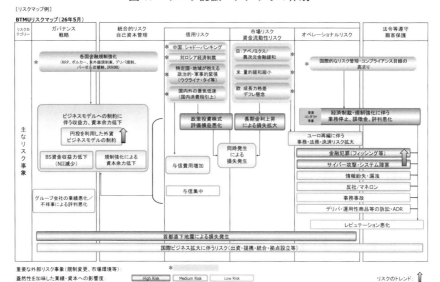

（出所）吉藤　茂，日本銀行金融高度化セミナーでの講演資料「RAF におけるストレステストの活用」より抜粋（2014 年 6 月 5 日）

　ストレステストをやるときには，やはりシナリオをどう作るかが一番重要です（図17）。それにはリスクをどう認識するかが大事になりますが，私たちはリスクマップを使って，統合的にリスクを見るということをしています。図の＊の部分が外部事象で，それに対して，High, Medium, Low という 3 つのレイヤーでリスク認識し，各カテゴリー毎に，あるいはまたがる領域にリスク事象を表現しています。この High, Medium, Low は，起こる蓋然性と，起きたときのインパクトの大きさを，今後 1 年間という時間軸の中で，定量・定性の両方を含めた総合判断で決めていきます。これを月次で，社長，頭取といった経営陣，あるいは各部門の企画を担っている人たち，リスク管理部署，監査部署が議論しながらリスク認識を共有化し，そこからシナリオを作っていきます。

　シナリオの一例が図 18 です。これはジャパン・リスク・フォーラムが作成している台風マップで，アベノミクスが成功するのか失敗するのか，はたまた

●基調講演●金融規制の潮流と銀行 ERM　　69

図18　シナリオ検討（例）
－ 調査部門を中心に将来想定するシナリオ概要、各種主要指標水準を立案
－ 市場部門も交え、主要指標の水準感を確認
－ 経営層の審議を経て、ストレスシナリオを確定

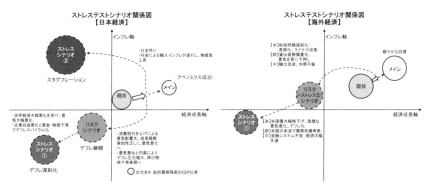

（出所）吉藤　茂．日本銀行金融高度化セミナーでの講演資料「RAFにおけるストレステストの活用」より抜粋（2014年6月5日）

スタグフレーションになるのか，といったシナリオを表しています。横軸に経済成長を，縦軸にインフレをとって，アベノミクスがうまくいけば右上に，失敗してデフレに戻れば左下に行くというシナリオを表現しています。また，たとえば日本売りであるとか，思わぬ金利上昇で，経済成長は実現せずにインフレだけが起こるという，スタグフレーション・シナリオも左上の領域で表現されています。

　このようなものが1つの骨格としてつくられ，これに海外の影響とかを組み合わせて，相互作用を入れてシナリオをつくる作業をしています。これは一例としてお示しをしたものです。いずれにせよ，シナリオのつくり方というのは一番重要な部分だと思います。

　今まで民間が自分たちのものとして行っているストレステストのお話をしましたが，それ以外に，当局のマクロ・ストレステストが，マクロプルーデンスの一環として強化されつつあります（図19）。一番有名なのは，米国のCCARです。これは，ハードル基準もあって，それを達成しないと資本計画は否認されるという枠組みです。ただ，これは定量面だけではなくて定性面のチェック

図19　当局ストレステストの各国比較

米国に続き，ユーロ圏（ECB），英国（英中銀）と，金融当局がストレステストに注力する動きが主要国・地域で広がっている。

ストレステスト種類	<米国当局ストレステスト> DFAST（DF法ストレステスト）， CCAR（Comprehensive Capital Analysis and Review）	EUストレステスト	英国ストレステスト
目的・活用方法	・FRB策定シナリオでの年次資本計画の妥当性評価 ・年次資本計画の策定 ・当局による配当・自社株買いの許可	・ストレス下の資本耐久力を審査 ・欧州銀行セクターに対する市場の信任を確実にする	・英国銀行セクターに特有のリスクを加味した，EUストレステストより厳しい基準の審査
資本の定義 合格基準	・バーゼルⅢの普通株式等Tier1比率 ・7%およびレバレッジ比率4%（経過措置勘案）	・バーゼルⅢの普通株式等Tier1比率 （段階実施ベース） ・ベースシナリオ：8.0% ・アドバースシナリオ：5.5%	・バーゼルⅢの普通株式等Tier1比率 （完全実施ベース） ・BoE独自アドバースシナリオ：4.5% ・ベースシナリオ：7%およびレバレッジ比率3.0%
対象行	30社のBHC	124行	8行
期間	約2年	3年	3年
シナリオ パターン	ベース、ストレス、シビアストレス	ベース、アドバース	EBAベースシナリオ＋独自アドバース
シナリオ 特色	・過去に発生した深刻な景気後退と同程度のものを想定 ・シビアストレスシナリオではアジアでの一層の景気減速を想定 ・大手行とカストディ大手2行に対し、デリバティブ取引等のカウンターパーティーのデフォルト織込みを義務付け	・世界的な金利上昇や新興国の通貨下落・資本流出を想定し、前回よりも総じて厳しい。 ・国債のうち、バンキング勘定のAFSの取り扱いを厳格化。含み損を資本から控除することを義務付け。	・英国銀行セクターに特有のリスクとして、①住宅市場におけるショック、②金利の大幅な上昇をマクロ経済ショックとして想定（但し、金利上昇時のNIIの脆弱性を評価すべきといった制約あり） ・制約はあるも、経営陣の行動を勘案可能

（出所）吉藤　茂．日本銀行金融高度化セミナーでの講演資料「RAFにおけるストレステストの活用」より抜粋（2014年6月5日）

もあって，たとえば2016年のCCARだと，ドイツ銀行やサンタンデール銀行は定性面で落第になって，資本計画が否認されるということが起きました。

　こういったマクロ・ストレステストがEUや英国でも導入されており，本邦でも今後導入される方向感です。ただ，金融庁の今のスタンスは，どちらかというと，こういう枠組みではなく議論の発射台としてこれを使いたい意向と聞いているので，民間としては望ましい方向かと思っています。ただ，どういう形で議論するかによって，もちろんいろいろな影響もありますので，今後よく注視していかねばならないエリアだと思っています。

　それからもう1つのストレステストの活用例として，RCP（Recovery Plan）での活用をあげています（図20）。RCPは，いざというときに発動する枠組みですが，現実に自己資本比率が下がった段階で，こういうコンチプランを発動しても遅いので，その前にストレステストをした上で，あるシナリオが来たらこういう状態に陥る蓋然性が高いということを予め確認し，発動するかどうかを決めることになります。また，その蓋然性が高く，発動する可能性が高まった段階では，コンチプランをもっとより詳細化することもありますし，何が起

●基調講演●金融規制の潮流と銀行 ERM

図20　当局ストレステストの各国比較
- RCP（Recovery Plan，再建計画）の枠組みとストレステストの役割を整理
- 予防的リスク管理として，ストレステストを活用し，実際のアクションプラン（コンティンジェンシープラン（CP）策定・実施）に繋がる態勢を構築

	自己資本での管理		管理方法	ストレステスト リスクシナリオ上の比率	アクション	CPイメージ
	ステージ区分	実績比率				
①	平常時	X%以上	ストレステストを活用した予防的管理	X+α%以上	—	—
②				X+α%未満	CP策定の必要性を検討（実行可能なCPの選定）↓ CP策定・一部実施（CPの発動ポイント設定し，実績がポイント抵触となる際はCP発動）	CPの前倒し実施 可能な範囲での対応（例：市場性資産の売却）
③	懸念時	Y%未満	＜RCPの枠組み＞ 危機管理ステージに移行，対策本部設置の上，抜本的なCP策定・実施	X%未満	対策本部設置の検討（抜本的なCP策定・実施）	本格的な対応実施 資産負債運営の見直し（例：資産圧縮等）
④	危機時	Z%未満				

（出所）吉藤 茂，日本銀行金融高度化セミナーでの講演資料「RAFにおけるストレステストの活用」より抜粋（2014年6月5日）

きたら発動するかというトリガーを策定することもあります。このようにRCPの中でストレステストを使っています。

(3) リスクカルチャー

　リスクアペタイト・フレームワークを支える礎がリスクカルチャーであり，3番目としてこれを取り上げたいと思います（図21）。
　これは，"What's Your Company's Risk Culture?" という KPMG のレポートを引用したものです。リスクカルチャーに関する私たち自身の定義もありますが，これに類似しています。
　リスクカルチャーは，リスクに関する意思決定を行う際の組織全体で共有された評価・行動のメカニズムになります。ERMを効果的に実施する上で根幹を成す構成要素ですし，当然に重要性です。KPMGの調査によれば，リーマンショックのとき約半数の人は，これが明暗を分けた主要因であると掲げていたということです。
　また，その後，先ほども触れたLibor操作問題のようなコンダクトの問題でも，やはりカルチャーが根本としては大事だということで，より重要になって

図21 リスクカルチャー

```
（定義）
✓ 「リスクカルチャー」…リスクに関する意思決定を行う際の組織全体で共有された
  評価・行動のメカニズム。

（重要性）
✓ リスクカルチャーは、ERMを効果的に実施する上で根幹を成す構成要素。
✓ KPMGの調査によれば、約半数の人がリーマンショックで明暗を分けた主因
  としてリスクカルチャーを挙げている。

（議論のスタート台）
✓ 経営トップの真の方向性（tone at the top）は何か。
✓ 倫理観とリスクに関する効果的なコミュニケーションを取っているか。
✓ 従業員が「正しいことをする」ためのインセンティブはあるか。
✓ 意思決定で、リスクは正式な手続きとして考慮されているか。
✓ リスクカルチャーを組織の外部にも浸透させる方法は。
✓ 採用活動においてリスクを考えるか。
```

（出所）Farrell, John Michael and Angela Hoon [2009], "What's Your Company's Risk Culture?"

きたと思っています。ただ，これを浸透させるためにも，どういうように定義し表現するかは，やはり難しくて，いろいろな議論が必要です。そうした議論のスタート台としては，ここにあるようなものが適切ではないかと書かれています。

　経営トップの真の方向性，tone at the top が何かというような議論，倫理観とリスクに関する効果的なコミュニケーションをとっているか，さらに，従業員が「正しいことをする」というインセンティブは組み込まれているか，等が重要です。また，意思決定の中にリスクは正式な手続きとして考慮されているか，たとえば，かつては，戦略立案上リスクは属人的なチェックにとどまっていたが，リスクアペタイト・フレームワークによって，正式な手続きとして入るようになってきたと思っています。

　また，こういったものは外部委託先も含めて浸透させなければいけません。海外の場合，日本と違って人材も流動的なので，採用にあたりリスクをきちんと考慮しているかなども，リスクカルチャーを考える上で，あるいは浸透させる上で，議論すべきポイントとされています。いずれにせよ，これは難しい課

題ですし，やっていることが本当に浸透しているか，計量することは難しいですが，重要な礎の1つだと思っていて，私たち自身もいろいろ取り組んでいます．

4. 将来に向けて

今まで，「規制の流れ」，「銀行ERM」の話をしましたが，将来に向けて現在取り組んでいるのも，リスクアペタイト・フレームワーク，ストレステスト，リスクカルチャーの3つで，これらを今後に向けてより強化していく必要があると思っています（図22）。

リスクアペタイト・フレームワークについては，これを本当に真の経営ツールに持っていく必要があると思っています。邦銀の場合，収益性が低いので，リスク・リターンを高めるツールとして使っていますが，海外においては，ど

図22　将来に向けての取組み

- RAFを真の経営ツールに
  - リスクをコントロールするツール（欧米）vs リスク・リターンを高めるツール（邦銀）
  - 定性面も重視（流動性リスクの計量化は難しい）
- ストレステストはRAFの中で活かす
  - 目的と種類に応じた整理（人によりストレステストに期待するものは異なる…）
  - 時間軸を意識（市場性業務と対顧客業務では対応の時間軸が大きく異なる）
- リスクカルチャーの浸透が礎
  - 規制アービトラージの防止
    （リスク・リターンの意識高まれば、本邦においても規制アービトラージが…？）
  - 顧客との共通価値の創造
- 規制と監督と市場規律のバランスを取り戻せ
  - 規制は、リスク感応的でリスク管理の高度化に繋がるものへ
  - 監督は、民間との対話から定性面やインセンティブの歪みをチェック
  - 市場規律の活用に向け、民間はコーポレート・ガバナンスの充実を図る

ちらかというと，リーマンショックの反省もあり，リスク管理のフレームワークとしてリスクをコントロールするツールとして導入しています。MUFGの中でも，海外のスタッフと話すと，やはりこのニュアンスの違いはあるので，同じリスクアペタイト・フレームワーク，あるいはそれを文書化したリスクアペタイト・ステートメントにしても，内外で若干の違いがあります。やはり言葉の定義，それから思いなどについて，より議論を深めていかないと，本当のツールにならないかと思っています。また，定性面，特に流動性リスクはそう簡単に計量化できないので，この定性面をしっかりと取り込んだ上で，RAFを真の経営ツールにする必要があると思っています。

　次に，RAFを有効に機能させるには，やはりストレステストを強化する必要があると思っています。先ほど少し触れたように，人によってストレステストに期待するものは違うので，目的と種類に応じて，ちゃんと整理した上で，これを強化する必要があると思います。また，ストレステストをやって終わりではなくて，そこで仮にリスクが認識されたとして，その蓋然性が高いと思ったら，アクションにつなげなければ意味がありません。その際，時間軸を意識して，対応を考える必要があると思っています。市場性業務の場合は早めにアクションを起こせますが，対顧業務においては，たとえば貸出でこのゾーンを伸ばすというようにやっていたものを，このゾーンはまずいとなってエクスポージャーを落とそうとしても，本邦においては能動的にそれを落としていく手段は限られますので，多くの時間がかかります。そういう時間軸の違いを意識した上で，ストレステストおよびそのアクションを考えていく必要があると思っています。

　3点目は，RAFを真に機能させるためには，リスクカルチャーの浸透が大事だと思っています。その中で，たとえば本当にリスク・リターンが意識されていくと，欧米の投資銀行のように，リーマンショックのときに問題となったような規制アービトラージが邦銀においても出てこないとも限らないので，それは私たち自身の問題として，そういうことが起きないようにするカルチャーを醸成する必要があると思っています。また，森長官が目指しているような，お客さまとの共通価値の創造を土台とした上で安定的に収益を伸ばしていくことを考える必要があると思っています。この3つを，やはり強化していきたい

と思っています。

　そして，最後に触れたいのは，冒頭の森長官講演にあった部分なのですが，要するに，バーゼルⅡ導入のころの信頼感を取り戻したいということです。バーゼルⅡの枠組みは，皆さんご案内のとおり，規制と監督と市場規律，これがPillar-1, Pillar-2, Pillar-3としてバランスよく行うフレームワークだったわけです。個人的には，そのリスク管理部署を立ち上げた経験からいっても，これは非常に大事だと思っています。このバランスを，やはり取り戻してほしいと思っています。そのためには，規制はリスク感応的でリスク管理の高度化につながるものになってほしいし，監督は民間との対話を強化して，定性面やインセンティブの歪みなどをチェックしてほしいし，また民間サイドは，この市場規律を活用するためにも今取り組んでいるコーポレート・ガバナンスなどを強化することによって，市場規律が生きてくるようなものにしていきたいと考えています。それによって，この3つのバランスがよくなり，バーゼルⅡのような「信頼の世界」に戻るかと思っています。ぜひ，こういうふうになってほしいと思っています。

　少し長くなりましたが，私の話は以上で終わります。ご清聴ありがとうございました。（拍手）

安井　吉藤さん，どうも大変ありがとうございました。昨今，コーポレート・ガバナンスの話題が，ここ2〜3年，非常に大きくなっておりますが，その問題とERMのフレームワークの接点というところも最後に触れていただきました。

　この後は，パネルディスカッションに移らせていただきたいと思います。

●パネルディスカッション●

グローバルな金融監督規制と
金融機関のERMによる価値創造

酒井 それでは，パネルに入らせていただきます。私は，グッゲンハイムパートナーズの酒井と申します。僭越ですが，パネルモデレーターをさせていただきますので，よろしくお願いいたします。

本日のパネルの演題として，「グローバルな金融監督規制と金融機関のERMによる価値創造」を頂いています。ERMによる価値創造が何なのか，今あるリスクに対しうまく立ち向かえているのか，あるいはビジネスモデルが変化していく中でどう対応しようとしているのかといった点を中心に，専門家の皆様からお話をいただきたいと思います。

本日，パネリストとして，日本銀行金融機構局の碓井様，東京海上ホールディングスの玉村様，ドイツ証券の村木様，そして日本工業大学大学院の三宅先生，にご登壇頂いております。よろしくお願いいたします。

本日のパネルでは，ERMがこの10年においてどういう価値を創造してきたのか，今ある大きなリスクは何か，長期金利がマイナスという環境の中で，市場の大きなリスクをどう認識し，どう立ち向かっていこうとしているか，また諸規制への対応をどう考えているのか等に関し，パネラーの皆様各位より，10分以内でお話をいただければと存じます。

まず初めに，東京海上ホールディングスの玉村様に，保険業界あるいは東京海上におけるERMのアプローチについてお話をたまわりたいと存じます。よろしくお願いいたします。

◆グローバルな保険監督・規制と保険会社のERM

玉村 皆さん，こんにちは。玉村でございます。今回のパネルの題目が，「グローバルな金融監督規制と金融機関のERMによる価値創造」ということでしたので，お手元の資料は規制の話を中心に準備してきていますが，今の酒井様からのお話もありますので，ERMの価値創造をどう考えているかというようなことも，できれば織り込みながらお話をしたいと思います。

　最初のスライド（1ページ）に，これは私が東京海上のERMを説明する際の冒頭にいつも使う絵なのですが，東京海上グループがERMというものをどう考えているかということのポンチ絵を描いております。先ほど吉藤さんのほうから相当詳しめに銀行のERMのお話をいただきましたが，極めてざっくり申し上げると，リスクプロファイル，すなわち，どういうリスクをとっているのかということに関しては，当然，銀行と保険会社とは大きく異なりますが，ERMの中身，本質は大きくは変わらないと思います。本日は10分しか時間がございませんので，このページはこれ以上の説明はしないようにしたいと思います。

　では，なぜ東京海上グループはERMを推進してきたのか，これはよく聞かれる話でございます。ここは銀行と我々保険会社とはややニュアンスが違いますので，この辺りから話をしたいと思います。今日は保険会社の方もいらっしゃるので，その方々はご存知かも知れませんが，昨年，損保総研からここに載せました『保険ERM経営の理論と実践』という書籍を出しました。このスライド（2ページ）はその131ページの内容で，これは私が書いた文章なのですが，正直言って，これは銀行などからご批判を頂くかなと思って書いた文章でございます。それを抽出してきたのが，このスライドです。

　日本の銀行のERMというのは，バーゼルの進展を背景に規制先行で発展してきた面が強い。欧州の保険会社のERMは，ソルベンシーⅡの制度構築とインタラクトしながら進んできました。これに対して，日本の保険会社の資本規制は，1996年の保険業法の大改正のときにできたソルベンシーマージン規制が，微修正をしながらも，現在もそのまま残っている状況でございますので，

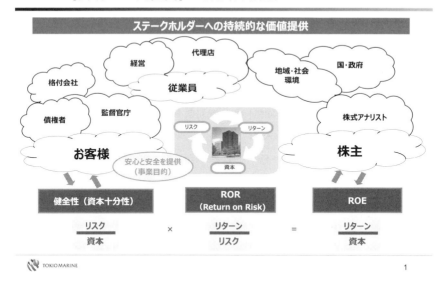

　むしろ規制先行の逆でありまして，日本の保険会社については，各保険会社におけるERMが各社の経営実態等に即して規制よりも先行してきたという面が強い，というのが，このスライドのメッセージでございます。

　次のスライド（3ページ）に，東京海上におけるERMのバックグラウンドを書いております。たぶん今日は他の保険会社の方もおられると思うのですが，他の保険会社グループとも多少のタイミングのずれはあるかとも思いますが，大きな流れは概ね一緒ではないかと思います。東京海上のケースでご説明しますと，具体的にERMというものを経営の柱に据えたのは，中期計画を幾つか書いていますが，2008年から2010年の中期計画から正式に会社経営・グループ経営の軸にERMを据えて，それ以降，ドライブがかかったという経緯でございます。

　したがって，その前の検討段階として，2006年の終わりか2007年頃からERMの検討を始めました。このころは正直言いまして，社内全体では「ERMって何？」みたいな雰囲気だったと思います。その背景にあるのが，下に「事業ポートフォリオの多様化」ということで矢印を3本書いています。第1に，

なぜ、東京海上グループはERMを推進してきたか？

日本の銀行のERM	バーゼル規制の進展を背景に規制先行で発展してきた面が強い
欧州先進保険会社のERM	ソルベンシーⅡの制度構築と連動しながら論議され発展してきた
日本の保険会社のERM	各社の経営実態やリスクポートフォリオの実情を背景に各社固有に進展してきた

規制上のプレッシャーがないなかで、なぜ東京海上グループはERMを導入し推進してきたのか？

*ERM経営研究会 著「保険ERM経営の理論と実践」（金融財政事情研究会）2015年1月

1996年に改正保険業法が施行されて，損保各社が生保子会社を，生保各社が損保子会社を設立したのですが，それが今世紀に入って急速に拡大してきました。第2が，金融事業・一般事業の拡大，第3は海外事業展開と書いています。私が東京海上に入社した頃から，たとえば学生さん向けには「東京海上はグローバルな会社です」と言っていましたが，20世紀までは本質的には日本国内の損害保険会社にすぎなかったわけです。それが先ほどお話した通り，1996年に生保事業を始めました。並行して金融事業，一般事業に進出しました。それから21世紀に入って，皆さん，ご案内かどうかわかりませんが，海外向けの事業，すなわち欧州・米国・アジアなど海外の保険会社のM&Aを重ねてきて，いまや，もうグループの利益の半分ぐらいは海外事業から，こんな企業グループになってきているというのが，事業ポートフォリオの多様化でございます。

このスライドには書いていませんが，2000年代の前半は，たぶん銀行さんと保険会社はスタンスというかポジションが違っていたように記憶しています。2000年代の最初の頃というのは，銀行さんはいろいろ多額の資本調達を

東京海上グループのERM推進の背景・経緯

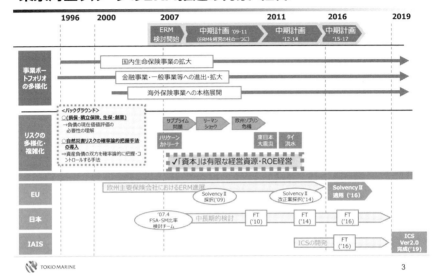

していた時期だと思いますが，当時の保険会社は逆にやや資本余剰の状況で，自己株買い・増配という形で，むしろキャピタルをマーケットに返していたという時期です。したがって，この頃は保険会社に資本の逼迫感があまりなかったように思います。それが今申し上げたように，生保事業が拡大し，海外展開も進み，金融事業・一般事業も大きくなり，一方で，3ページの下に書いてありますが，サブプライム問題から始まって，先ほどから何度も出ていますが，リーマンショックや欧州危機があり，あるいは大規模な自然災害が多発してきて，保険会社のリスク・必要資本が拡大し，その結果，だんだん資本が有限な経営資源である，これは当たり前の話なのですが，ということを経営としても自覚し始めたことと，などが相俟って，ERMが発展してきたというふうに，私は理解・整理をしています。

3ページの一番下のほうに，いろいろな内外の規制環境の推移を書きました。ヨーロッパではいつがスタートかという明確な時期の特定は難しいのですが，2000年代前半あるいはその前位から，欧州の大手の保険会社がERMを推進し，それと同時並行で，経済価値ベースの資本規制としてのソルベンシーⅡの論議

銀行監督規制の潮流

国際的な銀行監督規制の潮流：
- バーゼルⅡ（2004年～）は、先進的なリスク管理を行う銀行をモデルとし、全ての銀行に「リスク管理の高度化」を促すことにより銀行の効率性と強靱性を改善することを理念とするものであった（そのような観点から内部モデルの利用も広く容認されていた）
- しかしながら、2008年のリーマンショックを契機に内部モデルへの不信感が高まり、監督者の関心の焦点は「リスク管理の改善」から「資本の絶対量の引き上げ」にシフト（個別の状況に応じた監督への信頼低下→一律の規制の効果に対する期待の高まり）
- バーゼルⅢ（2010年～）においては、資本量・流動性等の各種指標を画一的に高い水準で満たすことを求める「規制」を厳格化する方向となっている（標準的手法に基づく資本フロアの導入など）

国際資本規制の成立（バーゼルⅠ）
- 銀行の資本規制の国際合意が初めて成立：「**バーゼルⅠ**」の導入（1988年）

バーゼル規制の進化（バーゼルⅡ） / リスク管理の高度化
- バーゼル規制が進化：先進的なリスク管理を行う銀行をモデルとする「**バーゼルⅡ**」の導入（2004年）
  - 第1の柱（自己資本比率）、第2の柱（銀行の自己管理と当局による検証）、第3の柱（開示による市場規律）の概念を導入
  - 信用リスク測定方法を高度化⇒銀行の内部モデル（内部格付け手法）の使用が可能に

金融危機の発生

金融規制の強化（バーゼルⅢ）（G-SIFIs規制） / 資本の絶対量の引き上げ
- 金融危機後、システム上重要な金融機関（SIFIs）への規制強化の検討を開始：G20ワシントン・サミット合意（2008年）
- SIFIsに対するより強力な監督と追加資本等の健全性規制等の検討・実施決定：G20ピッツバーグ・サミット合意（2009年）
- 銀行の自己資本規制および流動性規制の新たな枠組みである「**バーゼルⅢ**」を承認：G20ソウル・サミット合意（2010年）
  - 自己資本比率の強化（資本の質の向上と重層的な資本要件の導入等）：段階的に導入し、2019年完全実施予定
  - レバレッジ比率の導入：2018年実施予定
  - 流動性カバレッジ比率（LCR）の導入：段階的に導入し、2019年完全実施予定
  - 安定調達比率（NSFR）の導入：2018年実施予定
  - 銀行勘定の金利リスク（IRRBB）に関する監督強化：2018年までに実施予定
- グローバルなシステム上重要な銀行（G-SIBs）のリストと政策枠組みを公表：G20カンヌ・サミット（2011年）
- 「実効的な破綻処理の枠組みの主要な特性」を策定：2011年策定、2014年アップデート
  - G-SIBsに対する資本の上乗せ基準を策定：段階的に導入し、2019年完全実施予定
  - TLAC（Total Loss-Absorbing Capacity、総損失吸収力）の導入：2019年第一段階導入、2022年第二段階導入

が進展してきて、ようやくこの2016年から施行されたというのが、ヨーロッパの流れです。

日本も当然、欧州など世界の動向は意識していますので、2007年に金融庁にソルベンシーマージン比率検討チームというのができまして、ここで中長期的な課題として、ソルベンシーⅡをベンチマークにしたような新しい経済価値ベースの資本規制を検討するということの、一応の方向性が出ています。

ところが、という言い方をしていいのかどうか分かりませんが、2010年過ぎからIAIS（国際保険監督者機構）が、ICS（International Capital Standard）という経済価値ベースのグローバルな資本規制、いわばバーゼル規制の保険版をつくる、ということで検討を始めて、今も検討が進んでいるわけです。2011、2012年というあたりは、日本の金融庁は、ややIAIS待ちみたいな形になっていたように思いますが、ICSも市中協議、フィールドテストなどを経て形が見えてきましたので、金融庁の方でも、ICS対応も含めて、日本での経済価値ベース資本規制の検討を進めてきているというのが今の流れになります。

次の4ページに銀行の規制のことを書いています。私は保険会社の人間です

経済価値ベースの資本規制のあり方の論議

（ソルベンシー・マージン比率の算出基準等について　　～H.19.4.3 金融庁ソルベンシー・マージン比率の算出基準等に関する検討チーム～）
- 保険会社は、リスク計測手法やリスク管理の方法を自らの創意工夫し、リスク管理の高度化を自らの責任で図ることが重要である。（中略）保険会社のリスク管理における実務の競争的な発展の可能性を見据えた場合、ソルベンシー規制のあり方には規制本来の安定性及び比較可能性という観点に加え、漸進的な発展可能性、方向性の明確化、並びに保険会社のリスク管理の高度化へのインセンティブ効果が求められる。

（H25事務年度 保険会社等向け監督方針）
- 経済価値ベースのソルベンシー規制は、資産負債の一体的な時価評価を通じ、保険会社の財務状況の的確な把握や、保険会社のリスク管理の高度化に資するものであり、（中略）当該規制導入に向けた検討作業を引き続き進める。

（The IAIS Risk-based Global Insurance Capital Standard (ICS) 25 June 2015 Updated）
- ICS Principle 6: The ICS promotes sound risk management by IAIGs and G-SIIs. This Includes an explicit recognition of appropriate and effective risk mitigation techniques.

（IAIS河合事務局長の発言）
- ICSについては、ALM、分散効果等も考慮したリスクに敏感な規制にすることが重要です。
- 比較可能性を確保することは大前提。（内部モデルを導入した場合は）どうやって比較可能性を確保するのかが非常に難しい問題となっています。 (2014.7.30 損保総研における講演内容 損保総研・損害保険研究第76巻第3号)

（H27事務年度 金融行政方針）
- 世界的な金融危機後、国際的な金融規制改革が進展する中で、金融庁としては、これまでも監督当局間の協議では、過剰な規制強化への懸念や行き過ぎた規制の緩和の必要性について主張してきたが、今後は、広く国際的なコンファレンスの場等を活用し、規制体系が世界経済全体のために最適なものとなっているか再検証すべきであるとの当庁の考え方を積極的に発信していく。　（「5.国際的な金融規制改革の取組むに関する戦略的な対応」）
- 国際的な議論への貢献・フォローを行いつつ、我が国におけるソルベンシー規制について具体的な検討を進めていく。
- 保険会社を取り巻くリスクの多様化・複雑化を踏まえ、規制の遵守に加え、適切なリスクとリターンのバランスの下、全てのリスクを経営戦略と一体で統合的に管理する統合的リスク管理態勢の整備・高度化を引き続き促す。
　　（2.「金融仲介機能の十分な発揮と健全な金融システムの確保」-（ウ）統合的リスク管理の促進）

から、銀行の規制のことを100％わかっているわけではないのですが、銀行の規制についての私の理解では、バーゼルⅡまではリスク管理の高度化を促すような規制、ということを指向していました。ところが、リーマンショックがあって、リスク管理の高度化を指向する規制というよりもむしろ、規制強化というか、金融システムへの影響を回避するために資本の絶対水準を引き上げることにシフトしてきている流れに潮目が変わったという面があるかと思っています。

次のスライド（5ページ）は、経済価値ベースの保険の規制の話ですが、保険もややニュアンスが変わってきていまして、文章の一つ一つを読むことはしませんが、経済価値ベース規制の検討も当初はリスク管理の高度化を促す方向でした。先ほどお話をした2007年のソルベンシーマージン比率検討チームの答申にも書いてありますし、最初のころのFSAも監督方針でもそういうことを書いていますし、IAISもそういうことを言っています。それから、IAISの河合事務局長もその当時はそんな趣旨のことを言っています。それが、去年の行政方針にはそういうところからむしろ後退をしている。そのような流れかと

金融庁のスタンスの変化

金融庁・森長官の講演「静的な規制から動的な監督へ」(2016年4月13日ISDA年次総会基調講演)

- 金融危機を経て、個別の銀行ごとの状況に応じた「監督」への信頼が揺らぎ、国際金融規制の関心の焦点は、銀行のリスク管理の改善から、資本の絶対量の引き上げなど、銀行のバランスシートの様々な数値に着目した画一的な「規制」の強化に。(バーゼルⅢ)
- しかしながら、金融システムの安定と経済成長という二つの目的に照らすと、こうした「規制」を強化するのみでは十分でない。銀行に適切なインセンティブをもたらす「監督」が必要。
- バーゼルⅡが目指した「銀行に対し、リスク管理体制・ビジネスモデル・資本戦略・開示の水準を高めるよう促すことにより、銀行の効率性と強靭性をともに改善する」という理念は重要。
- 金融庁としては、銀行のバランスシートの一時点の数値に着目する静態的な「規制」に過度に依存するのではなく、動態的に「監督」を行っていく。

⇒動態的な「監督」：以下の3つの関係に着目して銀行をモニタリングする

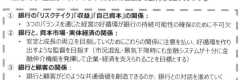

① 銀行の「リスクテイク」「収益」「自己資本」の関係：
　・3つのバランスを通じた経営の好循環が銀行の持続可能性の確保のために不可欠
② 銀行と、資本市場・実体経済の関係：
　・安定と成長の両立を目指していくためにこれらの関係に注意を払い、好循環を作り出すような監督を目指す（市況混乱・景気下降時にも金融システムが十分に金融仲介機能を発揮して企業・経済を支えられることを目標とする）
③ 銀行と顧客の関係：
　・銀行と顧客がどのような共通価値を創造できるのか、銀行との対話を進めていく

【動的な監督の諸要素 （講演資料より抜粋）】

思っています。

　先ほどの吉藤さんがコメントされていた金融庁の森長官のいくつかの講演を、当然、我々も注目して見ています。一連の講演は銀行の規制・監督の話がメインというのは認識しているのですが、当然、金融庁は同じような発想で保険会社の経営も見ておられるというふうに理解をしています。

　6ページの一番下の①、②、③。これは先ほど吉藤さんがコメントされたことと同じ部分ですが、銀行のリスクテイク、それからリスクと資本と収益のバランスを見ます、実体経済との関係を見ます、顧客との関係を見ます、というようなことを仰っています。このページの右側の絵は、金融庁のHPをそのまま貼り付けたものです。金融庁の方はこれをよく「曼陀羅図」という言い方をされます。この前、ある金融庁の幹部の方に、「この曼陀羅図と、冒頭にお示しした我々のERMの絵は似ていますね。」という趣旨の話をしたことがございます。資本規制はリスクと資本の関係のみを規制するものですが、金融庁は資本とリスクと収益のバランスを見るようにするといい始めています。「規制から監督」ということも仰っていますが、日本の金融庁は経済価値ベースの資

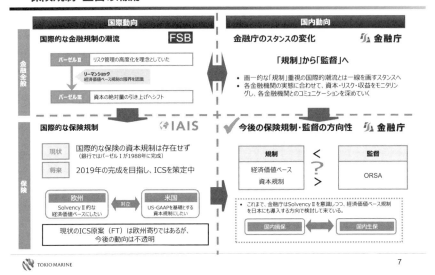

　本規制よりも，ERM へのモニタリング，ORSA などの，監督の方に軸足を移してきている，というのが，直近の日本の保険行政・金融行政の流れだと思っています。

　最後の 7 ページになりますが，これからの規制環境・行政環境がどういうふうになってしまうのだろうというのは，われわれの中でもややわからなくなってきているというのが率直なところでございます。このページは今までのまとめ的なスライドですが，左側が国際動向，右側が国内動向で，上半分が銀行，下半分が保険になっています。左上から説明しますと，銀行の世界では，バーゼル II からバーゼル III へ，リスク管理の高度化から，むしろ規制強化へと，リスク管理・ERM という観点では逆行しているような流れがあります。この根っこには，金融危機を二度と起こしたくないという FSB の強い意向があるわけです。

　それが，左下ですが，IAIS に下りてきていて，この流れの中で ICS という経済価値ベースの資本規制というものをつくろうとしています。ところが，あまり詳しくお話ししていませんでしたが，ここに欧米の根深い対立がありまし

て，ソルベンシーⅡのような経済価値ベース規制を指向するヨーロッパの意向と，それに対してむしろネガティブなアメリカの意向とがあって，本当にIAISがいうように，2019年までにICS，経済価値ベースの規制ができるのだろうか。ICSの規制ができるのだろうか。バーゼル規制（バーゼルⅠ）が1988年にできてというところからすると，30年くらい保険のほうは遅れているわけですが，それすらできるかどうかわからない。今，IAISの人は必ずこれはやるんだということを言っておりますが，まだ不確定だと思っています。

　一方で，右上ですが，日本の金融庁は，先ほどからお話をしているように，規制から監督ということをいってきています。したがって，右下ですが，規制から監督という上からの線と，それから，むしろ国際的な左からの線というのは，どういうふうにこれが帰結するのだろうかというのが我々としてもわからないところです。一番下に国内損保・国内生保というふうに，矢印で対立構造のような絵を描いていますが，もし違っていたら，またご指摘をいただきたいのですが，今まで，われわれ国内損保は，経済価値ベース規制に関してはポジティブな対応，国内生保さんはややネガティブな対応をしていたということで，あえて矢印を描いています。

　それはさておいて，いずれにしても，経済価値ベースの規制というのがどういうふうになっていくのか。ここに規制と監督で不等号をつけていて，「？」と書いておりますが，監督重視ということになると，ORSA，これはOwn Risk Solvency Assessmentの略ですが，いってみれば，各々の会社が自らERM経営をしていることを，ペーパーに落として，金融庁とのコミュニケーションをするというツールなのです。そういう，いわばオーダーメード型のERM・リスク管理を軸にしたコミュニケーションを指向していくのか。あくまでも規制は規制で，バーゼル規制のような形で保険の経済価値ベース規制が入ってくるのか。そうすると，規制と監督のバランスはどうなるのか。各社がやっているERMと，経済価値ベースの規制とがニアリーイコールになってくるのか。それとも全然違うものになってくるのか。全然違うものになってくるとすると，おそらくERMはERMでちゃんとやるのでしょうから，規制はやや制約条件的な位置づけになってくるのか。そんなあたりが，今，われわれとしてはまだよく見えないし，これからIAISや金融庁とも対話をしていかなけ

東京海上グループのROE推移

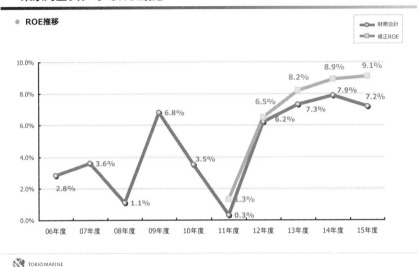

　ればいけない点だと思っています。
　最後に，時間オーバーになりそうで怒られそうなのですが，先ほど，ERMというのは企業経営に対してどういう付加価値があるのですか，という問題提起がございました。そのことに対するお答えの一つとして，急遽，上のスライドを用意しました。先ほどから申し上げているように，ERM を推進してきていて会社の中での文化というか思考が変わってきています。たとえば，保険料の設定方法にしても，資産運用方針にしても，あるいは M&A にしても，経営レベルでのいろいろな課題というのが，ERM 的な発想で論議・意思決定できるようになってきています。それに伴って，ROE も 2011 年は東日本大震災などの影響もあって 1.3% だったものが，2012 年度 6.2%，13 年度 8.2%，14 年度 8.7% と上昇しておりまして，2015 年度には 9.1% というレベルまで，これが全部 ERM の成果という趣旨ではありませんが，このように ROE が上がってきているという面があります。
　それから，最近のリスク動向について話をしろというご指示を受けていますので少しお話をします。損保の場合，いわゆるピークリスクというのはどうし

ても自然災害を避けて通れません。そこが，普通の金融機関とややリスクプロファイルが違うということになります。それから，政策株がありますので，当然のことながら株価変動リスクも負っていることになります。昨今のマイナス金利の影響というのは，損害保険のグループの中では国内の生保事業を中心にして影響を受けております。我々損保系生保は，ある程度厳格な ALM をやっていますし，グループ全体の中の規模感から考えても，マイナス金利について影響としては，ないとは言いませんが，既存の大手生保よりは小さいのではないのか，そんな感覚を持っているということでございます。

　すみません，2分くらいオーバーしてしまいました。とりあえず私の発言を終わります。ありがとうございました。(拍手)

　酒井　玉村様ありがとうございました。
　それでは次に，ドイツ証券の村木様にお話をいただきたいと存じます。村木様は金融保険業界を直接ご担当するとともに，規制関連分野も直接ご担当をされています。それではよろしくお願いします。

◆個別最適と合成の誤謬

　村木　皆様，こんにちは。ドイツ証券の調査部でリサーチをやっております村木と申します。金融規制，国内外の保険会社を含む金融機関の調査をしておりまして，今回は，ERM と会社経営と規制という3つの関連で，われわれからの問題提起ということでお話をさせていただきたいと思います。
　まず経営との関わりです。われわれはマーケットサイドの投資家ともお話をするわけですが，ROE を高めろという圧力があります。企業側から見ると，外からいわれるから ROE 目標を掲げるというケースが多く見られるわけです。投資家から見たときの ROE というのは，投資に対するリターンですので，高ければ高いほうがいいということになります。一方，経営サイドから見た場合には，ROE というのは，資本の成長率を示すものです。つまり，金融機関において考えれば，会社の成長率を示すものが ROE で，それが劣っているというのは，競合他社に対しての会社の成長率の低さを示すという捉え方もできる

のではないかと考えております。

　次に ERM（Enterprise Risk Management）について。吉藤さんのお話にもありましたが，おそらく日本と海外では，保険の分野でも少し捉え方が違っています。日本では，最近では攻めの ERM といったりして，リスク・リターンのバランスを取る考え方になってきています。欧州では，ERM はリスクコントロール手法と捉えられているようです。では，欧州で積極的なリスクテイクのツールとしては何を使っているのかというと，用語としてはあまり定まっていませんが，資本をリサイクルしてリターンを高めていくというような枠組みでの使われ方をすることが多く見られます。

　日本においては，ESR（Economic Solvency Ratio）という資本比率，これに連動するような形で ERM のフレームワークを決めているという会社が増えてきていると思います。Munich Re のケースを取り上げます。ヨーロッパのソルベンシー比率で175％から220％，これがカンファタブルな水準として，220％を超えたら，その資本を積極的に使っていくか，株主に返金します。175％を下回れば，段階的にリスク削減をしたり，場合によっては資本調達をしたりというような形で，わかりやすくフレームワークを設定しています。このように定式化をすることの問題については，後でご紹介をしたいと思います。

　皆さん，ご存知のとおり，マイナス金利導入後，短期金利の下げ幅に比べて，はるかに大きな幅で長期金利が低下しています。マイナス金利導入前が1.3％くらいというのが，日本で観測できる一番長い40年金利の水準でした。これが2016年7月6日には，一時5ベーシスということで，日本でその瞬間，ほぼ金利が消えたというような状況がございました。この動きは当然，銀行にも影響を及ぼしているわけですが，銀行とは比較にならない甚大なダメージを生保に与えたと考えています。長期金利が低下をすると，生保が保有している資産の時価は当然上昇します。日本の生命保険会社の場合は，負債のデュレーションの方が，資産側より長くなっていますので，経済価値といっていますが，時価ベースに置き換えた負債が大きく膨らんでしまう。資産マイナス負債が資本ですから，資産が増えているのに資本が大きく減少する，資本が毀損するという状況に陥っております。

　現時点では，かなりの保険会社さんがもともと健全だと定めていた資本レベ

ルを下回っている状況まで財務状況が悪化をしたと考えています。ここで，マーケットで考えられるリスクシナリオというのを考えてみました。先ほどお話をしましたように，ERM のフレームワークを ESR とリンクさせていくと，ESR が低下をしてきたときに，リスク削減をしろという指示が出ます。出てしまいます。

　そうすると，生命保険会社が ESR の低下に耐えきれずにリスクを削減します。超長期債を購入するというのが，日本の生命保険会社において有力なリスク削減手法です。よく，パニック的に株を売るというのがありますが，生保の場合はパニック的に国債を買うというようなリスク削減が起こり得ると考えています。流動性がこんなに低い状態で大量に国債が買われれば，国債価格は急騰して，金利はマイナスゾーンに，40 年債でもマイナス側に水没をしてしまう可能性もあります。

　そうすると金利がさらに低下しますので，他の生命保険会社でも資本比率が低下していきます。それで，他の会社も同じように次々とリスク削減を進めていく，合成の誤謬リスクがあるのではないかと考えています。

　また，銀行規制に比べて保険規制がやや緩くなっています。さらに，投資信託に対しては規制が全くかかっていません。低金利環境下でどんどんとリスクテイクが行われています。規制が緩いところが，こんなにリスクをとってしまって大丈夫なのかというような問題もあると思います。

　今の規制の方向に従えば，生保には超長期債を大量に買えというインセンティブが与えられています。日本のように国債の信用力に疑念がある国で，超長期の国債を大量に買ったときに，金融機関の信用力というのは保てるのかどうか。もともと格付の高かったイタリアの生保が，ソブリン格付に連動して大きく格付を引き下げられるというような状況もございました。

　そして，そもそも生命保険会社の時価評価はできるのか，という問題です。資産側の評価については，一応，国債価格はついていますので，時価評価はできるということになります。ただ，負債側が問題です。たとえば，終身保険を売ったときに，契約が満了するまでの期間が 60 年あるような契約，これを市場で時価評価をするというのは非常に困難で，事実上モデルで一定の仮定に基づいて評価をしているわけです。それが本当に正しいのかどうかが分からない

状態で,適切な規制やリスク管理ができるかというと,限界があります。銀行,損保とは違う問題が生保にはあると考えています。

その1つの表れとして,日本の生命保険会社は,将来利益を現在価値に置き換えて計算をした EV で株価が評価されるべきだといっています。しかし,それに対して0.4倍ぐらいという,大きくそれを割り引いた株価で評価をされるという状態になっております。バランスシートの資産側と負債側が適切に評価できているのか,マーケットは疑問視しているようです。

そして今,海外でも議論になっている補正についてです。長期金利が下がりすぎている中で,その金利カーブに基づいて,資産と負債の評価をしています。ここで,UFR（終局フォワード金利）による補正を欧州当局が持ち出しました。日本では長期にわたって短期金利がゼロ程度で推移するとマーケットが織り込んでいるわけですが,「短期金利は将来3.5％に上昇する。つまり日本の成長率も3.5％にいずれ上昇する」というような,かなりアグレッシブで人為的な補正です。補正の理由として,国債価格が実態を示していないのではないかという考えがあります。もう1つは,そのままのマーケットの時価を使うと,健全性が著しく低く見えすぎるので,規制として妥協せざるを得ない面もあります。

規制がこのような妥協をしたとき,個別の会社のリスク管理は妥協していいのか。あるいは,規制で妥協した後に,大きな金融上のシステミックなリスクがかかった場合,どのように対応するのか。後ほど議論させていただければと思います。ありがとうございました。(拍手)

酒井 村木様,どうもありがとうございます。

それでは次に,日本銀行の碓井様にお話をいただきます。よろしくお願いいたします。

◆金融機関のリスクガバナンスの発展

碓井 日本銀行の碓井でございます。私からは,「金融機関のリスクガバナンスの発展」についてお話をさせていただきます。事実以外の意見にわたる部分は,個人の見解であり,日本銀行を代表するものではないということをあら

かじめお断りさせていただきます。

1970年代から90年代を振り返りますと，多くの経営者不正や不正会計が起き，これらを契機にして，内部統制，内部監査，あるいは，ガバナンスのあり方が国際的に議論されました。ご存じのとおり，1992年，COSOが「内部統制の統合的フレームワーク」を公表しました。99年，内部監査人協会（IIA）が内部監査に関する「専門職的実施のフレームワーク」を，また，経済協力開発機構（OECD）が「コーポレートガバナンス原則」を公表しました。90年代は，内部統制，内部監査，ガバナンスに関する基本的な枠組みが提示され，実際に，社外取締役の選任，内部統制システムの構築，内部監査を通じた独立したアシュアランス活動の実践などが始まりました。

この頃，金融界では，金融機関の大型破綻が起き，いわゆる「バーゼル規制」に関する議論が始まりました。90年代には，VaR（バリュー・アット・リスク）というリスク計量化モデルが開発され，金融機関のリスクマネジメントの実務に活用されるようになりました。VaRでリスク量を把握し，リスクを収益・自己資本の範囲内に抑え込むという考え方が明確になりました。長年にわたる議論のすえにバーゼルⅡが合意されて，当時はリスクマネジメントの実務と整合性がとれた規制が実現したと考えられていたわけです。

その後，2004年に，COSOは「ERMフレームワーク」を公表しました。「OECDコーポレートガバナンス原則」も改定されました。2000年代に入ると，金融機関ではバーゼルⅡの基本的な考え方やERMフレームワークを使って統合リスク管理やERMの実践が広がりました。

すべてがうまくいくかに思えましたが，リーマンショックを契機にして国際金融危機が起きました。G30（グループ・オブ・サーティー）は，金融機関のリスクマネジメントに依拠しすぎた「ライトタッチな金融監督」と「金融機関のガバナンスの脆弱性」が金融のメルトダウンを招いたと厳しく指摘しました。国際社会では，かなりヒステリックな議論も惹起され，バーゼルⅢは，厳格なリスクの捕捉と自己資本の質・量の大幅な向上を強く求めるものとなりました。ただ，現在は，過重で複雑な規制の導入について反省ムードが広がり，内外の有識者から見直しを求める声が上がるようになってきました。

規制に関する私の個人的な見解を申し上げると，バーゼルⅡの合意に向けて

の議論では，規制とリスクマネジメントをなるべく一致させたい，それが理想の姿だと考えられていたように思います。しかし，当時から私には少し違和感がありました。規制とリスクマネジメントが完全に一致することは絶対にないと考えていました。両者が完全に一致してしまえば，そもそも規制などは不要ということにもなるわけです。規制は，経営者に任せるだけでは，資本不足に陥るなど，社会的に見て何らかの問題が起きる懸念があるからこそ導入されるものです。規制の導入には，社会的に妥当と考えられる理由，背景等があるはずです。過重な負担を強いる規制はよくないと思いますが，社会厚生の観点からある程度の負担はやむを得ないものであり，許容されるべきだと思います。

　金融機関からみると，過剰な規制資本の負担を課されたと受け止められるのかもしれませんが，今後，金融機関では，ビジネスモデルを大きく再編成して，新しいリスクテイクを行う必要が生じると考えられます。新しいビジネスを展開するとき，リスクを把握し損ねたり，ややもすると資本は不足しがちとなることがあります。とくに預金を受け入れる金融機関に関しては，新しいリスクテイクに対するバッファーとしての資本が必要になるのではないでしょうか。過重な規制資本の負担を課されていると後ろ向きにとらえるのではなく，いざというときのバッファーを確保できているので，新しいリスクテイクも可能となると前向きにとらえることもできるのではないでしょうか。

　もう1点，規制が複雑になりすぎている点については，以前から個人的に強い懸念を持っています。一部の専門家を除くと，バーゼル規制の詳細をすべて理解できている方は少ないのではないでしょうか。規制の実施状況を，第一義的に監督するのは取締役会のメンバーです。社外取締役の方も監督者として機能していただくことになります。監督者が規制やリスクマネジメントの詳細を理解できず，専門家に任せることは許容されません。国際金融危機は，そのような監督者の無責任な姿勢が引き起こしたと指摘されています。規制は，監督者が十分に理解できる単純明快なものでないと実効性がないのではないかと思います。規制はなるべく単純明快なものとして，監督当局と金融機関は真摯な対話を重ねていく，それが正しい方向性であると考えます。

　さて，規制強化が進められていたのと同時期に，実は，海外の金融機関では，市場からの信頼を取り戻すため，ガバナンス改革も行われました。取締役会や

リスク管理機能，内部監査機能の一体改革が進められました。取締役会の独立性，専門性が高められ，リスク管理機能，内部監査機能に関する組織体制・権限規定の見直しが進み，堅固な「3線」モデルが構築されました（98ページの上の図を参照）。

2013年，金融安定理事会（FSB）は，金融機関のリスクガバナンスに関するテーマレビューを実施しましたが，主要な金融機関では，監督当局が求める以上のリスクガバナンスの態勢が整備されたと高く評価しています。こうした金融機関のリスクガバナンスの実践は，COSOやIIAのフレームワーク，各種ペーパーのほか，G20/OECDコーポレートガバナンス原則にも反映されました。今や，金融機関のリスクガバナンス強化の取組みが世界のガバナンスの向上に大きく貢献しています。

個人的な意見ですが，日本では残念ながら，金融機関も企業も，社外取締役の受け入れを拒み，監査役という独特の制度に固執してきたために，正しく「3線」モデルを構築できないというガバナンス構造上の問題を抱えています（99ページの上の図を参照）。日本企業は，「攻め」にも「守り」にも弱いガバナンスの構造を抱えているため，経営者はビジネスモデルの再構築をするのが遅れたり，リスクマネジメントが不徹底となり多額の損失を招く傾向があります。また，重大な不祥事を引き起こしたり，その隠蔽を図るという事態も繰り返されています。最近，日本は一体どうなるのかという印象すら持つということがあります。

金融機関も例外ではありません。実際，基礎的な収益力が低下し，いろいろな不祥事が起きています。銀行の国内業務の収益構造を見ると，経費率が0.9％近くあるにもかかわらず，これを上回るだけの貸出利回りを提示していない。あるいは，有価証券の運用利回りでは利益を確保できない状況になるなど，非常に厳しい収益環境に置かれています。メガバンクは統合が進み，収益源を求め，海外業務を展開しています。地域銀行には，統合や連携の動きが広がっています。証券会社は販管費を上回る受入手数料を確保できず，地場証券では自主廃業が進んでいます。

従来のビジネスモデルから脱却し，新しいリスクテイクが求められていることは明らかです。金融行政方針に書かれているとおり，金融機関には，将来に

わたって質の高いサービスを提供できるようにビジネスモデルの再構築を進めていく必要があります。

　ERMフレームワークにしたがった言い方をすれば，ビジネスモデルの再構築による価値創造を行ううえで，戦略（ストラテジー）の見直し，あるいは，新たな目標設定（オブジェクティブ・セッティング）が求められています。内部統制システムという点では，国際標準の正しい「3線」モデルの構築が課題となります（98ページの上の図を参照）。

　よく，「石橋を叩いて渡る」と言いますが，石橋自体，江戸時代につくられたもので，そもそも，そんなにたくさんの荷物や人を渡せるものではありません。古い石橋はいずれ壊れてしまうでしょう。新しい「鉄橋」を架けて，多くの荷物や人をどっと渡していくことが求められています（102ページの上の図を参照）。

　ERMフレームワークや「3線」モデルは，新しく「鉄橋」を架ける際の基礎を提供するものです。ガバナンス改革とビジネスモデルの再構築をワンセットで進める時代に入ったと言えると思います。

　なお，モデレータの酒井様から，今後，想定すべき重大なリスクに関しても触れてほしいということでしたので，最後に，この点に関して個人的な意見を述べます。

　現状，世界経済が停滞するなかで，各国でかつてない規模の金融緩和が行われており，世界中にマネーがあふれています。Brexit，米国のテーパリングなどを契機にして，大規模な資金移動が起きています。こうした点をみれば，国際的規模の金融の大変動が起きるリスクを常に考慮に入れておく必要があると思います。また，国内では早期にデフレからの脱却を図りたいところではありますが，マイナス金利が長期化するリスク，あるいは，財政規律が失われ金利が急騰するリスクもなしとしません。金融機関としては，双方の可能性を視野に入れて備えることも必要となるでしょう。また，海外業務が急拡大しており，外貨の資金繰り・調達力は極めて重要な問題となっています。今後，金融機関はこれらを含むさまざまな問題について，監督当局との間で緊密な対話をとりながら，リスクに立ち向かっていくことが求められると思います。

　私からは以上でございます。（拍手）

	内部統制、監査、ガバナンス	金融規制、金融機関のリスクガバナンス
1970年代	★ロッキード事件ほか贈収賄・不正会計事件	
1984		★コンチネンタル・イリノイ銀行破綻
1987	米国トレッドウェイ委員会「不正な財務報告」	
1988		バーゼルI
1992	COSOフレームワーク	
1996		バーゼル規制追加(市場VaR)
1997		★拓銀破綻、山一自主廃業
1998		★長銀、日債銀国有化
1999	IIA 内部監査「専門職的実施 のフレームワーク」 OECDコーポレートガバナンス原則	BCBS「銀行組織における内部管理体制のフレームワーク」
2001	★エンロン不正会計事件 ★ワールドコム不正会計事件	BCBS「銀行の内部監査および監督当局と監査人の関係」
2002	米国SOX	
2004	ERMフレームワーク 改訂OECDコーポレートガバナンス原則 ★カネボウ不正会計事件	バーゼルII合意(VaRの全面採用)
2006	日本版SOX	
2008		★リーマンショック
2010		バーゼルIII合意 BCBS「コーポレート・ガバナンスを強化するための諸原則」
2011	★オリンパス不正会計事件	
2012		BCBS「銀行の内部監査機能」
2013	IIAポジションペーパー「効果的なリスクマネジメントとコントロールにおける3つのディフェンスライン」 改訂COSOフレームワーク	FSB「リスクガバナンスに関するテーマレビュー」 FSB「実効的なリスクアペタイト・フレームワークの諸原則」
2015	★東芝不正会計事件 COSO & IIA「3つのディフェンスライン全体でのCOSOの活用」 G20/OECDコーポレートガバナンス原則	BCBS「銀行のためのコーポレート・ガバナンス諸原則」

1970〜1990年代

- 経営者不正や不正会計の多発を契機に、内部統制、監査、ガバナンスのあり方に関して国際的な議論が行われた。
- 1992年、COSOは「内部統制の統合フレームワーク」を公表した。また、1999年、IIAは内部監査の「専門職的実施のフレームワーク」を、そして、OECDは「コーポレート・ガバナンス原則」を公表した。
- 1990年代、内部統制、内部監査、ガバナンスに関する基本的な枠組みが定まった。国際社会では、社外取締役の選任が進み、内部統制システムの構築、内部監査を通じたアシュアランス活動が始まった。

リーマンショック前まで

- 金融機関の大型破綻を契機に、金融機関の健全性維持に関する議論が始まり、バーゼル規制が導入された。
- 1990年代にVaRモデルが開発され、2004年、リスク量を計測して収益・自己資本の範囲内に抑えることを求めるバーゼルⅡが合意された。
- 同年、COSOはERMフレームワークを新たに公表。ここで、リスクマネジメントに関する重要な概念が定義され、理論的に体系化された。
- 2000年代に入ると、金融機関では、バーゼルⅡやERMフレームワークを踏まえて、統合リスク管理、ERMの実践が広がった。

リーマンショック後

- リーマンショックを契機に、グローバルな金融危機が発生。
- G30は、「ライトタッチな金融監督と金融機関のガバナンスの脆弱性が金融危機を招いた」と厳しく指摘。
- バーゼルⅢは、リスク捕捉の強化と自己資本の質・量の向上を強く求めた。
- ヒステリックな議論のなかで、過重で複雑な規制が導入されたが、現在、見直しの動きもみられる。

個人的な意見ですが

- 当然のことながら、すべての金融機関のリスクマネジメント実務と整合的な規制を作ることはできない。
- 規制が、ある程度、過重になるのはやむを得ない。規制が求める資本は過剰になりがちだが、リスクマネジメント上のバッファーとしてとらえられる。
- 規制が複雑になりすぎると、ガバナンスは効かなくなる。社外取締役が理解可能なレベルの単純明快で、必要最小限の規制が望ましい。

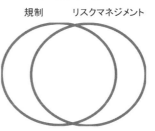

規制　リスクマネジメント

リーマンショック後

- 規制が強化される一方、金融機関経営の自己規律を取り戻すガバナンス改革の取り組みが始まった。
- 取締役会、リスク管理機能、内部監査機能の三位一体改革が進む中で、「3線」モデルが再構築され、堅固なガバナンス態勢が整備された。
- 金融安定理事会(FSB)は、主要な金融機関のリスクガバナンスに関して「金融当局が求める以上の態勢整備が進んだ」として高く評価している。
- 金融機関の取り組みは、改訂COSOフレームワーク、IIA&COSOによる「3線」モデル、OECDのガバナンス原則に反映された。

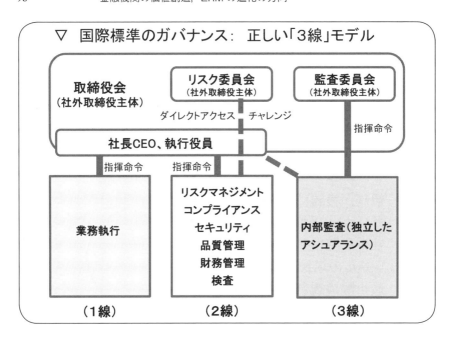

個人的な意見ですが

- 日本は、独自のガバナンスを長く続けてきたため、社外取締役の選任が遅れた結果、正しく「3線」モデルを構築できていない。
- 日本には、国際社会と対比して、「攻め」にも「守り」にも弱いガバナンス構造が残っている。
- この結果、①経営者の不作為によるビジネスモデルの再構築の遅れ、②リスクマネジメントの不足による多額の損失発生、③損失や不祥事の隠蔽などを抑止することができていない。

▽ 日本独自のガバナンス：誤った「3線」モデル

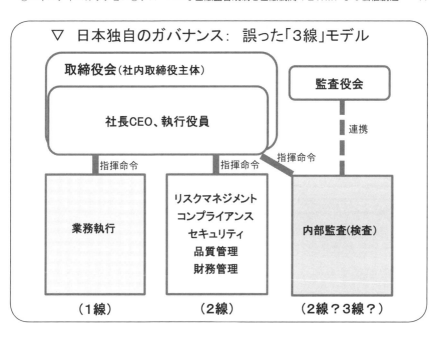

- 日本企業の「稼ぐ」力は長期低迷し、深刻な不祥事が繰り返し発生している。

- 金融機関に関しては、国内業務の基礎的な収益力が低下。反社向け融資、インサイダー取引、マネーローンダリングなど、内外で行政処分を受ける事例がみられる。

銀行の収益構造（国内業務部門）

※新規 貸出約定平均金利(5月) 0.678%

(単位：％、ポイント)

	全国銀行（116行）	
	27 年 度	前年度比増減
貸 出 金 利 回 り （A）	1.21	※ △0.08
有 価 証 券 利 回 り	0.94	0.08
コ ー ル ロ ー ン 等 利 回 り	0.59	△0.04
資 金 運 用 利 回 り （B）	0.96	△0.06
預 金 債 券 等 利 回 り	0.05	△0.01
預 金 利 回 り	0.05	△0.01
経 費 率	0.87	△0.04
人 件 費 率	0.39	△0.01
物 件 費 率	0.43	△0.03
預 金 債 券 等 原 価 （C）	0.92	△0.05
コ ー ル マ ネ ー 等 利 回 り	0.36	0.02
資 金 調 達 原 価 （D）	0.86	△0.06
預 貸 金 利 鞘 （A）-（C）	0.29	△0.03
総 資 金 利 鞘 （B）-（D）	0.10	0.00

証券会社の収益構造（平成27年3月期）

日本証券業協会
(単位：百万円)

	国内証券会社	本庁監理会社	財務局監理会社	外国証券会社
会 社 数	236社	53社	183社	15社
営業収益	4,092,934	3,617,980	474,954	63,375
受入手数料	2,250,582	1,943,651	306,930	43,332
トレーディング損益	1,235,184	1,102,443	132,741	1,988
金融収益	560,304	535,315	24,989	18,061
販売費・一般管理費	2,772,444	2,405,448	366,995	40,692
人件費	1,098,036	923,027	175,009	18,760
営業損益	985,550	885,357	100,143	8,532
経常損益	1,010,106	901,426	108,679	8,957
当期純損益	717,286	621,400	95,885	7,603

※国内証券会社は、受入手数料で販売費・一般管理費を賄えていない。

金融行政方針

人口減少や高齢化の進展、IT技術の革新等の環境変化に適切に対応し、我が国金融業が、将来にわたり、質の高いサービスを提供出来るよう、持続可能なビジネスモデルの構築に向けた取り組みを進めていく必要がある。

今、求められているのは
ビジネスモデルの再構築による価値創造

Strategyの見直し、新たなObjective Settingと

▽国際標準の「3線」モデル

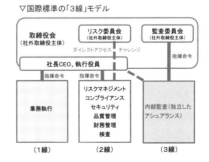

国際標準の「3線」モデルの構築が課題。

頑丈な石橋にみえても
古いビジネスモデルでは、いずれ石橋は崩れてしまう。

ERMフレームワーク、「3線」モデルを使って
新たに鉄橋を架けて渡るべきである。

今後の課題

- 取締役会の監督機能の強化
  → 社外取締役の監督・指揮下で下記を実施することによって、実効性を高める。
- 「リスクアペタイト・フレームワーク」(RAF)の導入
  → 目標の設定・明確化とリスク・リターンを意識した組織運営の構築
- リスク管理部門による「チャレンジ」の実施
  → リスクテイクを行う前の厳格な検証の実施
- 内部監査部門による「独立したアシュアランス」の実施
  → 目標達成に向け、内部監査のプロ集団(専門職)による経営監査の実施

酒井　碓井様，どうもありがとうございました。

それでは最後に，日本工業大学大学院の三宅さんにお話をいただきます。よろしくお願いします。

◆ ERM 思考法で新テクノロジーと金融機関について考える

　三宅　私は30年余り，金融サービス提供側の金融機関ならびにリサーチコンサルティング会社に勤務していました。私は昨年度よりビジネススクールの教員をしています。主に中小企業の経営者の方々がビジネススクールの院生として受講されております。

　本日は金融サービス利用者側の立場で参加しています。講演者とパネラーの方々には精緻な金融機関側のリスク管理を中心にお話をいただいたわけですが，私は利用者の観点で少し私個人の考え方を申し上げたいと思っています。

　本学会ですが，おかげさまで10年経過いたしました。会員の約半数が事業会社に勤務あるいは経営されている方が会員でいらっしゃいます。したがいまして，パネラーの1人である私は，利用者の立場で意見を述べさせていただきたいと思っております。

　図1は，金融サービス業について，2017年3月の『フィナンシャルタイムズ』の記事の抜粋ですが，金融サービス業は「情報処理産業」と見ることができると思います。毎年，巨額の情報システム投資をしていますが，利用者の観点で見ますと，サービスがよくなったという方も多分いらっしゃると思いますが，結構，厳しい声も多いのも確かではないかと思います。

　先ほど碓井さんからもお話がありましたように，いろいろな不祥事も重なって，社会の金融業界に対しての見方というのは非常に厳しいものがあります。本来，信用が金融機関の立脚点，根本にあるわけですが，結構いろいろ課題を抱えているというのが実情ではないかと思います。

　図1のグラフは，同じ3月，イングランド銀行のホールデン理事が，同行とロンドン・ビジネススクール共催の会議で講演された資料の一部ですが，100年間の金融仲介に係るコストの推移を示しています。これを見ると，金融機関は相当巨額な情報処理投資をしてきたわけですが，利用者から見ると，金融仲

図1　金融サービス業〜利用者の視点（効率性）

- 金融サービス業は情報処理産業、その情報システム関連経費は巨額
- 利用者にとって金融サービスは非効率、高コストと認識されている
- 記憶に新しい世界的金融危機や度々生じる利益相反に係る不祥事も重なり、社会の「金融業界」に対する見方は厳しい
- 本来、「信用」を根本に成り立つべき金融サービス業は大きな課題を抱えている

（出所）Martin Wolf/"Banking is currently inefficient, costly and riddled with conflicts"/ March 8, 2016/Financial Times

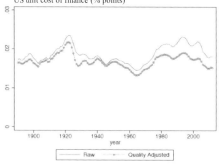

（出所）Andrew Haldane/ "FINANCE VERSION 2.0?" /March 7 2016/ BOE & LBS Conference

介コストは横ばいであるという結果が出ています。

　これまで，金融機関側の金融機関経営という観点で，マイナス金利も含めて大きな課題に直面しているというお話がありました。利用者側からの視点で見たいと思います。森さんが金融庁長官になられてから，「中小企業の1,000社ヒアリング」を実施されました。このヒアリング結果を見ますと，「金融機関は顧客の求める付加価値をもたらすようなサービス提供ができていない」という声が多く届いているということです。顧客と銀行はどのような共通価値を創造できるのかというところに，問題意識を持たれている方が多いということだと思います。

　資金は余剰状態ですが，中小企業をはじめ，必要としているところに必ずしも流れていないという問題意識を持たれている方が多いと思います。

　新たな将来に向けたキャッシュフロー，すなわち共通価値を創るという基本的な営みが，必ずしも十分できていないのではないかという問題意識を持って

おります。

あらためて金融というのは誰のためにあるのかという，少し書生っぽい問題意識ですが，金融庁の2016年9月の「金融行政方針」では，当たり前のことだと思いますが，「国民の厚生の増大の実現を目指す」と謳っています。

本学会のメインテーマはリスクマネジメントです。金融機関の関係者の皆さんにとって，「リスク」の定義はいろいろあるかと思います。「国民の厚生の増大の実現を目指す」というのは，本来金融機関が目指すべき大切な目的だと思います。それを阻害するものがリスクという定義ができると思います。そういう意味で，大きなリスクに直面しているのが，今の状況ということではないかと思います。

ここ数年，「フィンテック」が注目されています。やや騒ぎすぎのような感じがあるわけですが，これから先10年を展望しますと，大きな環境変化としては情報処理産業である金融サービス提供者にとってみて，新しい情報通信技術というものに真摯に向かっていく必要があると思っております。フィンテックの本質は，現在，ロボ・アドバイザーですとか，ブロックチェーンとか，いろいろ登場していますが，結局，新しい金融のビジネスモデルに移行するというのが本質ではないかと思っています。

そのためには，本日，様々な議論がございましたが，提供者の視点に偏るのではなくて，利用者，それから監督者の三つの観点から，新たな金融サービスのあり方という原点に立ち返り，しっかり取り組んでいく必要があると思っております。

ERM思考法で，新テクノロジーと金融機関について考える必要があると思います。社会のための価値創造，将来のキャッシュフロー創出に資する金融人材の育成を具体化していく必要があると思っています。

図2は，皆さんご存知のCOSO-ERMの8つの要素を示しています。「③事象の把握」，「④リスク・アセスメント」，「⑤リスクへの対応」……「⑧モニタリング」がありますが，③から⑧の領域は，AI（人工知能）等の情報技術の活用が一層進めるところ，場合によっては置き換えられる領域ではないかと思います。あらためて，上部の①と②の領域である金融機関の「リスクカルチャー」や「経営哲学」をしっかり捉えていく必要があると思っております。

図2　ERM思考法で、新テクノロジーと金融機関について考える（2016 ➡ 2026）

- 金融機関の内部環境と目標設定（領域①、②）において、社会のための価値創造（将来のCash Flowを創出）に資する金融人材の育成が鍵となる
- ビッグデータ技術やAI（人工知能）等の先端情報技術を、領域（③〜⑧）へ活用

①内部環境	金融機関の経営哲学、リスクマネジメント文化、ガバナンス、組織構造、職業倫理、顧客との"共通価値の創造"に資する長期人材育成計画
②目標設定	戦略的目標の設定、リスク選好・許容度の設定
③事象の把握	目標を達成する過程で影響を与える潜在的な事象の特定とリスクの把握
④リスク・アセスメント	リスク分析・評価
⑤リスクへの対応	リスク対応策の検討
⑥コントロール活動	リスク対応策を効果的・効率的に実行するため設定される管理方針・手続き
⑦情報とコミュニケーション	リスクの把握、評価、対応するために必要とされる情報収集とコミュニケーション
⑧モニタリング	日常的な経営管理、独立した評価

以上です。（拍手）

　酒井　三宅様，ありがとうございました。パネリストの皆様より，それぞれのお立場より大変貴重なお話をいただくことができました。

　玉村様からは，東京海上ホールディングスでのERMの進展を，東京海上のビジネスモデルの展開に合わせてご説明をいただいたと思います。玉村様のお話にありましたように，ERMのアプローチで目指してきたのは，十分な資本水準を維持しながら，それをより効率的に使うためにビジネスモデルの進展とリスクのバランスを図られてきているという点に中核的な部分があると思います。

　村木様からは，ERMでは，経営のプロセスの中で，あるいはビジネスモデルが進化する中で，その資本を適切に振り分け，リスクをコントロールしつつ，資本投資家にあるいはユーザーに対してのサービスを供給していくというサイクルがあること，他方，個の企業としてERMの下で最適化を図ろうとしても，市場全体では逆の効果がでてしまい，合成の誤謬が起こりうるとのご指摘があ

りました．また，経済価値の評価に関連し，たとえば生命保険業におけるエンベディッド・バリューの評価は各社自身の評価ですが，市場での時価総額との大きな乖離幅は，超長期の保険債務の評価の仕方が異なるためという点のご指摘も頂きました．

碓井様からは，90年代以降の金融機関でのリスクに対する取組みの歴史を踏み込んで評価をしていただきました．日本価値創造ERM学会が設立された2006年は今から10年前ですが，2016年の現在と比較しますと，類似した点があるかもしれません．つまり，2006年頃はバーゼルIIの導入準備の最終段階で，対象となる各金融機関では相応の対応がされていました．また非金融企業でも，2004年にCOSO2が発表され，各社でERM的なアプローチの水準を高めつつあったと思われます．一方，当時，たとえばCDS取引の名目取引額は急激に増加し，その後，リーマンショックに至りました．リーマンショック後は，ご承知のように金融機関に対する資本・業務規制等がさらに強化され，システミックリスクの再来に対する対応が図られてきています．現在は，グローバルに超低金利が主要各国で続いていますが，ERMの観点でこの状態をどう評価するかが，対応策構築のため重要であると考えられます．

今後ともさらに新しいリスクに対応し，ビジネスモデルの展開に対応していかなければならないということで，三宅様から大変重要なご指摘をいただきました．つまり，より多くのステークホルダーの観点があり，またビジネスモデルが容赦なく変化を迫られているというのが，この金融界の実態であろうかと思います．碓井様からは，大手銀行，地銀を含めての現在のビジネスモデルに対し強いプレッシャーがあるとのご指摘があったかと思いますし，村木様からは，生保業界における重要な問題を具体的にご指摘いただいたと思います．

ここで，パネラーの皆様にお伺いしたいと思います．より大きなエマージングリスクへの対応をどのように図っていくべきなのかについてコメントを頂きたいと思います．まず，玉村様，お願いします．

玉村　事前のお打ち合わせとは話が違うな，と思うのですが，お話したいと思います．まず，ファクトを申し上げると，6～7年前ぐらいからですか，エマージングリスクというものを年に何回か，個社ベース，個社というのは東京海上日動とかあんしん生命とかというグループ内の主要な事業会社という意味

での個社と，東京海上グループ全体として，いわゆるエマージングリスクの洗い出しということを行って，それによって対応するということを，年間スケジュールに組み込む形で始めています。

　エマージングリスクへの対応としては，なかなか一言で説明するのは難しいですね。おそらくエマージングリスクは，会社・金融機関によって捉え方が少し違うのだと思います。いわゆるニューリスクということですかとか，あるいは従来はリスクとして認識はしていたのだが，あまり大きいと思っていなかったものがだんだん大きくなってきたものをエマージングリスクとして捉えるケースが多いのかと思います。あるいは，よくいわれているのは，地震など自然災害は損害保険会社にとって，当然，大きなリスクになるのですが，たとえば何でしょうか，よく自動運転の自動車のことが話題で出てきます。あるいは日本の人口減少のことも同様です。これはリスクというよりも，タイミング，時間軸は別にして，将来必ず起きる経営のネガティブファクターにもなり得るようなものです。よく，社内ではこれを「じわじわ系」とかという言い方をしますが，それぞれに応じて対応策を考えているというようなこともやっています。

　ただ，保険会社ですから申し上げられることは，エマージングリスクというのはもちろんリスク管理の観点からすると，どう対応するのか，という話になるわけですが，一方でビジネスチャンスでもあるわけです。そういう意味で，たとえば商品開発に活かすとか，契約者の皆様に対する保険の提供に活かすとか，そんなこともやっているということでございます。お答えになったでしょうか。

　酒井　ありがとうございます。それでは，次に村木さん，吉藤さん，コメントをお願いします。

　村木　われわれは金融市場の脆弱性を調査しているのですが，念頭に置いている言葉があります。金融機関のトップがかつて言った言葉なのですが，最大のリスクというのは，今見えないところにある，と。マーケットが気にしている部分のリスクというのは，実際には想定以上に大きく破裂するということはあまりなく，あまり気にされていないところに潜在リスクが潜んでいるのではないか。このような考え方で，先入観を持たずに，リスクを探すようなことをしています。

規制上の対応という点では，非常に厳しい規制を入れている一方，アメリカの議会がFRBの危機対応権限を奪うような動きをしているのに対して，FRBが反発をしています。フィッシャー副議長が，規制を入れたからといって，消防隊を解散するということが正当化できるわけではない，次に起きるリスクが完全に読めているわけではないと言っています。ミネアポリス連銀のカシュカリ総裁も，財務省のガイトナー前長官も同じようなことを言っています。前回のリーマンショックについては，当局は1年前にはその実態をほとんど把握できず，一部の当局はリアルタイムでも把握できていませんでした。いずれやってくる危機に対して，今の規制で十分に対応ができるのかどうか。過信しないほうがいいのではないかと思っています。金融庁の森長官は，将軍は前回と同じ戦いに備えようとするが，敵は同じ方角から来るとは限らないというような言葉で，そういった認識を示されています。

規制を過信しないというのは，個別の金融機関のリスク管理についても求められるスタンスではないかと思います。

酒井 ありがとうございます。それでは，吉藤さん，お願いします。

吉藤 直接のお答えになるかは自信ありませんが，今のお話を伺って，リスク認識をする部分と，その後アクションをとる部分とを分けて考える必要があるのかなぁと思いました。社内でも，リスク認識を高めるために，インテリジェンス機能，アンテナ機能を高める必要があるということを言われています。それはやらなければいけないのですが，その中で最近感じている難しいエリアは，どちらかというと，オペレーショナルリスクとか，あるいはレピュテーションリスクとか，戦略リスクとか，今まであまり捉えきれていなかった，あるいは誰がリスク管理をするのかが判然としないエリアです。もちろん，オペはフレームがあるのですが，それを越えて，それがレピュテーションリスクにはねるとか，さらに戦略リスクになると，誰がリスク管理をするのかというのは，なかなか明示的にはなっていないエリアがあって，ここに大きなリスクをはらんでいるかと思っています。

たとえば，単純にオペレーショナルなところでいっても，リーガル的には銀行に責めがないようなものでも，最終的にお客さまに迷惑がかかれば，銀行を通じて，そういうサービスを提供しているとなれば，結局，銀行が責めを負う。

リーガル的には負わなくても，レピュテーショナルなところで責めを負うというところもあるので，そういったものをどう考えるか，どう捉えるか，どう対応するかというのが一つあります。

さらに言えば，戦略リスクは，より経営に対してものを言っていかなければいけないエリアなので，これは従来のリスク管理ではなかなか厳しいと思います。今，私自身は監査にいますが，そういう第三線とか，あるいは外部の視点とか，そういったものを入れていかないと，なかなかそこには歯止めがかからないと思っていて，そういったところは強化する必要があると思います。

さらに，リスク認識はこういう部分ですが，アクションということになると，これがまたより難しく，中でもいろいろ議論をしている状況です。リスク認識はできても，アクションが伴わないと，結局意味がないわけですが，アクションがとりにくいものも非常に多い。銀行の場合，たとえば貸出であれば，お客さまとの永年のリレーションがあるので，いきなりそれを落とすというわけにはいかないので，時間がかかるということを意識しなければいけません。

あとは，その手段が限られているところもありますので，ここを意識して対応する必要があります。いずれも難しくて，答えがなくて，もがきながらやっているのですが，そういったものを意識する必要があると思っています。

酒井 ありがとうございます。それでは，碓井さん，お願いします。

碓井 外部環境の変化によるエマージングリスクというのは，皆さんが指摘された通り，なかなか簡単に想定することはできません。しかし，いくつかのパターンでアクション・プログラムを策定しておけば，「避難訓練」のようなものでエマージングリスクに備える能力を高めることはできると思います。

たとえば，資産価値の変動をもたらすリスクであれば，アクション・プログラムは，金融機関が保有する資産をどのようにカットするのかということになります。突き詰めて考えると，結局のところ，金利，株，為替などを，どのようなタイミングで，どのような手順でカットしていくのかという話になります。また，コンダクトリスクについても，いくつかの典型的な事例を取り上げて事前・事後の対応を考えることが重要です。一定のシナリオを置いて，アクション・プログラムを策定することが，他のシナリオが起きたときの応用力を高めることになります。

もう一つのエマージングリスクは，新しいビジネス展開を行う，すなわち，「戦略リスク」をとりにいく結果として生じるものです。新しいビジネスのリスクファクターが，従来のビジネスで扱ってきたものと同様であれば，過去の経験が役立つと思います。上記の「避難訓練」の範囲で対応可能かもしれません。

しかし，新しい事業展開が，これまでとは質的に異なるリスク特性の資産の積上げにつながるのであれば，「避難訓練」とは異なる対応が必要です。過去の経験が役に立たないことを前提にして，パイロット・プロジェクトの立ち上げ，プロセス・チェック，撤退基準の策定など「プロジェクト管理」の観点がより重要になります。ガバナンス上も，社外取締役の方を含め，いろいろな知見を入れて，適時，適切なフェーズでリスク・リターンの状況をチェックする態勢の構築が求められると思います。

酒井 三宅さん，お願いします。

三宅 先ほど，東京海上の玉村さんがエマージングリスクについて，金融機関の経営の観点で，リスクと捉えるとともに，新たなサービスのチャンスの面もあるとおっしゃっておりましたが，金融機関が社会に対して価値を提供するという原点で捉えるべきかと思います。エマージングリスクは，事業会社側にとって大きなリスクです。私は，金融機関がこれに向き合い支援できるかどうかが問われていると思います。今は社会全体が多くの不確実性に直面しているわけですが，金融機関のまさに求められているサービスは，そこへの対応にあるのではないのかと思います。

ぜひ，その共通価値を創造していくという視点で，重要なテーマの一つとして，このエマージングリスクについて取り組んでほしいと思います。大いに期待したいと思います。

酒井 三宅さん，ありがとうございます。それでは，会場の皆様から，ご質問をいただければと思います。いかがでございますでしょうか。

質問者 どなたでも結構なんですが，1点だけ質問させていただきたいのは，マイナス金利の話が出ていまして，世界的に目先の問題が非常にわからないんですが，そこが近々のというか，非常に重大なリスク要因を含んでいるように思うんですが，それに関して，どういうことが起こるとか何とかという話では

なくて，どういうリスクがあり得るのか。ちょっと頭の体操的な話になるんですが，お一人ずつ答えていただくのは時間的に余裕があるのか，よくわかりませんが，よろしくお願いしたいと思います。

酒井 ありがとうございます。玉村様，よろしくお願いします。

玉村 あくまで個人的な見解としてお話をします。経済価値として負債を計測してしまうと，あくまでもスタティックに今のマイナス金利の状態，イールドカーブが極めて低いところにある状態で保険負債の評価をすると，企業価値が下がらざるを得ないということになります。東京海上グループにとってみると，生保のポジションというのは，おそらくメガ生保さんに比べればたぶん小さいので，一つの「one of factor」にすぎないというのは言いすぎかもしれませんが。では，それをどういうふうにこれから計測・評価するのか，あるいは，それに基づいてどういうふうなアクションを起こすのかということに関しては，今まさに，われわれの中でも論議をしています。

ご質問にストレートにお答えしていないかもしれませんが，まず，資本規制の話に戻らせていただくと，従来，金融庁は，2020年にICSができた場合には，規制を2020年には導入するのということを仰っていたのですが，昨今になってくると，先ほど森長官の3つの視点のうちの真ん中ですか，マーケットとの対話からすると，先ほど村木さんの合成の誤謬の話とも相通ずると思うのですが，逆にデフレ脱却へのマイナス効果になってしまうかもしれないといったようなこともあるということで，やや慎重なスタンスを示しています。

保険会社の経営からしてみると，いったんネガティブになった企業価値，ネガティブというのは，別に絶対値がネガティブというのではなくて，減ったという意味ですが，その企業価値でもっていろいろな判断をしていいのかどうかということに関して，あるいは，それを本当にリスクが発現したと考えないといけないのか，という，やや哲学論争ともいえる論議を呼ぶように感じています。

ERMの目的にしても，あるいは資本規制の目的にしても，極論すれば，破綻の回避ですよね。銀行のビジネスと生保との違いはいくつもあると思うのですが，生保の方が比較的流動性というのを意識しなくても済むような業態だと思います。すると，仮に経済価値ベース評価がネガティブになった，極論すれ

ば，本当に絶対値マイナスという意味でネガティブになったとしても，すぐに流動性に問題があるわけではない，その意味で破綻するわけではないとなると，では経済価値ベースの企業価値評価のネガティブについて，「それが何なのさ」という話になるのかも知れません。

そうすると，これは私の頭の中で整理中ですが，では行政から見れば，本当にそれで破綻ということにするのですかとか，業務停止をかけるのですかとか，たぶん，どこかの水準でそういう判断をしなければいけないかも知れませんが，保険会社からすると，では，資本政策として，それこそ増資をするのかとか，リスク削減をするのかとか，そういうことを決めなければいけないことになるわけです。

もうちょっと言うと，マイナス金利の局面で，ALMのポジションを金利が上がるごとに賭けて，アンダーヘッジと言っていますが，そういうポジションをとるのかとか，あるいは，今の金利を前提にすれば，この商品は収益性が確保できず売れないけれども，生保は長いですから，20年，30年，40年ですから，ある程度，金利の上昇に賭けて判断するのかとか。いろいろな観点で考えなければいけないのかと思っています。

それは，先ほど村木さんから問題提起があったUFRの使い方についても同じことなのかと思います。リスクというよりは，むしろ今のマイナス金利とどういうふうに考えて経営判断するのかという観点で一言コメントしました。

酒井 ありがとうございます。それでは，吉藤さん，村木さんにコメントをいただきたいと思います。

吉藤 考えればいっぱいあるかと思いますが，1つだけお話をさせていただきますと，一番大きいのはやはり市場機能の低下だと思っています。それは2つの側面があると思っていて，1つは価格面です。いわゆる預金とか貸出とか，キャッシュの世界は，日本においては，やはりマイナスは許容しないという世界がある一方で，オフバラの世界では，マイナス金利で取引されています。本当であれば，そこの間に裁定が働くのですが，裁定が働かなくなっていますので，価格面で大きな歪みが生じています。ここに市場機能を大きく低下させている側面があると思います。

あともう1つは，たとえば国債に限定していえば，購入者がだいぶ変わって

しまったということです。銀行などの国内金融機関が減り，今は日銀と海外投資家の比率が上がっています。海外投資家は，円投の裏返し，要するに円投コストを逆にプラスにできるために購入しているわけですが，こういった足の速い人たちが増えています。こういう価格面の歪み，それから保有者の変更に伴って，金利が上がりだしたときのスピードは非常に怖いと感じています。これは1つの大きなリスクと思っています。

村木 簡単に3点あると思っています。1点目は，今のところと関連します。規制とQEで，国債のリクイディティが，特にアメリカと日本で落ちている状態で，何かのショックで金利が急上昇するというところは，備えなければいけないことだと思います。当然，価格の発見機能自体もいろいろなマーケットで壊れてきていると理解しています。

2点目が財政の問題で，メディアやマーケットではヘリコプターマネーの話が出ていますが，当然，この金利水準になれば，財政規律は緩むことになります。金融機関が本拠地を置いている国のソブリン格付けの引下げ，それは当然，金融機関の格付けに直結をします。それに対する対応をどうするのか。

最後に3点目ですが，本当に金融政策だけでこんなに金利が低下しているのでしょうかということです。アメリカのようにQEをやめた国においても，異常な金利の低下が見られますので，これが世界的な低成長と低インフレを示唆しているとすれば，一時的な金融政策の歪みと捉えてしまって本当に大丈夫なのかどうか。低金利が長期間続くということに備えなくていいのか。

3つの点に対応する必要があるのではないかと思います。

酒井 どうもありがとうございました。

本日は大変貴重なご議論をパネリストの皆様，そして吉藤様にもご参加をいただいて，行うことができました。それでは皆さん，パネリストの皆様，吉藤様に，拍手をいただければと思います。(拍手)

日本価値創造ERM学会 創立10周年記念シンポジウム
《第3回：2016年9月9日（金）》

企業と投資家は
いかに意見交換をするか
―価値向上に向けた企業の動き―

● 基調講演 ●

株主価値向上に向けた
最近の日本企業の動き
―株主資本コストを意識したROEの向上―

太田　洋子 ［野村證券 金融工学研究センター長］

● 対　談 ●

企業と投資家の意見交換の現場

安藤　　聡 ［オムロン 執行役員常務］
川北　英隆 ［日本価値創造ERM学会会長／京都大学名誉教授］

第3回：企業と投資家はいかに意見交換をするか―価値向上に向けた企業の動き―

司会　川北　英隆（日本価値創造 ERM 学会　会長／京都大学名誉教授）　日本価値創造 ERM 学会の創立10周年記念シンポジウムの第3回を大会に引き続き行います。きょうのタイトルは，「企業価値創造に向けた企業の動き」ということでシンポジウムを開催します。

　第1部は基調講演として，野村證券の金融工学研究センター長の太田さんに，「株主価値向上に向けた最近の日本企業の動き」と題して講演をお願いし，その後，オムロン株式会社執行役員常務の安藤さんと私の2人で対談をします。対談内容は「企業と投資家の意見交換の現場」ということで，1時間ばかり，安藤さんのお話，ご意見を私からお聞きしたいと考えています。

　きょうの第3回のシンポジウムを語る上で重要なのは，スチュワードシップ・コード，コーポレートガバナンス・コード，この2つのコードです。それと最近では，フェア・ディスクロージャーのルールも登場しました。こういう企業と投資家の関係，もう少し幅広くいえば，企業とステークホルダーの関係に，今，注目が集まっています。ROE，非常に強調されることに象徴されるように，企業の価値，特に株式市場における株価，これをかなり意識し，それを引き上げるためのいろいろな方策が政府からなされています。では，実際のところどうすればいいのか。具体的なところは，2つのコードの特徴である Comply or Explain に代表されるように，各自が創意工夫をこらすべきだとされています。一応，原則はあるわけですが，個々の企業によって事情が違うわけですし，個々の投資家もそれぞれ投資スタイルを持っています。

　ステークホルダーの代表者である投資家と企業の間の意見交換が重要です。最終的には，企業の価値が向上しないと日本経済全体が立ち行かなくなってきます。そういう中で企業と投資家がお互いに協力をしあって，日本の経済をよくしていく，私自身，これが2つのコードの一番大きな目標だと思っています。では，実際に企業がどういう行動をしているのか。それから企業に対してステークホルダーの1人である投資家がどう対応をすべきなのか。今日は，このことを問題意識として考えていきたいと思います。

　これは少しコマーシャルになりますが，私は『証券アナリストジャーナル』の編集委員長をやっていまして，この10月号から6回のシリーズで，投資家がどういう形で，特にアナリストがどういう形で企業との対話を実際にやって

いるのか。代表的な投資家を5社選び，執筆をお願いしました。具体的な投資の目標，これは投資スタイルといってもいいと思いますが，これにはいろいろあるわけです。その自分たちの投資スタイルに合った形で，どういう形で企業と対話をしているのかを書いていただきます。まず，長期厳選投資のアセットマネジメント会社。エンゲージメント型のファンドを運用しているアセットマネジメント会社。中長期の投資信託会社。外資系のアセットマネジメント会社。それから，もう1人，日本を代表するアナリストとして活躍されてきた方。この5社に執筆していただきます。それぞれの投資家としての目標，もしくはアナリストの目標とそれに基づいた対話をどういう形でやっているのか，もしくは，やってきたのか，それを語ってもらおうと考えています。

ということで，今回のシンポジウムの目的は，企業と投資家との関係に焦点を当て，企業が実際にどういう行動をしようとしているのか，特に昨今いわれているROEの向上に向けた行動というのがどういうものなのか。このことに関して，2時間お付き合いをいただき，少しでも皆さんのお役に立てればと思っている次第です。

まずは基調講演を野村證券の太田さんにお願いしたいと思います。太田さん，よろしくお願いいたします。

●基調講演●

株主価値向上に向けた最近の日本企業の動き
― 株主資本コストを意識した ROE の向上 ―

太田　洋子 （野村證券株式会社　金融工学研究センター長）

1. 本講演の趣旨

　ただいまご紹介にあずかりました野村證券金融工学研究センター長の太田洋子です。本日はよろしくお願いいたします。

　私はこの学会の理事を担当しておりまして，10年前の学会設立当初から初代会長の刈屋先生，現会長の川北先生，そして，次期会長の加藤先生と一緒に盛り立ててまいりました。最初に自己紹介させていただきます。私がセンター長を務めている野村證券金融工学研究センターには，いわゆる定量分析をするクオンツアナリストが40名ほど在籍しており，いろいろな定量モデルを使ったソリューション開発に日々取り組んでいます。サービス対象は，まず機関投資家，ヘッジファンド，あとは年金，個人投資家，それから事業会社など結構幅広くやっています。それぞれのお立場の方の意思決定を日々，支援させていただいています。

　本日は，「投資家と企業との対話」というテーマで，主に事業会社向けのソリューション開発をしている部隊で開発されたアウトプットを活用して話をします。なお，ちょうど2か月前に経済同友会の資本効率の最適化委員会に呼ば

●基調講演●株主価値向上に向けた最近の日本企業の動き
——株主資本コストを意識したROEの向上——

れて，レクチャーをさせていただきまして，そこでの資料が本日のベースになっています。経済同友会の資本効率の最適化委員会は，委員長である日産自動車副会長の志賀さんを筆頭に，だいたい120名ぐらいの日本の経営者の方が委員として参加しています。その中で，60名ぐらいの経営者の方にお話しする機会をいただきました。

ちょうど今年の6月にその最適化委員会が，「資本効率最適化による豊かな社会への第1次提言」というタイトルで，「収益力を強化する事業組換えの実践」について30ページほどのリポートを出しました。詳細は同友会のホームページで確認できます。本題に入る前に，このリポート内で委員会の方たちが，問題意識として掲げたものをいくつかご紹介させていただきます。

まず，日本企業のROEは低い。その原因が，低収益事業の抱え込みにあるということです。その原因は，経営者の「心の内なる岩盤」にあると指摘しています。また，経営ビジョンや長期戦略，それらを踏まえた客観的基準に基づき，コア事業とノンコア事業を見極めていない。すべての事業をコア事業として考えているなどの指摘もされています。「選択と集中」まではやりますが，選択から外れた事業も抱え込んでしまう。従業員を路頭に迷わすことは経営者としてすべきではなくて，雇用し続けることを美徳とする。こういういわゆる日本的な経営の慣習みたいなものがまだ根強よく残っていることが原因でROEが低いのではないか，などの問題意識を掲げています。

そして，このリポートに示された提言のポイントは，単にROEを上げましょうということではなくて，ベンチマークとしての株主資本コストを企業側がしっかり意識して，これを上回るROEを上げていきましょうということです。さらに，事業の組み換えを行うためには，事業部とのなれ合いではなくて，客観的基準と合理的意思決定を行う仕組みを社内に導入し，事業ごとに資本効率を分析することで，ポートフォリオの意識で組み換えをしていこう。そのような内容になっています。

これを踏まえて，私が同友会でレクチャーする際に賜ったことは，定量データをふんだんに使って客観的な目線で日本企業について分析すること，そして，エクイティ・スプレッドの概念を明確にし，事業別，業種別等で語ること，最終的には，日本企業が長期的な価値を創造していくためにはどうすればいいの

かについて提言してほしいということでした。

本日はそれをベースに，定量分析を通して，投資家と企業の対話において，特に企業側が今後，ROEや株主資本コストの議論をする際の一つの指針となることを期待した内容になっています。

内容は，大きく3つのパートに分かれています。また，資本コストの計算方法や数値を付録として資料の最後に載せました。私どもは，独自の形で結構凝ったマニアックなところも含めて，長年様々な日本企業に資本コストを提供しています。また，当社の看板商品としてグローバル資本コストの推定にも力を入れており，直近98か国の数値を推計しています。四半期ごとに更新していますが，主だった日本のグローバルカンパニーに活用してもらっています。参考情報としてご覧になっていただければと思います。

2. 投資家と企業の間におけるROEおよび株主資本コストの認識ギャップについて

それでは最初に，ROEについて投資家と企業の認識ギャップについて確認していきたいと思います。

近年，外国人投資家の存在感が無視できないほど高まってきています。つまり，海外投資家の見方を日本企業もしっかり学んで，その観点を踏まえて対話していく必要があるということです。とはいえ，双方の見方にはまだかなりの隔たりがあります。

図1では，投資家と企業の見方の違いがわかります。横軸は中計で企業が積極的に公表している指標，縦軸は投資家が企業に公表してほしいと思っている指標です。この一直線上にぴったり並んでいれば，同じぐらいの目線だと言えますが，実際はそうなっていません。企業はまだP/Lの世界から抜け出せない状況が続いているようです。利益の規模もしくはP/Lの成長率で語る企業が大半です。それに対して投資家は，当然ですがROEを重視しており，ROEに関する開示要求は高い。その甲斐もあって，だいぶROEの開示は進んできました。投資家の資本コストに対する意識の高さをうかがい知ることができる結果ですが，資本コストについては，企業はまだほとんど意識が向いていない

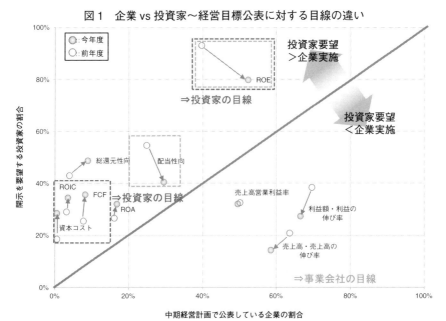

図1 企業 vs 投資家～経営目標公表に対する目線の違い

（出所）平成27年度生命保険協会調査「株主価値向上に向けた取り組みに関するアンケート」より野村證券作成

というのが現状です。

　生命保険協会が実施した「株主価値向上に向けた取り組みに関するアンケート（平成27年度）」によると，資本コストを算出している企業は全体の37％，全くしていない企業が62％もあります。資本コストとは何ですか，と聞く企業は減ってきてはいるのですが，資本コストに関する勉強会をお願いしますという企業からのリクエストは最近本当に多くなっています。関心は高まっているものの，実際に経営者と話していると，どこまでちゃんと理解をしているのかなと思うことが多々あり，まだまだ理解が怪しいところがありそうだと感じております。ROEと株主資本コストの関係を表すエクイティ・スプレッドで見ると，まだ35％の企業がマイナスの状況になっているようです。

　図2は，いわゆる2年前の伊藤レポートのベースとなったかもしれないと噂されている有名なグラフです。縦軸がPBR，横軸がROEでプロットすると，予想ROEが7％以上の場合，予想ROEとPBRに正の相関が確認できます。

図2　日本企業のPBRとROEの関連性

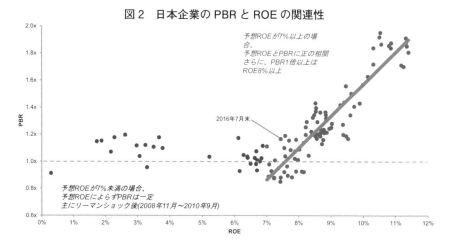

（出所）Bloombergより野村證券作成

注：TOPIXに採用されている銘柄の予想ROEとPBRの加重平均値を2006年8月～2016年7月の各月末において表示。ROEに用いる利益は1年後予想値，株主資本は直近四半期ベース。

さらに，PBR1倍を超えるためには，ROEが8%を超えていないと駄目という結果が如実に表れています。この図表をベースに，日本企業はROE8%を目指すべきでしょうというストーリーが出来上がったのではないかといわれているようです。確かに2年前は，「ROEを8%にしないといけないと世の中では通説になっているようだが本当ですか？　とんでもない話だ」という企業経営者の悲鳴を頻繁に聞きました。しかし，そのたびに経営者には，「いえいえ，ROEは株主資本コストとの兼ね合いで目標を語っていくものです。まずは，自社の株主資本コストの水準をしっかり見極めましょう」と伝えてきました。そういう事情もあって，だいたい2年くらい前から資本コストに関する啓蒙活動が一気に盛んになり始め，今日に至っています。

ただ，一方で，同図からは，「ROE8%は目標ではなくて最低ラインです」とも言えるわけです。だから，日本企業には，8%を最低ラインだと考えて長期的な価値創造を目指していってほしいと思っています。

今，日本の企業経営者に本当に意識してほしいのは，ROEと株主資本コストの関係，つまり「エクイティ・スプレッド」です。これを意識した上で

図3 業種別エクイティ・スプレッドとPBR

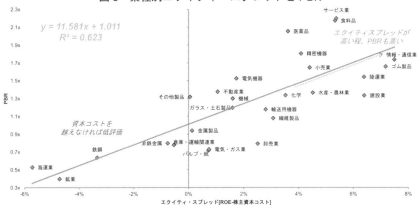

(出所)野村證券
注：データは2016年7月末［母集団は分析に利用するデータが全て取得可能な東証一部上場企業］，各数値は業種毎に時価総額加重して算出，P/L数値は1年後コンセンサス予想ベース。
ROE=利益／株主資本，PBR=時価総額／株主資本，サンプル数が十分でない「空運業」「石油・石炭製品」はグラフ内で非表示。利益は2016/2期前は当期純利益予想を，2016/3期以降は親会社株主に帰属する当期純利益予想を用いている。

ROEの目標水準を決め，投資家との対話を進めていきましょう，ということです。

実はエクイティ・スプレッドも変化しています。5年前の2011年7月末のエクイティ・スプレッドの単純平均は-0.92％でしたが，現在2016年7月末は2.47％であり，若干ですがプラスになっています。ただ，まだマイナスの企業はたくさん存在しますので，平均で2.47％のプラスになって，はたして日本企業の収益性は向上したと喜んでいいのかどうかは微妙なところだと思います。エクイティ・スプレッドが上昇した背景としては，株主資本コスト，ROEの両方に要因があります。株主資本コストについては，リスクフリーレートが下がっていることは一番の要因であり，すなわちマクロ的な要因だといえます。一方，ROEは企業の努力だといえます。やっぱり確実にROEの山は少しですが，右に動いておりまして，現在2016年7月末の平均値は8.08％です。ただ，図2で示したように，8.08％は目標ではなくて，あくまで合格ラインなのです。

図4　国際比較①——自動車のエクイティ・スプレッドとPBR

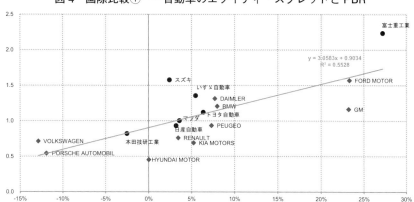

（出所）野村證券

注：MSCI World Index（＋韓国）採用銘柄のうち，時価総額50億ドル以上の企業対象（2016年7月末時点），GICS（Global Industry Classification Standard）の産業区分に基づいて業種区分を行っている。PBRが突出して高いHarley-Davidson社（4.8x）は除外している。なお，時価総額，実績ROE，PBRは2016年8月12日時点の値を用いている。

今平均すると，だいたい合格ラインの上にいるだけで，まさに勝負はこれからですよ，ということを日本企業の経営者の方には伝えています。

次に，エクイティ・スプレッドを業種ごとに見てみます（図3）。平均的に見て，エクイティ・スプレッドの高い業種ほどPBRが高く，資本市場から高い評価を受けていることがわかります。また，傾向線の切片が1であることから，エクイティ・スプレッドが0の場合，すなわち，予想ROEと株主資本コストが同程度の場合，PBRはほぼ1倍となることが観察されます。業種別では，市況の悪化の影響を受けた資源関連や海運などは厳しいです。こういう業種には，まさにこの学会の設立理念であるERM，企業のリスクをしっかり管理して，将来の収益を伸ばしていきましょうというような話を日々させていただいております。一方，右上の方に位置している業種は単一事業モデルであるケースも多いので，あまり複雑なリスク管理は必要なく，独自経営でやっていただければいいというように感じております。

さらに，ここからは4つの業種について，実際に個別企業をプロットして見ていきます。まず，自動車セクターです（図4）。グローバルで主要な自動車

図5 国際比較②――鉄鋼のエクイティ・スプレッドとPBR

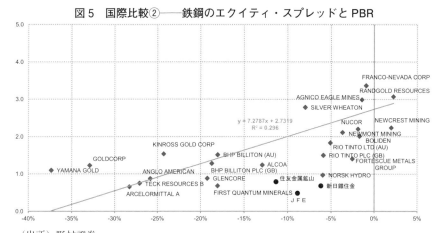

（出所）野村證券

注：MSCI World Index（＋韓国）採用銘柄のうち，時価総額50億ドル以上の企業対象（2016年7月末時点）。GICS（Global Industry Classification Standard）の産業区分に基づいて業種区分を行っている。なお，時価総額，実績ROE，PBRは2016年8月12日時点の値を用いている。

企業を挙げていますが，銘柄数においては日本企業が世界の半分近くを占める業種となります。エクイティ・スプレッドが高いほど，PBRも高くなる傾向が認められます。こちらはおおむねエクイティ・スプレッドはプラスの位置にいますので，それほど悪い状況ではないと思います。

次は鉄鋼です（図5）。1社か2社を除いて，ほとんどの企業でエクイティ・スプレッドがマイナスというかなり深刻な状態です。つまり，業界全体で価値を破壊している状況になっています。しかし，そうした状況でもエクイティ・スプレッドとPBRには，正の相関性が認められます。投資家目線では投資に見合ったリターンを上げていないという判断になってしまうので，業界全体で再編も含めてこれからどうしていくかを考えるべきです。鉄鋼業界の経営者には価値創造に向けて大きな施策に取り組んでいってもらいたいと思います。

そして，化学です（図6）。各社の中身は，総合だったり，ある分野に特化していたりと様々ですが，ファインケミカルを中心に海外には高いエクイティ・スプレッドを示す企業が多くあり，PBRも高くなっております。日本の総合化学企業は，どこもみな苦労しているようです。すぐにコモディティ化し

図6 国際比較③――化学のエクイティ・スプレッドとPBR

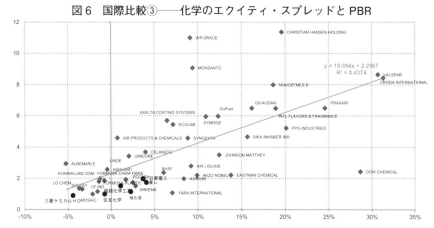

(出所)野村證券
注:MSCI World Index(+韓国)採用銘柄のうち,時価総額50億ドル以上の企業対象(2016年7月末時点).GICS(Global Industry Classification Standard)の産業区分に基づいて業種区分を行っている.エクイティ・スプレッドが突出して高い,SHERWIN-WILLIAMS社(102%)とLYONDELLBASELL社(48%)は除外している.なお,時価総額,実績ROE,PBRは2016年8月12日時点の値を用いている.

てしまうので,どうやって高機能な製品の開発を進めていくか,悩ましいところだと思います。最近は規模を狙うよりも,ニッチなところでしっかりと製品開発をしていこうという動きが主流のようです。一方で,グローバルでは,ダウ(Dow)とデュポン(Du Pont)が一緒になるようなスケールの大きい動きが起きています。さすがにこういう動きを見ると,日本の総合化学企業といえども,このままでいいのかとなるでしょう。日本の総合化学企業については,急にROEが向上して右側に行くことはないでしょうが,今後も価値創造をサポートしていきたいと思っています。

最後は,コンピュータ・周辺機器です(図7)。これは,右上にAPPLEを載せてみました。APPLEから線を引くのは少し無謀かなと思いましたが,APPLEを除くと±5%近辺に固まっており,この先どこがAPPLEになるのか,ちょっと楽しみな業界だと感じています。とはいえ,日本企業の多くはエクイティ・スプレッド,PBR共に低い。縦軸のPBRが1倍を割っている日本企業もありますから,この辺りでしっかりと価値を上げていくことが日本経済のた

図7　国際比較④——コンピュータ・周辺機器のエクイティ・スプレッドとPBR

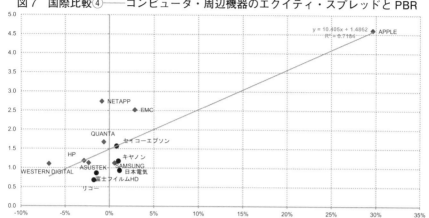

（出所）野村證券

注：MSCI World Index採用銘柄のうち，時価総額50億ドル以上の企業対象（2016年7月末時点），GICS（Global Industry Classification Standard）の産業区分に基づいて業種区分を行っている。なお，PBRが突出して高い，SEAGATE Technology（PBR5.95x，ROE0.9%）は除外している。時価総額，実績ROE，PBRは2016年8月12日時点の値を用いている。

めにもなるのではないかと思います。

　なお，計算に使った日本のリスクフリーレート，リスクプレミアムについてですが，リスクフリーは現在ほぼゼロ，リスクプレミアムの直近値は4.8〜7.7%です。リスクプレミアムの推計方法としては，ヒストリカルとインプライドの2種類を計算して提供しています。両方の平均を取ると心地いい値になるので，実務では平均値を使うことが多い。直近の平均は6.3%程度です。弊社のM&A部隊が価値算定をするときにも，この値をベンチマークとして活用しています。さらに，弊社企業アナリストとも値を共有しています。

　さらに，グローバル・リスクフリーレート，リスクプレミアムも現在98か国を対象に推計しています。企業には，私どもが推計した値をベンチマークと捉えていただいた上で，投資先地域の地政学リスクをカントリーリスクとしてプラスするなどの方法で調整して使ってもらっています。

3. 企業の成長ステージに応じた株主資本コストの変遷

次は,ベータに注目します。ベータは,企業がWACCについて考える際に一番悩ましいところです。株価から計算されるベータの値をそのまま信用するわけにもいかないし,上場していない場合はマーケットベータもありません。

先ほどご紹介した同友会のリポートでは,事業単位で効率性を把握することの必要性について提言していましたが,ここで事業単位の資本コストはどうやって計算するのかという課題が出てきます。企業から出てきたこのようないろいろな課題に対して,一つ一つソリューション・サービスを提供し,お客様の社内で定着するようにお手伝いをさせていただいております。

ここでは2つの企業の実際のベータの動きを見ることで,事業の成長性とベータについて考えてみたいと思います。ファーストリテイリングとソフトバンク,いずれもオーナー系企業です。

最初はファーストリテイリングです(図8)。こちらは,1994年7月に広島に上場しました。当初はあまり売上げが増えなかったのですが,その後伸びてきて,2002年から2007年までは4,000億円前後で推移していました。ちょう

図8 事例① ファーストリテイリング「上場以来」～売上高の増加と株主資本コストの推移

(出所) 野村證券

図9 事例① ファーストリテイリング「リーマンショック〜直近」〜売上高成長率とベータの関係

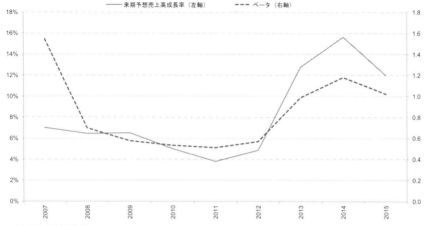

(出所）野村證券
注：各年12月末時点のベータと予想売上高成長率を用いている。

どその時期に，社長さんが「売上1兆円を目指すぞ」と公言しており，本当に実現できるのかなと思っていたのですが，2014年度に遂に1兆円を達成しました。やっぱりオーナー系企業はすごいなという印象を持った次第です。株主資本コストの推移を見てみると，最初，売上高が小さいときはかなり高く8%を超えていましたが，だんだん規模が大きくなるにつれて2008年以降は低下し，2012年末までは4%前後で推移してきました。しかし，売上1兆円が見えてきた2013年以降は再び上昇基調にあり，直近は6〜7%台で推移しています。成長期待が高かった2000年前後は株主資本コストも高いのですが，だんだんと売上高1兆円が見えてくるに従って落ち着いてきたようです。その裏ではベータが下がっていたわけです。

ファーストリテイリングの来期予想売上高成長率とベータには弱い相関性が認められます（図9）。2007年以降，リーマンショックの後くらいですが，他の企業が業績を悪化させる中でファーストリテイリングは堅調な業績を維持していたので（来期売上高成長率は概ね4〜6%)，この時期はディフェンシブ銘柄的な側面が結構強かったと思います。この時期はベータも低下しています。しかし，この後，見事に目標の売上げ1兆円を達成されて，アベノミクスによる

図10　事例② ソフトバンクグループ「上場以来」～売上高の増加と株主資本コストの推移

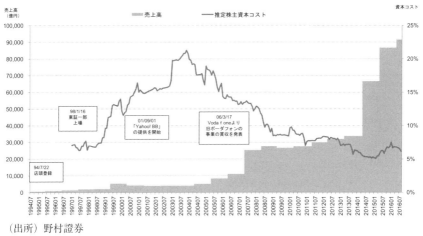

(出所) 野村證券

　景気回復に合わせて来期成長率が10%を超える水準まで上昇したことでディフェンシブから抜け，2013年以降は再び成長銘柄として注目を集めてきました。このような変化に応じてベータも上昇し，直近のベータは1.2から1.4近辺で推移しています。

　このように，事業の状況によってベータは変わってくるので，経営管理上も同じベータを使い続けるのは不自然です。企業全体であればマーケットで付いた株価の時系列情報から推計したヒストリカルベータがありますが，事業単位で資本コストを考えるときに，マーケットからのベータをそのまま信じていいのか，それで評価をしていいのか。つまり，将来売上1兆円目指すぞと言っているときに，そのときの低いベータを経営管理指標として使っていていいのか。そのような疑問点が企業サイドにはあるのではないかと感じています。

　もう1つ，ソフトバンクについて見てみましょう。ソフトバンクグループは1994年に店頭登録しました。2003年末頃までの株主資本コストはほぼ一貫して上昇していました（図10）。この会社の株主資本コストは一体いくらなのかと思うほど高い15～20%の時代が延々と続いていましたが，2003年までのソフトバンクは「期待先行」銘柄の典型であり，ベータは最高で4以上の水準にまで達しています。背景としては，実業が見えにくい会社，つまりソフトバン

図 11　事例②　ソフトバンクグループ「2003年〜直近」〜時価総額とベータの関係

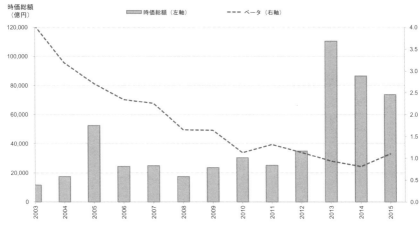

（出所）野村證券
注：各年12月末時点のベータと時価総額を用いている。

クとはいったい何をしている会社なのだろう，何で稼いでいる会社なのかなという疑問を持つ人が多かったのだろうと想像します。そのあやふやなところから，事業リスクが非常に高いという見立てになり，それが高ベータに現れていたといえます。

その後，ボーダフォンを買収した2016年辺りかと思いますが，投資家の過度な期待が剥落していくことでベータは低下していきます（図11）。同時に，移動通信業という実業の姿がだんだん見えてきて，実業で成功をおさめて企業価値を高めた結果，時価総額の増大につながっています。そして，ベータも安定してきました。直近では，マーケット平均となる1前後でベータは推移しています。ベータは事業リスクと財務リスクを内包する指標ですが，企業にとっては，その数値が意味しているところをマーケットからのメッセージとして捉える必要があるのではないかと思います。なお，ソフトバンクについては，ご存知のとおり，今回，3.3兆円で英国アーム社の買収を発表していますので，ベータ，株価について再びウォッチが必要になると感じています。

以上からわかることとして，我々は，ベータには企業サイドとマーケットサイドで認識ギャップがあると考えています。上場企業であれば，通常，自社の

企業価値を測るときにはヒストリカルのマーケットベータを使います。それは，60か月のマンスリー，もしくはブルームバーグから取得できるウィークリーなどを使う人が多いでしょう。どれを使うかは，それぞれの企業で決めればいいのですが，それとは別に，現在の株価に内包されたインプライドのベータも知っておくことは意味があると思います。

インプライドベータの方がヒストリカルベータよりもばらつきは小さくなります。特に注意が必要なのは，先ほどのファーストリテイリングのように経営者が想定している将来の業績シナリオはかなりアグレッシブなのに，ヒストリカルベータが低い企業，あるいはディフェンシブ銘柄といわれる景気に関係なく常に低いベータがついている企業です。そのような企業には，経営管理指標としてヒストリカルベータを使用することはお奨めしていません。そのような企業のインプライドベータを計算すると，往々にしてヒストリカルベータとの間に相当な格差を確認することができます。マーケットでついている現在の株価に内包される貴社に対する期待値を鑑みると，もう少し高いベータを使う方が妥当ですね，過去60か月の株価から推計したヒストリカルベータだけを信じては駄目ですね，というような話をして，経営管理指標としてふさわしいベータの水準を決めます。

4．企業・事業固有のリスクを表すベータの把握

ここまでは企業全体のベータについて説明してきましたが，やはり現在の経営管理の主テーマは，同友会のリポートにあったように，事業ごとのベータを把握して，上場していない事業の管理をすることにあります。実際に今は，この課題に対するソリューションのニーズが非常に多く，ここ2年で最も繁盛しているサービスとなっています。

これに対し，私どもは，アプローチの異なる2つのソリューションを用意しています。1つはボトムアップ・アプローチ，もう1つがトップダウン・アプローチです。競合他社が明らかな場合はボトムアップ・アプローチをお奨めしています。主にメーカー企業が対象になります。総合電機企業などでは，このアプローチが適切で，実際に導入している事例も多くあります。

一方，トップダウン・アプローチは石油会社やプラント建設企業などに適しています。グローバル展開していて，製品というよりは素材，サービスが主体，かつ競合他社が見えにくいケースで有効です。

ボトムアップ・アプローチの方が作業は簡単です。自社内でできます。管理対象となる事業ごとに競合他社を選んでいきます。競合他社は上場企業でないと駄目ですが，日本企業でなくても大丈夫です。競合他社の顔を見ながら，その事業の資本コストを決めていきましょうというアプローチなので，ボトムアップ・アプローチといいます。わかりやすいのが利点です。競合他社のヒストリカルベータ，競合他社のD/Eレシオ，リスクフリーレート，リスクプレミアムの数値を集めてきて，事業の株主資本コストを推計します。加工方法は単純平均ではなくて，そこはノウハウなので詳しくはお伝えできませんが，妥当と思われるベンチマークを推計します。

ボトムアップ・アプローチは競合他社がわからないと適用できないので，具体的な製品をつくっているわけではないなど，競合他社がよくわからない事業の場合はトップダウン・アプローチが有効です。これは特殊なデータを必要とするため企業内部でやるのはなかなか難しく，私どものほうで定量モデルを開発して定期的に提供しています。だいたい半年に1回更新するケースが多いです。また，数年に一度の中期経営計画の策定時には，もう一度しっかりモデルの中身を精査して必要に応じて作り直すなど，かなり大がかりな作業が入ります。

やり方としては，まず管理対象となる各セグメントの売上高比率を用意します。そのセグメントと同じセグメントを持つ他社の売上高比率をグローバルレベルで全部抽出をしてきます。それを右辺とし，左辺には抽出した全同業社のヒストリカルベータを用意して，大きなマルチファクターモデルを構築します。売上高比率がファクターになるので，その係数，すなわちベータがそれぞれの事業のベータ値になります。なお，ベータは資本構成の影響を排除したアンレバード・ベータを使用します。弊社には，すべての企業のセグメントに統一コードが振られているグローバルなセグメント・データベースがあり，それを使って重回帰モデルを回すことでかなり細かい業種分類で事業ベータを推計し，お客様にご提供しています。ハードルレートの設定ニーズが高いグローバルカ

ンパニーを中心に，昨今はこのトップダウン・アプローチの引き合いが急激に増加しています。

　資本コストを語る上では，ベータの扱い方が焦点になります。最近は，どの企業も資本コストを活用した経営管理にかなり力を入れており，部門ごとにきちんと評価をしていこうという動きが，本当にこの2年くらいどんどん強くなってきていると感じています。いい流れなのではないかなと思います。同友会で報告をしたときも，この事業ベータのところに質問が集中しました。もともと委員会の目的が，事業ごとの効率化をしっかり図りましょう，事業をポートフォリオで評価して，企業全体の価値を上げていきましょうということなので，そこに質問が集中したのかなとも思いますが，かなり細かいノウハウも含めて経営者の皆さまから多数のご質問がありました。

5. 目指すべきROEの水準と長期的視点での株主価値の最大化

　最後の章になります。これは本当にガバナンス・コード施行の影響だと思うのですが，世の中一斉にROEを高めましょうという動きになって，皆さんとりあえず目先の今期のROEを上げなければということになりました。ROEを上げる方法ですが，分母（株主資本）を小さくする方が，分子（純利益）を大きくするよりも簡単です。このご時世，分子の利益を増やすのは，そう簡単な話ではないです。投資家からも，現金を貯めこむくらいなら株主に還元しろと言われる。その結果，みんな自社株取得に走るわけですね。確かに去年もすごい金額の自社株取得が行われました。企業価値を高めるという目的で，本当にそれがいいことなのか。本当にあなたは自社株取得をすべき会社なのでしょうかということを確かめるために，昨年は毎日のように，自社株取得検討中の会社に出向いて，定量モデルを使ったシミュレーションを提供していました。

　弊社のモデルは自社株取得をする前にマーケットの声を聞いてみようという主旨のもので，PERに着目しています。PERは，簡易的に株主資本コストと当期純利益の成長率gに分解されます。また，PERは株主資本コストの逆数であり，PERが高いと株主資本コストは低くなります。株主資本コストの決定要因として，事業リスク，財務リスク，株式流動性リスク，配当政策，株主

図12 バリュエーション指標と資本コスト①〜 PBR vs. ROE

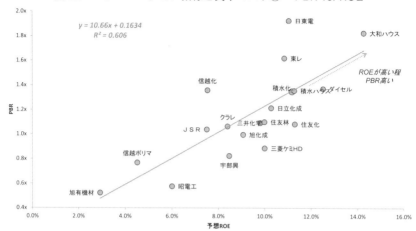

(出所) 野村證券
注：2016年5月末時点。PBR＝時価総額／株主資本，予想ROE＝予想純利益／株主資本，予想利益は1年後コンセンサス予想ベース，株主資本は直近四半期ベース。
積水化学の同業他社は野村證券金融工学研究センターにおいて設定。

構成などをあげることで，これらのファクターとPBR，PERの関係を見ながら，財務戦略についていろいろ考えていくことができます。一つずつシングルファクターでPBR，PERとの関係を見ていくので，非常にわかりやすいモデルになっています。今日に至ってもよく使われています。

例として，まず縦軸にPBR，横軸がROEをとります（図12）。ROEはPBRと正の相関関係にあり，ROEが高いと，PBRも高いという結果になっています。このモデルで，同業他社PBR差異の約60％を説明することができます。今回は，やっていてたまたま見栄えがよかった積水化学をサンプルに選んでみました。図の赤丸が積水化学です。

この関係を前提として，次にPERと財務レバレッジを見ていきます（図13）。ここからは，財務レバレッジが高い，すなわちD/Eレシオが高いとPERは低いという傾向が確認できます。つまり，財務リスクの高い企業の資本コストが高い可能性が指摘されます。財務リスクが高い，つまりPERが低い，その結果，株主資本コストが高いとつながります。事例の積水化学は傾向線の

図13 バリュエーション指標と資本コスト②〜PER vs. 財務レバレッジ

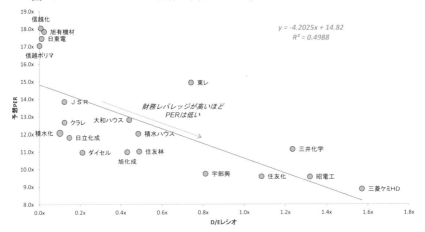

(出所)野村證券
注:2016年5月末時点。予想PER=時価総額／予想純利益，予想利益は1年後コンセンサス予想ベース，D/Eレシオ＝有利子負債／株主資本(直近四半期)。
　　積水化学の同業他社は野村證券金融工学研究センターにおいて設定。

図14 バリュエーション指標と資本コスト③〜PER vs. 成長性

(出所)野村證券
注:2016年5月末時点。予想PER=時価総額／予想純利益，予想利益は1年後コンセンサス予想ベース，予想売上高成長率=2年後予想売上高/1年後予想売上高-1。
　　積水化学の同業他社は野村證券金融工学研究センターにおいて設定。

下にいるので，D/Eレシオが低い割にPERは低いということになります。

3つ目は，PERと成長性の関係です（図14）。ここでは，成長性は単純に予想売上高の成長率で捉えています。定量的な関係は弱いのですが，成長率が高いほどPERもおおむね高いといえます。

ここまでの3つのモデルから，財務の安全性を担保した上で，持続的な事業成長によってROEを向上させることが重要だといえます。そして最後に，最適な資本構成を求めます（図15）。ROEとPERは順相関，D/EレシオとPERは逆相関ということで，トレードオフの関係が成立し，最適解が求まります。積水化学の場合，求まった最適解からはもう少しレバレッジをかけても大丈夫ということがいえるため，株主価値最大化という観点では自社株取得は許容される戦略ということになりました。実は今，日本企業を対象にこの分析を行うと，ほとんどがこのパターンになります。みんなD/Eレシオが低い。多くの日本企業は財務体質がかなりよくなっており，適当な投資先がないなら自社株買いをするのが妥当でしょうという結果になるケースが多い。とはいえ，過剰な資本を削減することでROEは高まりますが，過度な財務レバレッジは財務リスクを高め，PERの下落要因となることが懸念されます。株主価値の向上のためには，両者のバランスを考慮した資本構成を実現することが重要であるといえます。

とはいえ，投資もせずに自社株取得ばかりしていては，長期的な価値最大化は望めません。「経済的付加価値＝（ROE－株主資本コスト）×株主資本」この式が重要です。経済的付加価値を継続的にプラスにして，かつ増やしていくことが企業には求められています。右端の株主資本，これは絶対にプラスでなくてはなりません。仮にこれがマイナスになると，債務超過となり倒産するかもしれません。ですから，経済的付加価値をプラスにするためには，かっこの中をプラスにしないといけません。このかっこの中は，株主資本に対する純利益の割合であるROEマイナス株主資本コスト，つまりエクイティ・スプレッドそのものです。エクイティ・スプレッドをプラスにしないと，絶対に経済的付加価値はプラスにならないことがわかります。この式を見せると，多くの経営者は，「ああ，なるほど。だから，ROEを上げてエクイティ・スプレッドをプラスにしないといけないのか」と腑に落ちるようです。

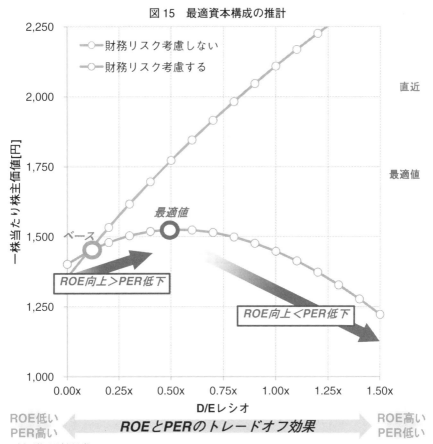

図15 最適資本構成の推計

(出所) 野村證券

注：PERは定量モデルから推計，BPSは株数の変化を考慮とし，一株当たり株主価値
　　=PER × ROE × BPS として試算。

　そこで改めて，エクイティ・スプレッドをプラスにするためにはどうしましょうかということなります。残念ながら，株主資本コストを会社自身がコントロールすることは難しい。ガバナンスで株主資本コストが下がることが実証できるという説もありますが，経営をしている側から見ると，現実は必ずしもそうならないことも多いと思います。やはり大事なのは，ROEを上げる戦略を考えて，エクイティ・スプレッドをプラスにしましょう，そのための施策を打

●基調講演● 株主価値向上に向けた最近の日本企業の動き
―株主資本コストを意識したROEの向上―

ちましょうということになります．でも，ここで安易に，ROEを上げるためにとりあえず自社株買いをして分母を減らそうということになると，この式の右端でかけ算をしている株主資本も減り，結果的に左辺の経済的付加価値は減ります．経済的付加価値が減り続ける現象は持続的成長とはいえません．だから，毎期，自社株取得をするのはやめてください．それよりも，しっかりと分子の利益を上げる施策を考えていかないと，そのうちどんどんシュリンクして，つまらない会社になり駄目になります．そういうところをマーケットに見透かされないように，投資家と対話をしていく必要があるのではないでしょうか．

ただ，これは財務の世界の中だけの話で，最近は3軸経営のような捉え方もあります．X，Y，Zの3軸で経営を考えようという話です．X軸にはROE，資本効率を持ってきます．Y軸はイノベーションです．そして，縦に伸びるZ軸にはESGを含むCSRを持ってくるのが経営者の目線です．XとY，この2つは自己完結になりがちな面もあります．ROEを上げる方法は内部で考えて実行します．イノベーションは楽しく当事者はワクワクしますが，これもある意味，自己満足の世界です．でも，縦に伸びるZは違います．社会貢献などは自己満足だけでは駄目だろうと思うわけです．さらに，ここが一番重要な点ですが，XとYだけでは広さしかありません．高みのある会社になりましょうよということで，経営者には，CSRや社会貢献までつなぐストーリーで自分の会社の価値創造を語ってほしいと思います．ROEを上げるための施策だけでは駄目，イノベーションだけでも駄目です．その結果，どういう社会貢献をするのかを語ることで，初めて深みのある大きな価値を生む企業になるのではないでしょうか．そのためには，短期的な目線で1年先の話をするのではなくて，やはり10年，それ以上のスパンでイノベーション，社会貢献を語って，最終的に，この日本あるいはグローバルに自分の会社はどう貢献できるのかを語っていただきたい．また，それを一緒に考えていくのが楽しい．そういう話ができる経営者が日本には本当に多いので，マイナス金利の時代でも，まだまだ日本企業は成長できる，大丈夫だと感じております．

今日お昼に学会の理事会がありまして，ちょうどそのような話をしたら，ご賛同をいただける理事さんもおりました．学会が始まった当初は確かERMとは何だろうというところからスタートして，これからERMを一生懸命広めて

いこうという雰囲気だったと思います。でも，これからはもっと壮大な価値創造，この学会は日本価値創造ERM学会という名前なので，価値創造の本質に対して迫っていけるような内容で活動ができて，有益な情報発信をしていけたらと考えております。これから次の10年，また学会のほうもご支援いただければと思います。

本日はどうもありがとうございました。(拍手)

〈質疑応答〉

　川北　それではせっかくですので，太田さんの基調講演に対して，ご質問，ご意見，何でも結構です。ありましたらよろしくお願いします。時間は十分にありますので，挙手してください。

　質問者1　今日は参考になるお話をありがとうございました。1点，教えていただきたいのですが，最後の株主資本コストの式で，経済的付加価値が出てきました。経済的付加価値を上げるという点で，もう1つ，株主資本コストを立てる方向性もあると思うんです。そこで出てくるのは，当然，株主資本コスト，リスクフリーレートとベータにリスクプレミアムを掛けるところなんですが，ベータが，たとえばソフトバンクさんだとか，それからファーストリテイリングさんのように，構造によっても変化するんだというお話がありました。本来，ベータは固有値だと思うのですが，変化をしていくとなりますと，その事業をどう変化させることによって，ベータをある程度，動かすことは可能なのか，ご意見を伺えればと思います。

　太田　そうですね，動かすことは可能です。可能ですが，企業全体を測るときは，ベースはやはり，マーケットにあるヒストリカルベータやインプライドベータを使います。ただ，事業単位で測るときは，そこに夢というか事業に対する思いを考慮することもあります。夢の裏返しは結構リスクが高いので，そういうのを含んだ上で値を動かしてやることはあります。

　質問者1　たとえば，各社の事業の構造をある程度，組み換えることによって，ベータを下げていくことが可能なのか。ある程度，長期的な戦略を踏まえて事業を少し組み換えていくことによって，ベータを下げることで，株主資本コストを下げて経済的付加価値も上げるというやり方は可能なんでしょうか？

太田　シミュレーション上は可能です。でも，そのとおりになるかという実証については，きれいに出たのを見たことはまだないですね。シミュレーション上は，下がりますよね，と見せています。

質問者1　下げるとしたら，組換えのパターンとしてどういった傾向が考えられているんですか？

太田　各事業のリスクとリターンをきちんとプロットして検討していきます。

質問者1　私は化学メーカーなんですが，ご存知のように，化学メーカーはいくつも事業があります。三菱ケミカルさんなんかもそうだと思うんですが，その組み方によっては，たとえばバルクを下げて，違うものを上げることによってとか，そういった組換えによってベータを下げていくことは可能なのか。そうすると，ベータを下げるためにはどういった組換えの仕方が望ましいのか。方向性としてそれが見えると，戦略を立てやすい，戦略の中心になると思ったものですから……。

太田　企業全体のベータを下げるということですか？

質問者1　そうです。

太田　企業全体のベータの推計を単純にやると，さっきのマルチファクターのモデルと一緒になるので，ベータの高い事業の比率を下げましょうということになりますが，そのようにしたことはないですね。そもそも，ベータを下げようという発想は取らないですね。管理上のベータは事業リスクに応じて決まるので，別に高くてもいい。事業会社と話すときに，ベータの初期値の設定は意識するけれども，それをコントロールしようという発想はありません。IRやガバナンスで資本コストを下げましょうというのは，私は少し違和感があります。いいIRをやることで，不要な株価変動を押さえることはできるでしょうが，事業リスクそのものは減っていません。

質問者1　ただ，化学メーカーはしょっちゅう事業の入れ替えをしています。そうすると，たとえばBASFさんとか，そういったところは，組換えをする段階で各社のベータは下がっているのでしょうか？

太田　確認はします。そうすると，下がるかどうかですよね。一概にはいえないと思いますね。やったからといって下がるわけでもないし，逆に上がっている会社もあるのではないでしょうか。

質問者1　ありがとうございました。

川北　では，次の方どうぞ。

質問者2　貴重なお話ありがとうございました。今日のお話とは関係ないんですが，先生のご略歴を拝見すると，人工知能を活用した先端R&Dで金融イノベ

ーション推進をされているということで，可能な限りでいいんですが，どんなことをやっていらっしゃるかをお願いしたいんですが……。

太田 ディープラーニングの手法を使って，様々なビッグデータを解析することで，いろいろなセンチメントを観測する試みに挑戦しています。その1つが，野村AI景況感指数，私のチームで開発した代表的なAIプロダクツです。景気ウォッチャーや日銀の月報，あるいは黒田さんの発言とか，そういういわゆる非構造データをAIで解析して，日本の景況感のセンチメントを測る指標を開発しています。あとは，TwitterなどのSNSビッグデータをAIで解析して，マクロ経済のセンチメント，あるいは個別企業のセンチメントを計測しています。今，この企業の評判はすごく悪い，どん底で，それはあのニュースのせいなのだけれども，徐々によくなってきているから，ここが踏ん張りどころですよ，とかいえたりします。

他には，格付け機関のアナリストが書くレポートがビッグデータかどうかはわかりませんが，それらを全部AIに読ませて，じゃあ，この会社の格付けは本当に下がりそうかどうかとか，アナリストはこう言っているけれども，やっぱりまだ下がらないと思う，とかやっています。

Amazonのコメントなども読ませて実験しています。正直それで何が出てくるのだろうと思いますが，分析者は本当に楽しそうにいろいろとやっています。こんなところでよろしいでしょうか。

川北 ほかにご質問はよろしいですか。これは最初のご質問に少し関係するのですが，経済的付加価値を上げようとしたときに，部門別のROEというか，収益率の低い事業から撤退をするというようなアドバイスはされているのですか。

太田 証券会社として評価とアドバイスはドライにさせていただいています。ただ，モデルの結果通りにすぐに実行するのは，事業会社の場合はなかなか難しい。私は，商社はポートフォリオ評価にしたがって比較的潔く事業を切ったり貼ったりするのだろうと思っていたのですが，商社と話すと，そんなに簡単に即やめたりはしないんですよといわれました。何百という投資対象を管理している商社でもそうであれば，事業会社の場合は，撤退という結果が出たからといって，じゃあすぐにということはないと思います。事業をやっていれば，工場もあれば人もいる。では，どうしますか，価値破壊のままほっておくのかということになりますが，その事実を客観的事実として認識した上で，撤退基準を設けて，しばらくモニタリングするなどの対応をとっ

● 基調講演 ● 株主価値向上に向けた最近の日本企業の動き
—株主資本コストを意識したROEの向上—

ている企業が多い。

川北 事業部門別の撤退順序のようなニーズは最近増えているということの認識でいいでしょうか？

太田 増えてはいないですが，昔から一定数の相談はあります。撤退を検討したいのだが，参考として指標による客観的な評価をやっていただけませんかという話は昔からありますね。ただ，我々が出した結果を見て，やる，やらないは，本当に経営者次第なので，結果はお渡ししますが，あとはみなさんでよく考えて決めてくださいというスタンスです。

川北 ほかにご質問はありますか？

質問者3 どうもありがとうございました。非常に心強く思ったのですが，経営管理実務のところで，事業部門管理のためのベータ推計のご依頼が企業さんから出ているとおっしゃっていましたが，こういうこと自体が新陳代謝をうまく進めるということで，おそらく日本企業が復活するためには，これをやらなければ駄目だということでしょう。だから，伊藤レポートの次はここだと，要するに経営の見える化，客観的なデータでどっちの方向へ行くべきかというのをある程度，合理的に推定してみるということだと思いました。こういうことを各社さんがなさることが，おそらくその先に光が見えるもとになるのではないかと常に心強く思いました。質問ではなくて申し訳ありませんが，おそらくこれなしには先へ進まないだろうなというのがあるので，依頼が増えているということが非常に心強いと思って，感想を述べさせていただきました。

太田 ありがとうございます。弊社がこのタイプのコンサルティングを提供している日本企業は，まだ何十社もというわけではないのですが，確実に増えています。たとえば先週，某ビールメーカーから世界20か国の飲料セクターのベータ値を全部くださいとか，こういうリクエストは本当に頻繁に来ていて増えています。そこを投資先と考えているということですよね。あるいはゴム企業だと，アフリカの行ったこともない国だったりするわけです。そういうすごくニッチな国でも，ベータが欲しい，リスクプレミアムが欲しいという依頼が来るということは，そこへの投資を検討しているのだと推測します。本当にグローバルな資本コスト関連データのリクエストが今年の夏前頃からすごく増えています。日本企業は自社株買いを積極的にしていますが，結構，海外事業投資に対して意欲的なのかという気もしています。

川北 今のお答でよろしいでしょうか？ はい，先ほど質問された方。

質問者3 ERM的にはリスクの最小

化ということ，そういう視点が必要かと思います。今日のお話と離れるかもしれませんが，いろいろな企業さんに私も聞いているんですが，戦略リスクを定量化している会社は，意外とあまり聞いたことがありませんね。ROEを上げるということもあると思いますが，リスクの最小化という視点で何かをやっていらっしゃる事例はございますか？

太田 リスクの最小化というか，リスクの計測で一番進んでいるのは商社さんですね。商社では，営業利益を頂点にあらゆるリスク要因を抽出して，それぞれのリスクファクターの将来シナリオを想定した上で，将来の営業利益の期待値をプロットし，アーニング・アット・リスク，あるいはバリュー・アット・リスクをちゃんと測って投資判断をやっています。

その発想を，あえて会社名は言いませんが，日本を代表する鉄道会社もやっていますし，それなりの規模の会社はやっています。単純に営業利益の目標値をバンと決めるのではなく，アーニング・アット・リスクとバリュー・アット・リスクまできちんと測った上で，ERMとしての観点でやっている会社もあります。そういうところの経営企画の方はすごく頭がよくて，われわれからノウハウはもらうけれども，自分たちも手を動かしてしっかりとやっていらっしゃいます。金融機関では当たり前ですが，日本の事業会社もなかなかすごいなと感じています。

川北 ほかにご質問はありますか？

質問者4 運用サイドからすると，高いベータは結果的には株価リターンとしてはあまり生まれないといわれていて，世界的には減少的に見えるものです。ベータが低い銘柄にヘッジファンドなどが，株の売り買いをしていると思うのですが，そういうところでベータからプレミアムは生まれないんじゃないかという話もあるかと思うのです。会社さんをコンサルしていく中で，ベータを上げても，そう変わらないのではないかという意見が出たりすることはありませんか？

太田 いや，ベータの議論が好きな会社とはしますが，やっぱり管理上客観的な数値でベータを決めることはあれ，ベータ自体をコントロールしたりはしないのです。ベータを上げましょうとか，下げましょうという発想を前面に押し出すことはないので，あまりベータそのものについて議論をする機会はありません。

川北 それではほぼ時間ですので，これで終わります。太田さん，どうもありがとうございました。（拍手）

●対　談●

企業と投資家の意見交換の現場

◆IRにおけるスチュワードシップ・コードとコーポレートガバナンス・コードの位置づけ

川北　英隆（日本価値創造ERM学会　会長／京都大学名誉教授）　本日の対談は，スチュワードシップ・コードとコーポレートガバナンス・コードをテーマに進めていきます。これらは官主導で導入されましたが，これまでオムロンさんはこれら2つのコードに関して積極的に対応されてきたと僕自身は理解しています。オムロンさんのIRを担当されている執行役員として，安藤さんは，2つのコードをどのように位置づけされてきたのか，まずそこからご意見をお伺いしたいと思います。

安藤　聡（オムロン　執行役員常務）　一般論で申し上げると，従来の日本企業による経営情報の開示は不十分，かつ内容も平板でしたが，日本版コーポレートガバナンス・コードの導入を契機に日本企業の抱える課題が一層明確になったわけです。

そして，コーポレートガバナンス・コードは原則主義に依拠していますが，やはり官主導で導入された経緯もあり，企業はレピュテーションを気にするあまり，73の原則全てをコンプライしないといけない，あるいは「ひな型ありき」の法定開示に慣れきっているので一定のフォーマットやガイドラインがないと，何をどのように宣言したら良いか判断できないという悩みはあったと思います。しかしながら，既にほとんどの上場企業がコードを採択した今，採択し

たことは「終わり」ではなくて，これからコードに添った真摯な実践が求められる，いわば「始まり」です。すなわち，コードを採択したことによって，また，スチュワードシップ責任を果たそうとする投資家との対話や意見交換を通じた気付きによって，自社の経営課題が一層明確になるのです。オムロンのIRチームでは年間950件ほど内外の機関投資家とミーティングを実施していますが，2つのコードの導入を機に，投資家との対話の中身は深まったと実感しています。

　しかし残念なことに，スチュワードシップ責任を果たそうとする機関投資家も，コーポレートガバナンス責任を果たそうとする企業も2極化しているのが現実です。先ほど2つのコードでインベストメント・チェーンの関係性は変わってきたと申し上げましたが，たぶん10名のIRオフィサーがいたら，3名は「対話の内容は何も変わっていません」，「機関投資家は本当にスチュワードシップ責任を果たそうとしているのでしょうか」というと思います。私は，そもそも対話の必要条件は企業側の経営情報の開示であると考えていますので，機関投資家が情報を開示していない企業と対話しようと思っても，それは無理です。たとえば，投資家が長期の視点で企業価値を評価しようとしているのに，企業が「中期計画はありますが，公表していません」，「当社の事業はボラティリティが高いので，中期計画は策定していません」と説明した時点で対話が成立するはずがありません。

　一方で，「中期計画はあるけれども，株主に対するコミットメントと取られるのは不本意なので開示していません。しかしながら，貴社のみには説明します」ということでは，そもそもフェア・ディスクロージャーの前提が崩れてしまいます。

　先ほど申し上げたとおり，企業と投資家がお互いの課題を認識して，それぞれに改善の努力をする関係が始まりつつあります。改善の努力を怠らない企業と投資家，一方で全く何もしようとしない企業と投資家がいたとすれば，近い将来，必ず前者が生き残るはずです。

◆統合レポートについて

川北 本日，会場の皆さんには，オムロンさんの統合レポートの2016年版が配布されています。この統合レポートではどういうところに注力されているのでしょうか。もちろん，いろいろなところに注力されているとは思いますが，特に強調されたいページというのはあるのですか。

安藤 実は，お手元のレジュメは本日の説明のために使うのではなく，私が機関投資家とESGを含めた企業価値について対話をするときに実際に使っている資料集を見ていただきたいがために皆様にお配りしました。したがって，これはエビデンスの塊であり，投資家との対話の際にテーマごとに該当ページを説明するスタイルに向いたものです。

一方で，統合レポート2016は，オムロンの価値創造ストーリーを伝えるための手段です。

見開きを見ていただくとわかりますが，オムロンは「事業を通じて社会的課題を解決して，グローバル社会の発展に貢献する。そして，同時に企業としても成長する。」ということが経営のモットーです。まさに「誠実な経営の実践」と「稼ぐ力の持続的な発揮」を両立させるという信念そのものです。オムロンはこうした経営理念を重視した企業なので，投資家と対話するときにも信念を実践するために必要だからこそ企業理念から説明を始めているわけです。

また，全体の構成を見ていただくには目次が最もわかりやすいと思います。中段にジグソーパズルで表現し，「どんな会社か？」，「どこへ向かうのか？」，「企業価値の向上」，「企業価値を支える力」の順に構成しています。ちなみに，当社は決して株主・投資家のためだけにつくっているつもりはありません。もちろん，財務情報中心のアニュアルレポートの時代は，ほとんどの企業が株主・投資家のためにつくっていましたが，統合版になってからはマルチステークホルダー，すなわち，お客様，お取引先，サプライヤー，従業員，株主・投資家を常に意識しています。そのうえで，将来志向でオムロンの本源的な価値がどこにあって，将来像はどういうふうにイメージできるのかというファクターを要所ごとにあげて構成しています。まず，CEO，CFO，CTOのメッセージが

図1 統合レポート2016

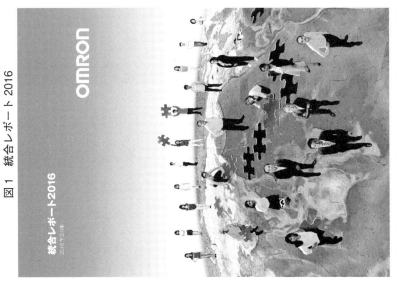

●対　談●企業と投資家の意見交換の現場

図2　統合レポート2016、目次

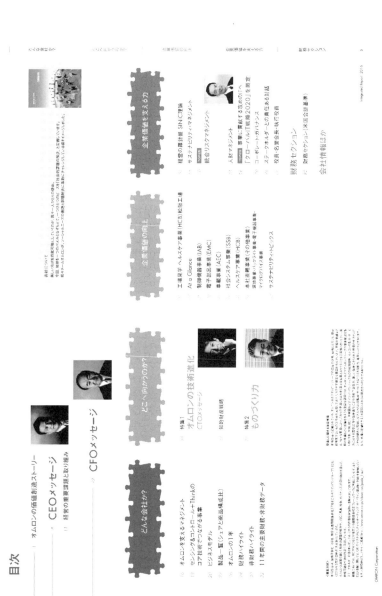

あります。また，多くの主力製品を自社で生産している製造業として生産技術・ものづくり力も価値の源泉にあります。そして，事業価値の向上についてビジネスを中心に説明し，その後にサステナビリティ・マネジメントを載せています。

それから，そういった成長を支える，企業価値を支える力としてリスクマネジメントにも具体的に触れています。良いことだけを書いたのでは，価値のある企業報告書とはいえません。仮にネガティブなイベントが起こったときに，普段からリスク情報がきちんと開示されている企業であれば，きっと会社側が策定・公表したコンティンジェンシープランを信頼していただけるはずです。そうであれば，一時的に株価が下がっても慌てて売り切る必要はないと考えていただけるでしょう。事業価値・株主価値・ブランド価値をバランスよく長期的かつ持続的に高めていくために，いろいろな経営力を発揮し，また課題を改善していくことを宣言したストーリーにしてあります。

ご興味のあるパートから見ていただいても，あるいは最初から読んでいただいても構いませんので，是非ご参考にしていただければ幸いです。

◆建設的な対話とは

川北　ありがとうございます。

機関投資家，すなわちプロの投資家と対話されることが多いと思います。先ほど，年間950件の投資家と話をされているということでしたが，そういう対話，2つのコードでいう建設的な対話というのは，安藤さんはどういうふうに考えられているのでしょうか。

先ほど，単に数値を確認するというお話もありましたし，中期計画というお話もありました。建設的な対話といったときに，それぞれの投資家では違ってくるようにも思いますが，安藤さんが考えておられる典型的な「建設的な対話」というものはどういうものなのか，お考えをお聞かせいただければと思います。

安藤　「かつては」と表現していいと思うのですが，一般論として，企業と投資家のコミュニケーションは「対話」ではなく，単なる「会話」にすぎませんでした。なぜなら，一方通行だからです。投資家は往々にして「Q&Aでお

願いします」といって始めます。Q&Aというのは，投資家があらかじめ用意してきた質問を矢継ぎ早に企業のIRオフィサーにぶつけて答えを聞くわけです。ほとんどの場合，企業からの答えに対してコメントする投資家は極めて少ないのです。当然，企業側は，質問しないのであれば知っているはずというふうに思い込むのですが，これが大きな間違いであります。本当は，投資家は質問しないテーマに関しては知識がないと考えるべきです。

　私自身はもう既に5年3か月にわたりチーフIRオフィサーを務めており，最初のうちは投資家のペースで面談を続けることが企業の責務であると考えていましたが，2，3か月が経つうちに，Q&Aは「対話」ではなく「会話」しているだけ，しかも意見交換にもなっていない，と思うようになりました。したがって，私はQ&A&Qにする努力を始めました。最後のQは，たとえば，自分の答えに関して投資家はどのように評価したかを逆質問するという意味です。

　今はコーポレートガバナンス・コードが入ったため，特にガバナンス関連のテーマについては投資家も少しは勉強してきて質問をしますが，「社外取締役は何名いますか」，「3人です」というと，「複数ですね。オーケーです」というように内容は薄いです。したがって，企業側が様々な経営情報を自発的かつ能動的に開示し，一方で投資家は，そういう情報を十分に分析して投資先企業の本源的な価値がどこにあるのか，形だけではなく本当に質が伴っているのかを判断する必要があります。

　ちなみに，投資家から，「コーポレートガバナンス・コードは見ただけでは違いはわかりません。どのように本質を評価したらいいですか？」と聞かれることがあります。確かに，公表されたコードだけを見ていても，質の見極めはできません。でも，対話の際に，コードがどういうプロセスでつくられたかを質問すれば，すぐにわかります。たとえば，IRオフィサーが，「ガバナンスは私の担当ではないので答えられません」といったら，その企業のコードはほとんど形だけです。オムロンでは，事務局がつくった案を社内取締役は会議を3回やって一字一句読み合わせています。3時間掛ける3回です。そして，その間に社外役員だけのコーポレート・ガバナンス委員会で2時間掛ける2回内容を審議していますので，取締役会において決議する段階では，全取締役が内容を全て理解しています。こうしてチェックすれば，「コンサルタントにひな型

をつくってもらいました」，「顧問弁護士にレビューしてもらいました」というプロセスのみで決議している企業との差は歴然です。したがって，投資家は，そういう点をチェックすべきであり，企業の取組みが形式的であると感じたのであれば，企業に対して「魂」を入れるよう啓発すべきです。

　それから，当然，投資家との対話の中でリターンの水準，配当額，自社株買い（バイバック）の可否といったテーマは結構俎上にのぼります。オムロンは今30％の配当性向をコミットしていますが，私がびっくりするのは，投資家が「30％では低い。キャッシュが余っているのだから，もっと配当すべき。どのみち30％は上場企業のコミットメントの平均値を採用しているだけでしょう」というステレオタイプな議論を主張することです。

　そして，逆に私が，「では，配当性向を何％にしたら良いのか？」と質問すると，投資家は決まってきょとんとします。その表情からは，「高ければ高いほうが良いに決まっているじゃないか」というニュアンスが読み取れるのですが，それではプロフェッショナルとはいえません。私が期待するコメントは，たとえば「オムロンの向こう3年から5年間のキャッシュフローを引いてみると，だいたいこのぐらいのキャッシュが得られるはず。その上で過去5年間のオムロンの年間平均投資額を考えると，40％ぐらい配当してもキャッシュは余る。しかも，オムロンはROIC経営を標榜しているのだから，手元にキャッシュを置いておいたらROICは下がる」というような内容です。それが，プロフェッショナル同士の建設的な対話であると考えます。

　また，自社株買いの議論も同様です。「ネットキャッシュで800億円持っているのだから，もっと積極的にバイバックすべき」という議論も聞き飽きました。さらに極端なケースは，「金利が安いからデットを取ってバイバックしたらROEが上がる」という主張です。私の立場からすると，株主の価値は一時的に高まっているように見えるかもしれないけれど，事業の価値は全く高まっていないわけであり，事業の価値を無視した株主だけの利益としか見えません。

　この一連の株主還元について申し上げると，オムロンはROICをKPIにして事業価値評価をしています。そして，配当として純利益の30％をコミットメントしているのは，残りの70％は成長投資に回すという意思表示でもあります。しかも，中長期にキャッシュが余ってきた際には，機動的に自社株買い

を行うことも宣言しており，こうした内容を利益配分の方針として開示しています。一部の投資家に，このような説明をすると，「そのような方針を開示していたのか」といいます。これは，企業が開示している資料も見ずに，セルサイドのアナリストレポートをいくつか持参して足元の事業のことだけを質問して帰っていく投資家に多いパターンです。このような投資家は企業にとって建設的な対話をすべき相手でもないし，投資家も対話できる能力を持ち合わせていないと考えます。

随分上から目線で偉そうなことをいいましたが，実際にはオムロンも様々な課題を抱えていますので，対話の場は，長期の視点で経営を改善するために投資家と経営課題の解決を目的とした責任ある議論をする場にしたいと願っています。

◆株主との対話におけるIRオフィサーの役割

川北 今おっしゃった配当性向の問題は，配当を増やせば増やすだけいいという非常に一面的な見方だと思います。では，アメリカはどうなのでしょうか。代表的にはグーグルですね，無配です。非常に巨額の利益を上げているのに無配です。しかし，依然として成長しています。投資をしている分野がいいのかどうか，そういう議論はあるものの，今まで無配で成長してきたのは確かです。

こういう事実も常に念頭に置きつつ，配当性向をどうするのか。オムロンさんならオムロンさんの配当性向はどのぐらいがいいのか。おっしゃるように，やはり投資家自身もある程度試算をして，それを安藤さんにぶっつけて議論をするのが重要な気がします。

対話について少しお聞きします。年間950件ぐらいとおっしゃっていましたが，このうちどのくらいが，安藤さんが見て対話になっているのでしょうか。だいたいで結構ですので，教えていただければと思います。

安藤 950件といっても，もちろん私が全部参加しているわけではありませんが，3分の1ぐらいの投資家と会っていることになると思います。しかも，当社のIRの担当者が証券会社からミーティングの依頼を受けたときに，投資家の属性を見て本部長の私に振り分けているのが実態です。また，普段は部長

クラスが面談していて，ときには役員と会いたいという場合には，私のところに上がってきますが，証券会社主催のカンファレンスに参加した場合には，長期の投資家だけでなく，ヘッジファンドとも会います。ただし，自分たちは長期の視点で投資判断をしていると宣言している投資家の中で，1時間の対話で勉強になったなと感じるのはせいぜい1～2割です。

　国内の投資家と海外の投資家とでは，また違います。やはり国内の投資家にとって日本株は常に保有せざるをえない対象ですが，海外の投資家にとっては，別に日本株でなくてもいいわけであり，かつ投資銘柄が相対的に多いので，なかなか個別銘柄に十分な分析の時間が割けないという制約があります。たとえば，自分が50の銘柄に投資していたら，金額上位10社ぐらいはしっかりとフォローしているかもしれませんが，残りの40社はアナリストレポートを参考にしているケースが多いようです。実は，これがちょっと困りものなのです。誤解を恐れずに申し上げれば，証券会社のセルサイド・レポートは，明らかにショートターミズムの極みであり，今後6か月ないし9か月後に株価が上がるか下がるかの予想をしているだけで，残念ですが，企業のESGを含めた本源的な価値についての詳細な分析はまったくありません。そして，海外のセルサイドのアナリストが作成するようなインデプスレポート（ディープレポート）と呼ばれるレポートも日本では極めて稀にしか目にしません。オムロンは15社のアナリストにカバーしてもらっていますが，インデプスレポートを発行しているのは，せいぜい2社しかありません。

　川北　わかりました。安藤さんはいろいろな場面で株主と向き合われると思います。たとえば，株主総会とか，それから安藤さん自身がIRに回られるとか，あるいは個々の投資家が安藤さんのところを訪問されるとか。また，個々の主要な投資家に説明に行かれることもあるのではないかと思います。あとは株主総会ですね。

　安藤さんから見て，どういう場面がIRというか，株主との対話として役に立つ場面なのか，教えていただければと思います。

　安藤　お手元の昨年（2015年）度のIR活動の実績表をご覧ください（図3）。当然のことですが，機関投資家向けの活動を積極的に展開しています。加えて，個人投資家向けの活動，たとえば証券会社の店頭に出向いて，20名ぐらいの

図表3 IR活動の実績（15年度）

区分	項目	15年度	参考
機関投資家向け	決算説明会	4回	社長2回、CFO2回
	スモールミーティング	4回	決算発表後実施
	海外IRロードショー	7回	社長2回、CFO2回、IR担当役員3回
	国内工場見学会	1回	草津工場
	海外工場/事業所見学会	1回	シカゴ工場、北米統括オフィス見学
	技術説明会	1回	IAB技術セミナー
	国内カンファレンス	8回	証券会社主催
	海外カンファレンス	2回	証券会社主催（シンガポール、マレーシア、香港）
	国内・海外IRミーティング	936件	カンファレンス、スモールミーティング、社長アナリストスモール含む
個人投資家向け	証券会社支店での説明会	10回	野村證券、大和証券、水戸証券など
従業員向け	IR説明会	7回	持株会説明会（主要拠点、子会社・関係会社）
株主向け	株主総会	実施	
	経営状況説明会	実施	
	懇談会	実施	
ツール	WEB	随時更新	
	統合レポート	発行	FY12からアニュアルレポートを統合レポートへ変更
	ファクトブック	発行	
	株主通信	発行	年2回

(C)Copyrights OMRON Corporation , All Rights Reserved.

支店のお客様である富裕層を対象にしたミニ説明会もやっています。もちろん，大規模なIRフェアにも参加しています。

また，機関投資家は株主総会前に議決権行使を行い，実際には出席しませんので，株主総会は個人株主との対話の場と位置付けています。そして，当然のことながら，従業員も重要なステークホルダー，特に持株会に入っている社員は株主ですので，国内の各事業所を回って，株主総会でどういう議案を上程したとか，それに対してどういう意見や感想があったかとか，株価がこういう状況にあり，株主・投資家からはどういう評価を受けているのかといった切り口で，いわゆる社内IR活動も行っています。

機関投資家で対話するのは，もっぱらアクティブな投資家ばかりで，なかなか企業との面談はしないという原則を掲げたパッシブの投資家とは会えません。それでも，国内の機関投資家は，議決権行使についてはコーポレートガバナンス・チームが面談を受けるケースが増えていますので，能動的に訪問しています。

企業経営はどうしても内向きになりがちであり，社内の論理のみで意思決定

をすることは非常に危険です。もちろん，ガバナンスには「自律（オートノミー）」が最も重要ですから，自身は規律を持った経営を実践しようとしなければ，社外役員などによる「他律」を利かせても意味はありません。したがって，自律が「主」で，他律が「従」で，この主と従のバランスを取るというのが理想的な企業ガバナンスの姿だとすれば，様々なステークホルダーとの対話は大変示唆に富んでいます。特に，株主や機関投資家は，お客様やサプライヤーなどと比べると，企業経営者との距離が近いという意味で重要な存在です。

　また，私自身が心掛けていることは，IRオフィサーは「スポークスパーソン」ではないという点です。誰かが作成したIRシナリオを株主，機関投資家にわかりやすく，きれいに説明するのではなく，むしろIRオフィサー自身がシナリオをつくって，現場実感を持って投資家や株主に伝えることが重要です。そして，一方的に伝えるだけで終わらせず，株主・投資家との対話で得られた意見を経営陣にフィードバックする機能や役割を持たせています。現在は四半期開示ですので，四半期ごとに決算説明会を開催し，その間の3か月間に機関投資家からどういう質問があり，どのような意見が出されたかを，全てCEOや事業部門のトップ（カンパニープレジデント）に定期的に説明しています。双方向のコミュニケーションをする際の触媒の役目がIRオフィサーですので，依頼されれば，どのような投資家であっても全て面談します。ちなみに，えり好みは一切しませんが，誰といつ会うかはコントロールしています。

　一方で，IRオフィサーは，保証の付かない自社の株式を販売する営業責任者ともいえますので，より多くの株を，なるべく早く買ってくれそうな投資家にアプローチするのは当たり前です。そういう意味で，オムロンは，会いたい投資家に対しては積極的にアプローチをします。コーポレートアクセスの機能を持つ証券会社を活用しますが，面識がある投資家には直接働きかけることもあります。受動的ではない，能動的な活動をかなり意識してやっています。

　最後になりますが，多くの日本企業の経営者およびIRオフィサーは，「株主は選べない」，「株価には責任を持たない」という思考から出発しているようです。しかしながら，このような前提に立つ限り，IRオフィサーの必要性を説明することはできません。なぜなら，初めからIRの効果そのものを否定しているからです。私は，能動的な活動を通じて株主を選ぶ努力をしています。

もちろん，1日でPERが大きくアップダウンするようなことも頻繁に起こりますし，また，株価をコントロールすることはできません。しかし，株価を意識した経営を行い，情報開示を充実させることは必要であると考えます。

◆海外の機関投資家との対話におけるポイント

川北 僕自身の関心でお聞きしますが，国内の投資家のセンスと，海外の投資家のセンスと，どちらの方が上でしょうか。コードでいう対話という意味のセンスですが。というのは，京都企業の某経営者が「国内の投資家なんてつまらん」というようなことをおっしゃっていたので。

安藤 まず，グローバルにおいて投資に関する理論や考え方は変わらないと思います。私は，欧米やアジアの金融センターであるシンガポールや香港だけでなく，中国やマレーシアにも行きましたが，投資家の思考は全く変わらないという印象を持っています。「インベストメント」には世界共通の普遍性があります。

しかしながら，先ほど申し上げたように，日本の機関投資家にとっての日本株と，海外の投資家にとっての日本株の位置付けが違うというのは大きな論点であると思います。誤解を恐れずに申し上げれば，国内の機関投資家の対話は，結果として株を持ち続けるために状況を確認するというような位置付けになりがちです。一方，海外の投資家は長期投資の看板を掲げていても，私の経験では3年から5年ぐらいで投資銘柄を入れ替えます。彼らはある程度明確なターゲットを持っていて，そこまで上がったら自動的に売るし，買ったけれどもどうも駄目そうだったら即売却するなど，日本の機関投資家に比べて，ターンオーバーが相対的に頻繁です。

結果として，海外の機関投資家との対話は，自分がきちんと企業価値の源泉を伝えられなければ，あるいは成長性を訴求できなければ売られるかもしれないという緊張感があります。私は，売られて株価が下がれば買いたいといって待ち構えている投資家も把握できているので，この緊張感はプラスの要素に働いており，恐怖感はさほどありません。

ちなみに，バリューの投資家，あるいはグロースの投資家という分け方があ

りますが，いくらグロースの投資家であっても所詮割高な株は買いませんから，オムロンに興味を持っている潜在的な投資家層をいかにして増やすかということが極めて重要です。したがって，既存の株主，特に大株主だけを大切にするという考え方は持っていません。むしろ，今の大株主だっていずれターゲットプライスに来たら売るので，売られたときに買ってくれる投資家をあらかじめ仕込んでおこうというように考えています。資金量が大きいとか，思い切った売り買いをするとか，海外の機関投資家のほうが日本の機関投資家よりは売買の頻度が高いのですが，対話そのものの中身はエリアや投資家のフィロソフィーによって変わることはありません。

◆IRの目的と議決権行使

川北　わかりました。やはり，潜在的な投資家を増やし，株主を増やすというのがIRの一つの目的であると理解しました。

安藤　まさにそこがポイントです。間違ってはいけないのは，今の株主だけ大切にしていても，やはり2年，3年後には後悔するということは明らかですので，常に投資家の裾野拡大を意識して活動しています。

川北　少しテーマを変えたいと思います。

スチュワードシップ・コードでは議決権行使が非常に重要視されています。私が出席している2つのコードのフォローアップ委員会のスチュワードシップバージョンでは，議決権行使に重点を置いた議論がされているのですが，対話と議決権行使の関係について安藤さん自身はどのように理解をされているのでしょうか。少しご意見をお聞かせいただければと思います。

安藤　オムロンは違いますが，企業側のIRオフィサーと，株主総会の運営責任者とは別のケースが多い。IRチームが決算発表の資料は一生懸命つくっているけれども，総務部が招集通知を作成しているようなケースです。組織のメンタリティは全く違いますから，そのような体制のもとで，統一感のある開示資料を作成するのは極めて難しい。

オムロンでは役割分担をする際，「縦」（組織）で役割分担をしないで，「横」（機能）で役割分担をしていますので，非財務情報の開示に関しては私が全責

任を負っています。財務情報は経理部門，管理会計ベースの経営情報は戦略企画部門が所管していますが，私が統括する本部では，各部署から計数をもらい，どういうシナリオでIRするのが一番適切かということを常に考えていますので，四半期決算の準備などは相当時間をかけますし，結構忙しい。

　投資家側にも実は役割分担があり，投資判断をするアナリストと議決権行使をするコーポレートガバナンス・オフィサーは別組織に分離しているケースがほとんどです。私は5年前にこの仕事に就いたときから，私自身は，IRもSRも，もちろん株主総会の運営全般も，どういう議案を上程するか，あるいは上程したら賛否はどのぐらいになりそうかということを自分の責任において分析しています。かつてアナリストと話しているときに，「きちんと考えて議案を上げているので賛成してほしい」と要請したところ，「アナリストの自分には議決権行使の権限はない」との回答が返ってきたのでびっくりしたことを今でも覚えています。一方，議決権行使の責任者は，「日本企業は3月期決算が多くて，作業が集中するから忙しくてたまらない。いちいち企業と議案について対話している暇はない」とぼやきます。それならば，同じ社内でどうして情報を共有しないのか，というのが私の素朴な疑問です。そして，議決権行使担当者は議決権行使で忙しい3か月程度を除いた9か月は何をしているのでしょうか。各企業が出す総会の議案は，たとえば，取締役の任期が1年であっても，毎年，毎年全員が入れ替わる企業はありません。そうだとすれば，新任者を重点的にチェックして，重任者は過去の出席状況や貢献度を確認することで相当効率的に議決権行使はできるはずです。

　加えて，私が矛盾に感じているのは，スチュワードシップ・コードが入った今，たとえば，いろいろな経営課題を促す意味で，取締役会議長である人物に反対票を投じても，株主総会で当該議案が賛成多数で決議されてしまえばノーアクションになるということです。この行動は，本来矛盾しています。取締役会議長に反対票を投じるということは，その企業を信頼していないという究極の意思表示ですから，議決権行使を何のためにやっているのか，単にアセットオーナーに対するアリバイづくりのためにやっているのではないだろうかという疑念が生じますし，投資判断との関連性についても甚だ疑問です。

　こういう中で，某アセットマネジメント会社のケースですが，アナリストが

ESGの評価を含めた企業価値評価をし，コーポレートガバナンス・オフィサーがその妥当性を社内横並びで調整をして，投資家独自のESGレーティングを決めて投資判断に役立て，かつ当該銘柄のパフォーマンス評価をしています。同社では，「レーティングでトップ（最高位）の評価をしている企業群はパフォーマンスが良いので，この手法を一層深めていきたい」とおっしゃったので大変心強く感じました。

このように，わかったようなわからないような非論理的な矛盾というのが，日本株のインベストメント・チェーンにはたくさんあります。繰り返しになりますが，企業側も様々な課題を抱えていますので，企業と投資家が虚心坦懐に対話をして，お互いの課題を指摘しあうことが，インベストメント・チェーン改革に最も必要なことであると確信しています。

川北 それで思い出しました。フォローアップ会議で，議決権行使のことが議論になったときに，某メンバーが言われたのは，「でも，議決権行使は最後の手段ではないのか。議決権行使をするまでにいろいろな調査を行って，その上で，議案に対して×なら×をつけるべきなのではないか」という趣旨のことをおっしゃっていました。安藤さんが言われるように，投資家自身の中で役割分担があるにしても，せっかく投資判断のためにアナリストが調査をしている，対話を含めていろいろな情報を得ているわけなので，それを使わない手はないと僕自身は思います。使わないことは，投資行動としては乱暴ですね。議決権行使1つを取ってみても，議案に×をつけることは非常に重要な意味を持っていると思います。

安藤 まさに先生がおっしゃるとおりで，その×のつけ方も，たとえば，10項目の外形基準があって，ボックスチェッキングの結果，1つ駄目だったら議決権行使において反対票を投じる，こんな稚拙な判断はあり得ないはずです。

あえて実例を出しますが，某大手議決権行使助言機関が，昨年，当社の社外取締役の冨山和彦さんの選任に反対推奨しました。冨山和彦さんは日本のコーポレートガバナンス・コードの生みの親の1人であり，外形基準の一項目を満たしていない，そのような知見がある人物が独立社外取締役になると企業価値を毀損するという見解と判断に少なからず怒りさえ覚えました。これに対して，私は，単に唯々諾々と結果を受け入れるのではなく，1年間かけて，「あなた

たちのやっていることはプロフェッショナリティに欠ける。もっと実質的な判断，総合的な判断を基に推奨内容を決めるべきである」と反論した結果，今年は賛成推奨に変更してきたということがありました。

したがって，企業側もそこまで真剣に向き合うべきです。議決権行使助言会社に反対されても普通決議だったら50％ちょっとの賛成があれば可決されますが，従来は，投資家も真剣に議決権行使をしてこなかったのではないでしょうか。今年の他企業の例を見ても，取締役の選任議案で賛成率が大幅に下がったり，また，安定配当といいながら定額配当をしている企業の配当議案の賛成率が下がったりしています。

したがって，これから，対話なのかプレッシャーなのかはわかりませんが，投資家からの要求は一層強まってくるので，企業側が真剣に受け止めないといけません。50％超で可決されれば問題なしという考え方は根本的に間違っています。コーポレートガバナンス・コードには一定比率の反対票があった場合には，襟を正して経営を見直しなさい，議案そのものを再考しなさいという原則がありますから，50％超なら全てオーケーというのは企業のコーポレート・ガバナンス責任の果たし方としては，甚だお粗末といっても言い過ぎではありません。

◆CSRへの取組みについて

川北 そろそろ時間が迫ってきています。

今日の議論にありました，ESGあるいはCSRに関してオムロンさんでの位置付けはどうなっているのでしょうか。

安藤 オムロンは企業理念経営というのを標榜しており，事業価値，株主価値，ブランド価値をさまざまな取組みによってバランスよく高めていきたいと考えています。創業から既に83年が経過していますが，創業当時から，ずっとそのDNAを大切にしてきました。それがオムロンの強みであると認識していますので，そのような観点から評価していただければオムロンの本源的な価値がはっきり見えてくると考え，一生懸命経営そのものやマネジメントシステムを改善する努力を続けています。

また，日本において2つのコードが導入されたことによって，ESGをはじめとした非財務的な価値や人財・技術・知財といった知的資本の重要性が見直されています。もちろんリターンが出ていないと意味はありませんが，長期の視点から総合的に企業価値を評価しようという流れは急速に高まってきています。

　今まではどちらかというとちょっと黒子に徹していた世界最大のアセットオーナーであるGPIFを筆頭に，インベストメント・チェーンの改革を積極的に進めていこうという意気込みを実感しています。私自身は，やや表現は適切ではないかもしれませんが，良い意味での「食物連鎖」，資金を配分する立場のアセットオーナーがアセットマネジャーである機関投資家に対して「本音で投資判断を高度化する必要がある。できない投資家には運用委託をしない」というプレッシャーをかけてもらいたいと考えています。

　その上で，機関投資家は企業に対して「真摯にコーポレート・ガバナンス責任を果たし，誠実な経営と持続的な成長を両立させるべきである」と啓発し，結果としてインベストメント・チェーンにおける正の良い循環が進んでいけば，日本企業全体の評価は確実に高まると期待しています。

川北　あと4分ぐらい残しています。安藤さんご自身，言い足りなかったことがありましたらおっしゃっていただいて，その後，若干フロアからの質問を受けたいと思います。

安藤　特にありません。少ししゃべりすぎましたので，ご質問をお受けします。

〈質疑応答〉

川北　そうですか。では，フロアから，せっかくですのでご質問をどうぞ。

質問者1　安藤さん，今日はどうもありがとうございました。せっかくの機会ですので，ぜひ伺いたいのは，ESGのSのところです。海外の評価会社がいってきているいろいろな項目がある中で，オムロンさんのSは，ダイバーシティを「重要課題」としています。「次世代経営者育成」と「女性の活躍推進」が「重点取組み」ということですが，MSCIの評価軸でいうと，人的資源開発とか，そうい

うことだと思うのです。ただ一般的には，今，Sについて，海外ではCSR，サプライチェーンのところが話題になっています。企業さんのほうで，Sの課題として重点的に取り組みたいことと，海外のESGの評価会社の見方にはずれがあるんです。そこのギャップについては，今のお立場からしてどういうように考えておられますか。企業の立場からすると，開示してもしようがないようなことを一生懸命，向こうは調べてくるみたいなことがあるのでしょうか。

安藤 サステナビリティ・マネジメントに関するご質問だというふうに理解してお答えをします。

まず，E，S，GのうちSの定義はなかなかわかりにくいのは事実です。私は，SイコールCSV（クリエーティング・シェアード・バリュー／共同価値の創造）であると捉えています。つまり，事業を通じて社会的課題を解決することは，すべてSに関係すると考えています。したがって，オムロンのように企業理念経営を標榜している企業であれば，事業そのものがSであると考えて良いと思います。

加えて，CSVとCSRを融合したような経営をするというのがオムロンの目指す姿なので，Sに分類される課題はたくさんありますが，やはり一番はダイバーシティです。具体的には，海外では外国人マネジメントの登用が遅れているという点であり，国内では女性の活用，登用が遅れている点にあると認識しています。

また，本題から少しそれますが，取締役会においてESGの課題をチェックして，進捗を確認していくということもしています。これは，統合レポートのコーポレート・ガバナンスの項目に「取締役会評価」というテーマについて記載しています。ここで，「取締役会は，機関投資家をはじめ社会の関心が高まりつつあるESGの課題について，当社が企業の社会的責任を果たす観点から，ESGに関する方針を整理し，実践する仕組みを構築していきます」と宣言しています（図4，5）。

それから，サステナビリティに関する評価会社は，ボックスチェッキングで評価するケースがほとんどです。オムロンも基準がないと自己評価することができないので，「SDGs」をフレームワークとして参照しながらすすめていますが，ご指摘のとおり，すべての項目をやらなければいけないとは考えていません（図6）。

自社が必要だと認識する項目は積極的に実行する一方，プライオリティの低い項目はオーバーライドして良いと考えています。CSRの担当者はそうしたがりますが，私企業として無用なコストをか

図4 統合レポート 2016、コーポレート・ガバナンス

監査機能

監査役会は、取締役の職務執行および取締役会の監査業務の運営に関する活動状況および監査活動を行っています。監査役会は、法定任意事項による監査を行うだけでなく、業務改善に向けた具体的な提言も行っています。また監査機関としては、取締役社長の諮問機関である実効監査を確保するための内部統制等に関する内部監査を定期的に行い、チェック機能を果たすグローバル監査室や、業務、事業リスク、コンプライアンスなどの内部監査を定期的に行い、チェック機能を果たすグローバル監査室が、各本社機構部門および取締役会が連携する体制をとっています。

独立社外取締役および独立社外監査役の選任

当社は、取締役会が「株主および投資家とのステークホルダーの代表」として業務執行を監督するために、独自の社外役員の独立性基準を策定し、その基準に基づき独立社外取締役および独立社外監査役を選任しています。

「社外役員の独立性要件は、当社出身者の出身会社、主要取引先等の特定の関係者でないこと」「実務に関する要件を充足し、経験を活かした独立性を持っていること」などについても求めています。現在、当社の取締役のうち3名、監査役のうち2名の計5名を独立社外役員としています。

■ 諸問委員会の構成

地位	氏名	人事諮問委員会	報酬諮問委員会	社外取締役会 非常勤委員	コーポレートガバナンス委員会
取締役会議長	立石 文雄	□			
代表取締役社長	山田 義仁	○	○		
代表取締役副社長	鈴木 功				
取締役	作宮 明秀				
社外取締役	日戸 興史				
社外取締役	冨山 和彦	○	○	○	○
社外取締役	小林 栄三		○	○	○
社外取締役	安川 知恵子				
常勤監査役	近藤 喜一郎				
常勤監査役	川島 林作				
社外監査役	松本 好弘				
社外監査役	内山 英世				

コーポレート・ガバナンス

役員へのインセンティブ

当社は取締役会の機能強化について、下表の各要素を実現するためのガバナンス体系を、(1) 基本構想、(2) 中長期経営戦略の方向性、(3) 中期経営計画および期中の業績進捗ならびに業績達成度合いを反映した取締役会の実効的な議論の実施、この三段階のガバナンス体系の各観点の総合的な観点から検証し、更に経営目標達成に向けた企業価値向上を持続的に高めていくための組織体制を図っています。

これにより取締役会の機能強化の観点については、株主総会の決議により決定した取締役報酬等の枠組の範囲内で、取締役会の議論により決定しています。

また、取締役会を活性化することを目的に中間管理職の動員バランスを図るとともに、業績連動条件付株式報酬型ストックオプションを導入しています。

*当社のコーポレート・ガバナンスに関する公表内容http://www.omron.co.jp/about/corporate/vision/philosophy/pdf/policy_70.pdf

取締役会の実効性評価

当社は、取締役会全員が、取締役会の目指すべき方向性およびその方向性に対する現状の課題を認識し、その改善を図ることにより、取締役会の機能ならびに実効性を向上していくことを目的として、取締役会の実効性に関する分析、評価を実施しています。

取締役会の実効性評価の方法

取締役会の実効性評価は、独立社外取締役が委員長を務めるコーポレートガバナンス委員会を主体として実施しています。

コーポレートガバナンス委員会は取締役会の最終的なプロセスとして、取締役会を構成するすべての取締役を対象に、取締役会の実効性を向上させるための諮問事項を検討し、取締役会の自己評価を実施しました。その結果、記名式方式により行いました。その後、コーポレートガバナンス委員会は、この評価結果を検証し、取締役会の実効性を高めるための改善策を検討し、次年度の取締役会の運営方針を策定しました。

■ 主な会議体の開催回数等（2015年度）

取締役会	13回
監査役会	13回
社外取締役会の取締役会への出席状況	97.2%
社外監査役の取締役会への出席状況	100%
社外監査役の監査役会への出席状況	96.2%

(C)Copyrights OMRON Corporation, All Rights Reserved.

●対　談●企業と投資家の意見交換の現場　165

図5　統合レポート2016、取締役会の実効性評価

2015年度 取締役会の実効性に関する評価結果

取締役会の実効性に関するうえおよび評価の結果実を通じて取締役会全般に対する評価を実施しているとの評価がされました。

一方、今後の課題として、中長期の経営戦略に関する議論を充実することにより、取締役会としての監督役および執行役員会等外はオープンで率直かつ活発に発言できる議論の場となっており、建設的な議論機能の強化を図れる企業の必要性を図れました。

2016年度 取締役会運営方針

取締役会は、コーポレートガバナンス委員会による評価結果および今後の課題を踏まえ、以下の取り組みを通じて、執行への権限委譲を進めることにより、中長期の経営戦略の策定・実行に一層注力するとともに、取締役会としての監督機能の強化に取り組みます。

・取締役会は、2017年度からの中期経営計画の策定に向けて、中長期的な経営戦略や経営課題を議論および中長期的課題を議論する体制を構築していきます。

■ 取締役会の実効性向上の取り組み

```
実行主体    評価           実行           運営方針の    実行
                                          決定
取締役会   取締役会の    取締役会の    評価結果を    取締役会を
          実効性の     開催を通じた  踏まえた次年度  通じた
          分析・評価   実効性向上の  の取締役会の   実効性向上の
                      実行        運営方針の    実行
                                  決定
コーポレート
ガバナンス委員会
```

取締役会の実効性評価にあたって

社外取締役コメント

オムロンは取締役会の実効性評価をスタートするにあたり、独立社外役員が中心なってコーポレートガバナンス委員会を構成、取締役会をどのように評価していくかのフレームについて議論を重ねました。

正しく評価するためには客観性が重要ですが、一方で未知未知の領域的なこの実効性の向上につながるためには変革的な自己評価が重要と考えました。取締役会自らの実効性向上に図られはずはありません。そのために、オムロンのガバナンス委員会を構成する社外役員による自己診断の結果に基づいて、コーポレートガバナンス委員会が取締役会の実効性評価を実施することとしました。加えて評価・改善の余地という観点から評価結果について取締役会の客観的な意見をふまえ、改善につなげていくようなダイナミックに議論を重ねました。

評価結果については、厳しい意見も問題点の改善案もともに取締役会に報告することができ、オムロン社内にて経営者を監督する立場として、ある意味での取締役会、さらに外部評価として、真摯に受け止めて改善していきたいと考えています。

取締役会は、今回の評価結果を受けて設定した運営方針の実行に、早速取り掛かっています。取締役会の実効性評価が変化のきっかけとなり、取締役会がさらに充実していくことを期待しています。まずはコーポレートガバナンス委員会としてもその進捗を確認していきたいと思います。

2016年7月
社外取締役
コーポレートガバナンス委員会委員長
畠山 和彦
株式会社経営共創基盤
代表取締役CEO

166　第３回：企業と投資家はいかに意見交換をするか─価値向上に向けた企業の動き─

図6　統合レポート2016, サステナビリティ・マネジメント

けてリターンを減殺するような取組みはやるべきではないと考えています。

　実際に，評価会社でもアンケートを実施しているRobecoSAMとは対話ができますが，MSCIやFTSE4Goodは開示情報だけで評価しますので，位置付けは同じとはいえません。開示していないから×とみなすのは，あまりにも理不尽ではないかと思います。また，その基準自体がグローバル標準として客観性を担保するためと説明していますが，おのずと一つ一つのテーマのプライオリティは，エリアあるいは国の発展段階で違うことを考慮していないことも問題です。

　ただし，結果として，DJSIのアジア，MSCIと，FTSE4Good，3大グローバル評価機関からプラスの評価をいただいています。

川北　ありがとうございました。では，最後のご質問です。

質問者2　私はずっと監査の世界で生きていまして，上場企業の常勤監査役もやっています。投資家がガバナンスの評価をするという場合に，対話の中で，たとえば，機関投資家が社内取締役なり，社内の常勤監査役との対話を要望するというようなことはあるのでしょうか。

　逆に，御社からそういう機会をリクエストされることがあるのか，あるいは御社としてそういう機会を設けることがあるのでしょうか。

　私が上場会社の監査役をやっていた際には，そういう経験は一切ありませんでしたが，ガバナンスを評価するのであれば，そういう対話の機会を機関投資家に要求してもいいのではないかと思いますが，いかがでしょうか。

安藤　機関投資家が企業に対して様々な要求をするのは大切なことだと考えます。ただし，むやみに要求されても困るというのが企業側の本音でもあります。

　私自身はバリュエーションのことも事業の戦略も，足元の状況も，EもSもGもワンストップで投資家と対話できます。まずは，私の説明で何が不十分なのかを教えてほしいのです。つまり，社外役員と会いたいのはどういう目的なのかが重要であり，その目的が理にかなっていれば，一生懸命面談をアレンジするつもりでいます。一方で，その理がかなっておらず，あるいはスチュワードシップ責任を果たすために社外役員とも面談をすべきといった内規を満たすためであれば断ります。実は私自身，スチュワードシップ・コードが入って以降，投資家から社外役員との面談を要請されたことは一度もありません。もちろん，企業側がむやみに拒否することは適切ではないことを認識しつつ，やはり目的次第で対応するべきであると考えます。

質問者2 はい,ありがとうございます。

川北 安藤さん,きょうは長時間どうもありがとうございました。(拍手)

安藤 貴重な機会を与えていただきまして誠にありがとうございました。

川北 それでは,創立10周年記念シンポジウムの第3回をこれで終わりたいと思います。(拍手)

日本価値創造 ERM 学会 創立 10 周年記念シンポジウム
《第4回：2016年11月18日（金）》

企業における価値創造 ERM の実践
―多様な実践の形態から ERM 実践のあり方を考える―

●基調講演●

経営と価値創造 ERM
―ショッピングセンターを事例として―

刈屋　武昭［日本価値創造 ERM 学会　設立会長／城西国際大学　特任教授］

●パネルディスカッション●

企業における ERM の実践
―実務担当者からの提言―

〈パネリスト〉　**菅原　正**［日産自動車　グローバル内部監査室　主管］
　　　　　　　大森　勉［関西大学大学院博士課程前期課程／前ユー・エス・ジェイ］
〈モデレータ兼パネリスト〉
　　　　　　　吉野　太郎［日本価値創造 ERM 学会　副会長］

第 4 回：企業における価値創造 ERM の実践
　　　　―多様な実践の形態から ERM 実践のあり方を考える―

司会　吉野　太郎（日本価値創造 ERM 学会 副会長）　本日の全体のテーマは「企業における価値創造 ERM の実践」です。最初に当学会の設立会長である城西国際大学特任教授の刈屋武昭先生から開会のご挨拶をいただきます。刈屋先生，よろしくお願いします。

刈屋　武昭（日本価値創造 ERM 学会 設立会長／城西国際大学 特任教授）　日本価値創造 ERM 学会ができまして 10 周年で，学会はこれまでの活動を評価し，次の 10 年に対して学会の設立趣旨に沿って，価値のある活動を継続発展させていくことを考える節目でしょう。しかし，ERM の有効性への認知については，残念なことに，必ずしも日本の社会の中で十分浸透していないのではないかという懸念も持っております。2000-01 年でワールドコムとかエンロンの大きな不祥事に起因して，米国上院議員のサーベンス・オクスリーは，これは米国資本主義に対する危機として，プロアクティブなリスクマネジメントを要求する改正企業改革法（SOX 法）を 2002 年に一気に成立させました。これは戦後最大の企業法の改正です。他の国でも，全体の流れとしては，当初から企業全体の包括的リスクマネジメントである ERM が一つの軸になっていて，それは結果として，国家のリスクマネジメントとして重要であると認識し，いくつかの国で法律となっていきました。

　その後，米国では，SOX 法のもとに，COSO など経営者・専門家たちの団体は，そもそも有効な経営とは何なのかということを議論し，ERM について有名な「COSO のフレームワーク」の報告書が提出されました。

　2002 年にサーベンス・オクスリー法が成立したときに，経済産業省は日本企業も経営の中にリスクマネジメントの経営視点を取り入れていかなければいけないと考え，三菱総合研究所にリスクマネジメントのテキストをつくる事業を委託しました。私はこのときその事業の委員長として呼ばれまして，ERM について海外の状況等いろいろ調査して，勉強していきました。新しいものに対する日本の典型的な学習プロセスの仕方でしょう。

　しかし，ERM について知れば知るほど，いわゆる日本の経営の問題点というのが浮かび上がってきました。それは，いわゆるエンタープライズという概念に関係して，資産（資源，資本）の有効利用の観点があまりない，という点

です。企業には，その保有資産・資本は当然のことながら他の有形・無形資産に関わって有効に配分・結合し，総合的にキャッシュ・フローをつくるということが求められているわけでしょうが，日本の企業では，どうしてもボトムアップ型縦割り構造化を常に求めているため，組織横断的な経営プロセスを構築することは難しいのでしょう。特に社会の状況が難しくなればなるほど，かなり裁量的な縦割りの中で小さなリスクをそれぞれ自分に与えられた分野として管理していくのが一般的なように見えます。このような状況は今でもみられ，その意味で価値創造 ERM への道はまだまだ道半ばです。

加えて，日本の中でもう一つ申し上げておきたいことは，日本型 J-SOX 法と呼ばれた法律は，日本の監査・会計学者たちが中心になって，基本的に「オフィスの机の引出しの施錠」とか，あるいは「情報漏洩に関わるパスワードの変更」とか，「日本の稟議の職位別の押印の確認」とか，いわば末梢的なリスクマネジメント方法に入っていって，そういう形でしか進まなかったということが，一つの残念な点であったと思っております。

エンタープライズ・リスクマネジメントの概念の重要性は，価値を創る概念で，リスクとリターンはコインの表と裏の関係にあるという点にあります。それゆえ，それはフォワード・ルッキングであるべきであるし，これから起こってくるリスクと機会とは何なのかということを十分認識し，それに対して企業はプロアクティブな意思決定をして価値を創ることを求めようとするものです。

後で気が付くということは誰でもできるわけですから，失礼な言葉かもしれませんけれども，経営はリスクに対して基本的にはリアクティブであってはいけない，特に赤字を大きくして撤退するようなことをしてはいけないわけで，経営者の素質・能力というものが，事業の将来に対して全体を見渡す力，事業全体を見る力，そして今何をすべきか，ということを社会の進化の流れに沿って意思決定できるかどうかという点が求められていましょう。実際，日本の中で東芝など，過去 10 年の中にもこの問題に関して数多くの問題が起こっています。

難しい問題ですが，このままでいいということにはなりません。学会が 10 年続いたということで，次の 10 年に対して，金融・財務・監査だけではなくて，いわゆる実業の世界の中で，価値創造 ERM の実例や知識を議論し，蓄積して

いってもらいたいですね．ご存知のように，グローバル経済はますます不確実性が複合的に大きくなっていくように見えますが，そういうものに対しても，日本価値創造 ERM 学会は新しいメッセージを出したり，新しい理解の仕方，それを把握する枠組み，価値の創り方を提案していけたらいいのかなと，いやそうなってもらいたいと思っております．

　簡単ですけれども，次の 10 年に向けてのご挨拶とさせていただきます．どうもありがとうございました．（拍手）

　司会　刈屋先生，どうもありがとうございました．引き続きまして，基調講演を刈屋先生にお願いいたします．演題は，皆さんのお手元にございますとおり，「経営と価値創造 ERM ―ショッピングセンターを事例として―」でございます．

　それでは，刈屋先生，よろしくお願いします．

●基調講演●

経営と価値創造 ERM
―ショッピングセンターを事例として―

刈屋　武昭（日本価値創造 ERM 学会設立会長・城西国際大学特任教授）

1. ショッピングセンターの ERM 的戦略的経営

　この講演の狙いは，厳しい環境にありますショッピングセンター（以下，SC と略称）の経営に対して，価値創造 ERM の視点からサステナビリティを可能にする一つの総合的経営戦略を提案することです。ここで述べます SC は，駅中とかあるいはその鉄道の通勤客を相手にした商業用不動産施設ビジネスと違って，後に述べるつくば市や浜松市の例にあるような，地方の SC を対象にして議論します。そこでの SC の経営では，それ自体の商品性の魅力と自らのブランドのもとに集客するので，環境の変化に対応していく必要があります。

1-1　価値創造 ERM 経営

　将来からくる不確実性（脅威（下方リスク）と利益機会（上方リスク））の中から価値を創るという，価値創造 ERM（エンタープライズ・リスクマネジメント）戦略論の思考法を利用して，この講演では，SC の一つの実践的な経営戦略を提案したいと思います。そのため，SC の戦略的経営にとっての将来からくる脅威・機会（不確実性）を議論する上で重要な KRI（Key Risk Indicator）の指標を利用します。この指標は，KPI（Key Performance Indicator）がこれまで

図1　ERM経営のプロセス

COSO-ERMチャート

①内部環境：ERM哲学の確認、テナントと経営哲学の確認（情報共有・非共有）テナント会運営の明確な指針と開示、地域ステークホルダーへの戦略の確認　集客戦略の確認、テナント入替ルールの考え方の確認

②目的設定：集客のための年間イベント・行事活動の設定、テナント会議でのアクションプラン設定、行政への協同行事開催、メディア・学校等への働きかけ

③-⑤リスク識別・評価・リスク対応-可視化：前年度の事故、テナントや顧客からのクレーム、施設の安全・安心・快適性の評価、テナント調達配送問題、商品の充実性、イベントのリスク、テナント同士の関係、外部リスクの特定

⑥⑦テナントとのコミュニケーション情報共有と統制活動：施設経営側とテナント会の積極的利用

⑧監視と報告：内部レポート、テナント共有のアニュアルレポート

の経営の成績を表現するものであるのに対して，KRI はフォワード・ルッキングの立場から将来の不確実性・リスクを理解・予知・判断する情報であり，また，それに対して事前に対応・意思決定するための情報（定性的・定量的）です。指標 KRI で，経営の戦略的課題を理解し，具体的に戦略を設計する上で考え方の基礎になります。SC 経営の場合，集客力が重要な KRI であることは明らかでしょう。

　本講演では，次の2つの参考文献の内容に基づいております。

(1) T. Kariya, Y. Kato, T. Uchiyama and M. Suwabe (2005), Tenant Management and Lease Valuation for Retail Property: A Real Option Approach *International Real Estate Review*, Vol.8 No.1,44-82

(2) 刈屋・山村編著（2016）『商業用不動産の戦略的経営──ERM によるリターン・リスクの最適化戦略』プログレス

　文献(1)は，日本価値創造 ERM 学会（JAVCERM）の加藤康之第3代会長たちとの共著で，当時，借地借家法が変わりまして，その規制変更により商業施設の経営に提供されたリアルオプションの価値評価を試みたものです。文献(2)

は，これにERMを組み込んでSCの経営戦略を再構築したものです。講演では，この内容を一部踏まえて拡張して紹介いたします。

念のために，米国COSO団体が定式化したERM経営プロセスの図1を掲載しておきます。全体としては，この流れの中に議論はあります。

一般にERM経営の思考法をとる場合，どのような企業であっても，常に新しく出てくる企業の内外のエマージングリスク（不確実性）を意識して，何らかの指標でそれを予知・察知し，その動きに対応して自分の組織あるいはビジネスの方向性，ビジネスモデルを変えていくこと，ビジネス・ポートフォリオの再構築をしていくことを考えていかざるをえません。その中で，企業の内部・外部の縦軸と脅威・機会（不確実性）の横軸の平面（行列）の中で脅威・機会ファクターの識別をしたりします。企業の内部の脅威（下方リスク）としては，内部のビジネス部門や機能が協力できなくて，経営プロセスが不安定になったりすると，どのような戦略をとってもうまくいかないでしょう。ERM経営では，様々なプロセスを通していろいろなビジネスラインが互いに協力し合い，情報を共有し合い，そして脅威・機会に対して共通認識を持ち，協力してそれに対応する方法を考えていくことが重要です。本講演の議論の前提としては，このような意味での内部経営プロセスの有効性が確保されていることが必要です。SCの場合でいえば，次の2つの内部経営が重要となります。

1) SC経営側のAM（アセットマネジメント）部門とPM（プロパティマネジメント）部門の十分な協力体制が確保されていることが必要です。実際，ICT技術の革新により，次から次へと販売チャネルの多様化がすすみ，マーケティング方式が変わってきて，実店舗では「モノの消費からコトの消費へ」の流れが強くなっていく中で両部門は協力して戦略の実行をしていくことが求められています。

2) SC経営側とテナント側の信頼関係が構築されていて，テナント側はSCの経営理念を共有し，両者はインセンティブを共有することで価値協創関係にあることが求められます。この関係構築がERM的価値創造の基本になります。これをこれから説明します。

この2)について重要な視点は，SC施設ビジネスはテナントからの賃貸（リース）料に依拠する不動産ビジネスでありますが，普通の不動産ビジネスの不

動産と違って，SC施設不動産の空間は，「テナントのための市場」として造られたものであり，テナントがその市場から収益を上げる空間(場所)であります。したがって，その場所を借りるテナントにとっては，そのSC市場に参加し，他のテナントと一緒に市場を発展させていくことになります。それゆえ，テナントが市場を借りる上では，自分のビジネスの収益性から見て魅力的な市場，すなわち十分な売上高を得ることができる市場であることが重要になりましょう。

一方，SC施設経営側の基本収益はテナントの賃料（リース料）ですので，固定賃料だけでは，テナントの売上の増大だけでは，自らの収益性の増大になりません。そこで，変動賃料と固定賃料のミックス賃料を導入します。これは，かなり一般的になっています。しかし，テナントの売上高の減少はSCの収益の減少になります。そのリスクを抑制し，

「テナントの売上高の増大がSC経営側の収益の増大になる」ERM戦略を構築します。この戦略は，両者のインセンティブ共有を可能にするものです。以上が大略ですが，この戦略の条件として，実際にSCが常に集客力を維持していく経営指針を考察します。集客力は，SCサステナビリティの基本でしょう。

1-2　SCをめぐるビジネス環境の進化

SCの経営環境を見ると，グローバル化経済の進展による企業の移動，人口の自然減少による需要の減少，IT技術の発展に伴う小売業の販売チャネルの多様化，消費者の価値観・嗜好・生活スタイルの変化など，SC経営に大きな影響を与える環境が進化しています。このようなビジネス環境の進化にたいしてどのような戦略的な対応が可能かについて，RO（リアルオプション）思考法と価値創造ＥＲＭ経営の思考法に基づいて，「将来の不確実性の中から価値を創る」視点から次の点を考察します。

- ・SCのKRI（外部（マクロ，地域），内部（組織の構造））の識別と戦略の設計
- ・SCの経営側とテナント側のインセンティブ共有による緩やかな統合
- ・SCは，顧客の志向・嗜好を理解するビッグデータの宝庫であり，その変化は商品ごとの売上高に反映されていきます。

具体的には，進化に対応すべき KRI 要因を議論し，テナントの売上高の変動に焦点を当て，SC 全体の価値創造の最適の戦略を考察します。そこでは，サステナビリティを求めての定量的なアプローチとして，変動賃料と固定賃料を結合した最適なミックス賃料の導入と，テナントごとの売上高変動にリンクした最適なテナント入替ルールの戦略を設計することを考えます。

2．ショッピングセンター経営の現状とリスク対応の経営の必要性

SC ビジネスの将来についていろいろな人に質問すると，結果は半々です。悲観的に見ている人は，他の販売チャネルとの競争リスクを述べ，新しい SC が出てきて，それらが競争し合って，顧客の取り合いになってしまうという点を指摘します。私の視点からの基本的な結論を申し上げますと，SC のサステナビリティの条件とは，SC の機能が，社会の進化に対応して，社会の進化を自分の中に浸透させていく，社会と一緒に変わるということでしょう。それは，上のモノ消費からコト消費への流れだけでなく，大企業の移転などで大きく需要が減少する場合などが将来起こりうるような場合，証券化など金融的手法による対応とか，場合によっては一部事業転換（たとえば敷地の周辺に大型クリニック病院ビルを設置提携など）なども含まれていくでしょう。人口問題研究所の予測では 2060 年には日本の人口は現在の 3 分の 2 程度になるでしょうから，長期的な視点のリスクも重要でしょう。

現在，百貨店という業態が非常な困難に直面しています。たまたま爆買いとか，そういう形で一時的に売上げが伸びたにしても，結果的には少子高齢化や消費者の選好の変化，モノの販売チャネルの多様化に対応した生活スタイルの変化（コト消費など）など社会の進化の中での競争環境で，一般的に言えば百貨店売上高が小さくなっていくでしょう。百貨店でのエステなどを試みている三越伊勢丹も，2017 年 5 月には人員整理に動くことが報道されています。特に地方の百貨店の存在理由というものが非常に小さくなっているでしょう。「駅の近くの百貨店」は昔のことになっていくでしょう。

図 2 のつくば地域の例を見ると，その状況が理解できます。SC に囲まれた西武そごうの筑波店は 32 年の時を経て 2017 年 2 月に閉店になりました。

図2　西武筑波百貨店とSCの競争

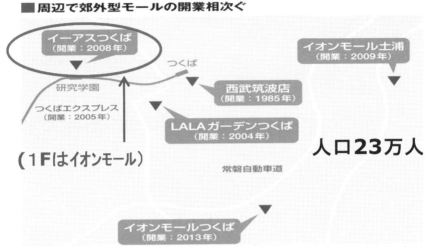

「イーアスつくば」（ダイワハウス）（"良い明日"～知的に，美しく，あなたらしい毎日を。）東洋経済・又吉龍吾（東洋経済2016年8月9日）に加筆

　図2の左上の丸で囲った施設は，イーアスつくばというSCです。イーアスは「いい明日」という意味です。この施設がかなり伸びている。これは大和ハウスのSCですけれども，1階にはイオンスーパーが入っています。そのほかの位置には，イオンモールSCと三井不動産系ららぽーとSCがあり，西武・そごう百貨店はこのような中で閉店を余儀なくされたのです。同じように，45年間を経た百貨店そごう千葉柏店は2016年9月に閉店しました。

　一方，地方のSCの衰退した例として，図3のLCワールドの例を見てみましょう。その立地地域は大垣市，本巣市など，3つぐらいの市に囲まれた地域で，人口としてはそれなりの規模がありますが，立地などの問題もあるにしても，やはり経営の問題もありそうです。

　図3をみますと，本館と呼ばれている建物には，グローサリーを除いてテナントが全くありません。2階も同じです。別な建物に残っているのは第一生命とアスレチック系の会社だけです。おそらく，かなり多くの地方のSC実態はこれほどひどくはないにしても，社会の進化への対応の遅れや競争の中で衰退しつつあると推測されます。そこでは，これから議論しますような視点の

図3 寂れゆく LC ワールド本巣

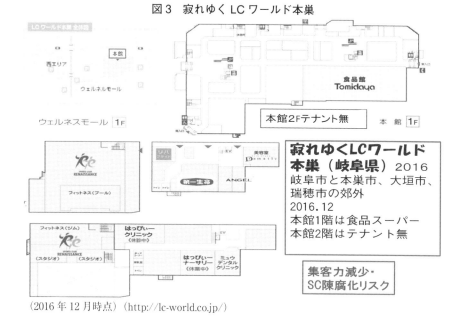

(2016年12月時点)(http://lc-world.co.jp/)

ERM 経営が求められていると思います。基本的な問題は顧客集客力のない SC は陳腐化・衰退していくということでしょう。その意味で集客力はまずもって重要な KRI でしょう。

図4には，イオンモール浜松 SC の店舗1階を取り上げています。浜松のイオンモールを取り上げたのは，私が浜松出身で何回か見学に行った経験があるだけでなく，それは現在の状況として地方 SC の成功例と考えられるからです。また，2000年の初め頃までの米国の成功的な SC も見ていますが，これらの成功要因はもちろん経営にあり，そこでは ERM 的な「進化に対応」型の経営があると考えています。

2015年9月だけのイオンモール浜松が開催したイベントをピックアップしてみると，

1) ポケモン超不思議ダッシュ，プリンセスプリンセス，ワンワンサーカス，秘密戦隊5レンジャーなど子供を呼ぶためのイベント，ベネッセ子供チャレンジなどの教育イベント，年寄りの方を呼ぶために孫の川柳コンテスト，

図4　イオンモール浜松 SC1 階の図

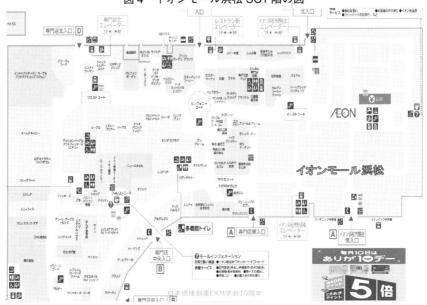

など数多くのコトイベント

2) 浜松うまいものフェア，浜松にないアパレル専門店「ココディール」などを呼んで，一定の期間だけ物を売るモノイベント

を行っていて，SC 経営側が中心になって集客のための努力をしています。SC が，絶えずイベント等を繰り返しながら店舗の進化を感じてもらう経営が必要でしょう。そこでは，イベント等，積極的な集客活動以外に店舗のテナントの構成を進化させていく経営を顧客に示すことが必要でしょう。後に議論するテナントの更新問題です。なお，建物と駐車場のつくり方も継続的な集客力を維持していくうえで重要でしょう。

3．SC の戦略的経営のあり方

ここからは，SC の戦略的 ERM 経営問題を具体的に議論します。1．で述べたように，SC 施設経営側の基本収益はテナントの賃料（リース料）ですので，

テナントの売上高にリンクした変動賃料と固定賃料のミックス賃料を導入することを考えます。その結果，テナントの売上高の増大が SC 経営側の売上高（収益）の増大をもたらします。この視点に立つと，SC 全体の収益力は，各テナントの集客力に大きく依存します。集客力は，

1) 各テナントの集客力の問題
2) テナントの組合せであるテナントポートフォリオの問題
3) SC 経営側の長期的視点からの対応やテナントとの関係，テナント配置・入替えなどの経営問題

に分けて議論できます。1)の各テナントの集客力は，その実質的な指標である売上高として考えられますので，各テナントの集客力 KRI として売上高を選択します。この売上高 KRI は，各テナントにとっても重要かつわかりやすい指標でしょう。ただ，各テナントの売上高は，SC 内の他のテナントとの競争関係，補完関係にも依存しますので，2)の問題を一緒に考えていく必要があります。すなわち，1)と2)の問題は相互依存関係にあり，それを同時的に扱うには，どのような業種や商品を持つテナントを扱うか，また，SC の中でのテナントの配置をどうするかを考える必要があります。この点は後にします。

SC 経営側の経営問題3)は，進化に対応して SC 内の市場を進化・発展させ，テナントの売上高を増大させることで，自らの SC の収益性を高める問題でもありますが，またテナント入替時に代わりのテナントを容易に見つけ，事業継続力を高める問題です。この市場の進化・発展性を高めるためには，マクロ的な視点からの対応とミクロ的な視点からの不確実性への対応をしていくことが必要です。

✧マクロ的視点では，地域周辺の人口減少あるいはグローバル化の時代の中で企業は動く，近くにある工場も動くこと，あるいは販売チャネルの多様化の中で人々の価値観や生活スタイルは進化していくこと，などを踏まえて必要な情報をとり，注意深く観察しながら，その進化に対応した経営をしていかなければなりません。したがって，KRI 指標としては周辺地域の人口などの定量的なものに加えて，競合の進出情報や，浜松であればホンダの工場移転（2007 年に移転）など定性的情報などのもとに事前にその影響を分析し，事前にその対応をしていくことになります。ローカルな環

境進化とグローバルの環境進化の流れに対するセンサーを鋭敏にしていくことが求められます。

♢ミクロ的な視点では，旅行会社との提携事業や多様なイベント実行により集客力の拡大に関わる事業やテナントの関係に関わるSC内の経営問題が多くなります。ここで注意する点は，イオンのような大型のSCでは一般に，会計清算レジスターをテナントに貸与して，そこで売れた品物の情報が日々個別の商品ごとにすべてSCの経営側に入ってゆきます。その意味で，各テナントの売上高を日々捕捉できます。それに加えて，AテナントとBテナントの売れ筋商品の違いとか，あるいは競合商品など，データから直接に，相関の強さ弱さ，時間的な変化などを時系列的に調べることができます。それゆえ，そういう情報をテナントに一定の範囲で渡すことで，テナントと一緒にテナントの売上高を高め，SCのトータルの売上高を上昇させる可能性を高める定量的な基礎を持っています。経営パフォーマンスを高めるために，どのようにその大規模データを利用していくか，また，その分析情報を共有していくかは，今後，多様な工夫がなされていくでしょう。

3-1 SC経営側によるテナント経営：ソフト内部統制

ERM的な視点から見ますと，もっと重要な点があります。SC全体の売上高を上昇させるためには，まさにテナントをまとめあげる（統合していく）という能力，これが重要です。一つの会社形態のビジネスであれば，上から指令が来てそれをまとめる，その命令系統を持つわけですけれども，SCの場合，ソフトなコントロールのもとでテナントをまとめる能力が求められているかと思います。ERMの視点からいえば，それはソフトな統制ということになります。この基本の上位概念としての当該SCの理念・ビジョンを共通に理解することを徹底し，当該SCの文化的な基盤を共有してもらう努力をすることでしょう。そのためには，リース契約からそのことを要求し，理念・ビジョンの共有による価値協創の視点を明確にしておくことが必要であると思います。

ソフト統制としてのERMをSCに導入する上で注意する点は，SC経営側から見ると，直接的な顧客はテナントです。テナントの顧客がSC市場での財・

サービス商品の購入者です．ですから，テナントの満足度を高めることが必要です．その意味で，上で述べた，売上高KRIでテナントを評価していくことは，この満足度を高めていくことにもなるでしょう．売上高にリンクしたインセンティブ構造と，SCの理念・ビジョンに関係したソフト統制をバランスよく導入する必要があります．

このために，イオンのようにテナント会を組織し，それを有効活用することが重要でしょう．それから，イオンの場合で申し上げますと，実はテナントの売上げを全部SC側が一時的に預かり，コストを差し引いたものをテナントに渡すという，踏み込んだ形でテナントとの関係・プロセスをつくっています．これは，経営の方向性を求める上で，ある意味で経営側優位の有効なプロセスになっていることを示しています．

このようなテナントとの関係を通してSC側の戦略を理解してもらい，変動賃料を導入したときには最大の関心事としてのSC全体の売上高を最大化することで，SC側の収益を高めることになります．そのことは，集客減少リスクに対応していく経営にもなるのです．実際，いったんSCのブランドイメージが落ちていくと，客が減少してゆき，テナントからも不満が出てきます．それが起こってからリアクティブに顧客のブランドイメージを払拭する努力はきわめて金銭的時間的コストが掛かるので，絶えずテナントと一緒に情報を共有しながら，テナント会などのコミュニケーションを通して「SCは戦略とオペレーションの一体化」をして，進化の理解の仕方を共有し，SCの陳腐化・集客力低下のリスクに対して，プロアクティブに対応することが重要です．そのためにも，上で述べたデータをうまく使いながら，進化に対応するために多様な情報を共有し，一緒に進化に対応する経営をすることが求められます．

このようにERM的経営の基本的な考え方は，SC側がテナントと一緒になって集客力の減少要因と売上高の拡大要因を理解することで，集客力に影響を与える不確実性は何なのかを問うことでしょう．その集客力に関わる不確実性というのは，内部要因・外部要因の両方に関係しています．内部の変化，テナントの商品ミックスの問題とか，構造物の陳腐化，あるいはフードコート，トイレなどの問題，テナントの顧客対応等々です．それから，外部の問題には，工場の移転などの地域の需要構造の変化や競争の問題があります．これも重要

な不確実性です。そのような不確実性に対しては，テナントとの関係を強化して適切なソフト内部統制を行い，タイミングよく対応をしていくことが重要でありましょう。テナントが持つ情報・知識も利用して，それぞれの機会要因・下方リスク要因を理解し，評価し，対応します。

いったん雑居ビル化すると，もう手には負えなくなってしまいます。その辺が契約の問題にも関わっていきます。

3-2　テナントミックスとSCの理念・ビジョンに関わるコンセプト

最近の「モノからコトへ」という言葉は，ICTの流れによる販売チャネルの多様化とあいまって，モノが百貨店や実店舗で売れなくなっていることを示す言葉です。その点を考慮すると，実はSCというのは，これが欲しい，スマートフォンで探すというような目的型の消費だけではなくて，非目的型の消費をする要素が高い場所です。SC市場は，このような非目的型消費を創り出す場所，ロハス（lifestyles of health and sustainability）的な情報収集の場所でもあります。この見方は，家族という概念にも大きくリンクして，非目的型時間消費型の場所（市場）をつくるという視点にもつながっています。イオン等では小さな子供を預かる託児所もその中に保有し，家族を呼び込む努力をしています。天気にかかわらず，家族全員で来て，時間を費やして楽しんで帰ってもらうようなエンターテイメント性という要素があるわけですね。そういう意味で，今後，成功していくSCというのは，人間のいろいろな感性に関係した要素を持つことが必要でしょう。コンセプト的にいえば，「癒しとか美しさとか健康とか知性とか」の概念に関わる商品・サービスを販売するテナントが，今でも増えてはいますが，さらに増えていくかもしれません。

そういう中で難しい部分は，テナントミックス（テナントポートフォリオ）をどのように形成し，それをどのように配置するかということでしょう。これは，人々の嗜好の変化を把握するのが難しいので，概念的に接近すると失敗する可能性があります。しかし，概念的にある程度理解していかないと進めないという問題もあるわけですね。たとえば，癒しとか，知性とか，ロハスとか等々の考え方の切り口を重視するとかが必要でしょう。たとえば2．の「イーアスつくば」のモットーとしては，「良い明日」ということで，「知的に美しく新しい

●基調講演●経営と価値創造 ERM ―ショッピングセンターを事例として― 185

毎日を」として，メディカルコートとか映画館とか，そういうテナントを入れているようです。

こういうコンセプトを設定しても，具体的に求めるテナントを入れることができるかということに関して，また難しい問題が出てきます。テナントミックス，それから配置，それから商品のバリエーションの選択ですね。それは当然地域の対象となる顧客層に対応した考え方に従って，その中でも顧客の楽しみや好奇心，それから情報との出合いなど，さまざまな工夫が求められます。また，SC の場所というのは情報収集の場所でもある。知らないものが数多くあって，特に子供を連れていくと，子供にとっては見たことがない新しい世界を見つけるチャンスとなります。それがモノであっても，大きな刺激になるでしょう。それはインターネット等でも必ずしも十分ではないということです。

テナント配置に関わる店舗のレイアウトとゾーニング，SC 自体のエンターテイメント性，それからライフスタイルとの関係の問題の理解，あるいは仮説が必要ですね。このような問題はテナント入替えにもかかわる問題です。その問題を解決する基本的方法は，計測可能な集客力を基礎にした KRI（キーリスクインディケーター）を利用することでしょう。消費のビッグデータを利用すると，消費者の選択行動の傾向が一定の範囲で読み取れる部分が出てくると思います。SC 全体の売上高が減少していくことは，SC 自身の経営にとって大きなリスクファクターです。その情報が内部のシステムから日々入手できるのです。

3-3 SC ブランドの陳腐化・集客力低下への対応オプションの継続的実施

集客力低下への具体策として，次のような視点が重要です。
1) テナントミックスと配置と商品のバリエーション・多様性：SC の独自性や差別化。顧客の楽しみや好奇心，新しい物や情報との出会いなどを継続的にデザイン・実行。特に，商品や業種の差別化，異なるグレードの組合せ，コト消費や多様なライフスタイルへの対応。
2) 店舗レイアウトとゾーニング：テナント入替戦略の明確な視点の設定
   SC の規模，顧客層，競合，立地などにより，店舗レイアウトは，顧客の回遊性や楽しさにアピールする重要な構成要素。変更可能な構造物も含

めてゆっくりとしかし着実な変化を設計する。
3) エンターテイメント性：多様なイベント

SC には，歩いて見て回る楽しさを演出。創造性に富むディスプレイ，デザイン性ある床や照明，BGM など。ICT との結合。時宜を得たイベントの実施。場合によっては音楽エンターテイメントなどの大型イベントを行うことも。

4) 最新の時代変化やライフスタイル，トレンドを：美しさ，癒し，健康，情報

フードコート，スイーツ系店舗の充実，癒し系・健康系，エコのロハス系，情報や知的分野の教室など，時代の先を行く取組み。

このようなことを継続的に創ることが必要でしょう。その意味では，テナントが入れ替わるときがチャンスで，AM/PM 部門が十分議論したうえで継続的に進化に対応していきます。もちろん，10 年程度の時間の中では，大規模なリノベーションとテナント再配置を可能にする投資も必要になるでしょう。その投資資金の基礎は，上記のような政策により主脚力を低下させず，各テナントの売上を増大させ，売上高にリンクした最適な賃料設定と最適なテナント入替により可能になるでしょう。このことを以下に述べます。

4. ERM 的戦略経営の具体的な KRI

具体的な KRI の指標の候補を議論してみましょう。考え方は集客力の低下をふさぎ，増大させることに焦点を当てます。例えば，建物の陳腐化は当然集客力の低下をもたらしますし，それをどのタイミングで対応して，長期的な視点から大規模修繕を行うのか，など一定の指標に基づいて考えていくことが合理的でしょう。テナント入替時の修繕のタイミングで構造物のどの部分を変えていくのか，などもその例になります。また，IT 通信の Wi-Fi の無料設置などによる集客力の増大を狙う場合，集客力増大のための戦略的な利用法を設計することになります。催し物の案内やセールの案内，それからメールマガジン等々，の対応をポイント制などと関係づけて活用していくなどがその例です。

KRI は SC 全体の集客力を狙うための指標で，個別テナントの集客力＝売上

図5 プロアクティブ経営のための KRI の候補

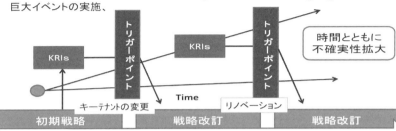

高，施設構造物の陳腐化の指標（築年）など，図5にはKRIの候補をまとめてあります。重要なKRIがあるトリガーラインを下回ったら何らかの対応をしていくことになります。図5の下の部分を見ると，左側にマクロ的な視点による指標・項目をあげてあります。これらの項目と右側の不確実性とは対応しておりません。各不確実性に対して，SC経営への影響する機会・脅威を考え，重要なものについては対応するKRIを探索します。マクロ的なKRI重要候補項目を指摘してあります。なかでも，たとえば地域行政との関係の強化（例：住民票を入手できる機械の設置）による集客力向上の機会でしょう。プロアクティブな経営として，国内失業率とか地域の失業率とか，重要なKRIを監視して足元の状況や今後の状況を認識して，イベントなどの計画をします。

特に，地方のリスクというものは，定性的リスクとして地域の立地周辺構造に依存する部分が大きいので，常に地域の経済・政治・社会の環境の変化・進化を見ていく必要があります。浜松であればホンダの工場やヤマハの工場があったのですが，そういう工場がバブルのときには，かなり移転してしまった。そうなると商圏に関わる問題で，商圏人口が基本的なKRIです。また，顧客

の数だけでなく顧客層も変わる。そして，それを取り合うという競争の問題が大きくなる。これを意識した形で経営をしていかなければいけない。

この立地地域への対応ということは，実はSCが社会的な機能を増大させることをも意味し，地域コミュニティや地方行政とのかかわりあいを構築し，結果として人が集まることにもなっていきましょう。住民票が取れるとか，あるいは税金の相談ができるとか，いろいろな行政との催し物を一緒にやっていくことが普通になっていく。

また，技術革新への対応問題も重要です。たとえば，通信カラオケ業界が衰退しはじめていますが，カラオケ業界が今試していることは，音楽のライブをカラオケボックスの中で同じ時点で共有できることなどの例もあります。先ほどのイーアスつくばなどは，映画館を持っているので，そういうライブと共同して衛星通信で同時配信をして，映画館で一緒に興奮できることが可能になります。

4-1 内部リスク要因

SC内部リスク要因の中にもきわめて重要な下方リスク要因として，売れないテナントが継続的にその場所にいるということ自体が，そのSCを陳腐化・集客力の低下要因となっていく理由になります。したがって明確に，一定の条件のもとでテナント入替えを可能にする契約が重要になります。特定なKRI指標に基づいて，陳腐化・集客力の低下要因となるテナントが入れ替わり，その結果として顧客が求める方向にSCが進化していき，顧客のブランド価値が維持されていくことが望ましいでしょう。そのようなKRI指標として有効な指標が，各テナントの売上高であると思います。売上高KRIによるテナントの入替えは，集客力の維持，ブランド価値の維持につながるにしても，SC経営側の利益（もしくは価値）の最大化につながらなくてはなりません。これが，各テナントの売上高にリンクした変動賃料の導入問題です。

その具体的な重要な方法が，これから述べます「売上高リンクのミックス賃料」に対応します。すなわち，固定賃料と変動賃料を組み合わせたミックス賃料を導入し，売上高が伸びるとテナントからの支払い，すなわちSC側への支払いが増える構造を導入することです。それによって，経営側とテナントとが

基本的にインセンティブを共有でき，文化的な基盤と共通の目的に対して規律もできやすくなります。インセンティブがばらばらになると，テナントの行動もばらついていく。そうなると，コントロール（ソフト統制）がなかなか利かなくなります。

5.「ERMによるSC経営とテナント経営の統合」の問題

3. でも一部述べましたが，SCの戦略的ERM経営では，内部ソフト統制のもとでテナントとの経営の一体化を求める必要が何よりも重要です。そのため，
◇ SCの理念，それからリスク哲学を共有する。
◇ また，規律を明確にする。
◇ 特に，店に来るお客さんに対しての姿勢の考え方を統一することです。一テナントであっても，望ましくない対応をするということは，いろいろな形でリスクになっていくということを理解する。
◇ それから，地域と一緒に価値をつくるという考え方を共有する。
◇ 後に述べるような変動賃料を導入してインセンティブを共有する。そこでは，テナントの売上高を増加させるが，SC経営側の売上高の増加につながるようになるから，互いに経営を助け合うことなる。

ERMの視点からは，施設経営のビジネスモデルとして重要です。そこでは柔軟性が必要で，コミュニケーションを通してソフト内部統制がその中に入っていきやすくする。テナント会も含めて，テナントと一緒に議論する姿勢・場をつくり，情報を共有するだけではなく，テナントそれぞれのアイデアを吸収し，経営側の意思決定に活かしていくということが重要でしょう。またテナント会とも相談しながら，1年間の中で実行していくイベントの計画とか，それを実行していくアイデアも，テナントと一緒に行っていくことがERMの考え方に沿うことになります。さらに，「モノからコトへ」の流れの中で，テナントの組合せの情報を得ていく。具体的にはエステとかクリニックというのも，どこのSCにもあるし，歯医者もあり，それから整体院もあり等々，思ってもいないような健康のためのクリニックが入っています。それから，英会話等々，進んでいるということです。これらは，現在のテナントミックスについてのリ

スク・機会の識別プロセスでもあります。これらは，COSO の ERM の内部環境を見直すことに関係しています。すなわち，テナントの位置付けを常にこの内部環境の見直しの中で議論するということです。もちろんテナントからいろいろな不満が出てくる。それに対しても，自分たちの姿勢として明確な対応ができるようにしていくことが必要です。それを内部環境を確認する中でしていくということです。それから，リスクの識別で安全・安心・快適の概念を議論し，それから快適の中にさらに充実感を感じることができる SC の運営と，人間の気持ちの中に入っていくような店のつくり方が求められているかと思います。

あとはコミュニケーションを十分にし，毎年1回報告書をつくることです。テナントと共有するための報告書と，自分たちの内部の報告書ですね。こういうものを分けていく。テナントも，なるほどと思うということが重要と思います。

6．ERM 的な視点からの価値創造戦略

これまでの議論の核になる次の2つの戦略を考えます。
(1) 変動賃料と固定賃料のミックスにかかわる戦略
(2) それを利用したテナントの入替え戦略

KRI を通してリスクの変化に対応する中で，最大の関心事としての各テナント売上高と SC 経営側の売上高の増加を一緒に狙う戦略を議論します。まず，戦略というのは時間の中で修正していくべきで，大きなリスクの出現により適切に変更していくことが重要です。十分な議論のもとに成長と価値創造のための戦略，テナント入替え，イノベーション等々の戦略を改定し，プロアクティブに対応していきます。

その中でも基本的に重要になるのは，ミックス賃料の設定の戦略とテナント入替えの戦略の統合であると思います。イオン等，最近の商業用施設ではコンセプトを明確にして普通にテナントの入替えを行っております。その意味で，ここでの提案は契約上もその点を明確にし，内部的なリスクを小さくしたうえで，売上高リンクの変動賃料を導入し固定賃料とのミックス賃料を設定するこ

と，そして，売上高成長率平均値が一定以下になった場合，テナントに出てもらうことを出店の条件とすることです。このことの効果を判断するために，モデルを設定してシミュレーションして，その有効性を示した内容を刈屋・山村（2017）『商業用施設の戦略的経営』の本に示してあります。そこでは，最適な固定賃料と変動賃料の組合せ，最適なテナント入替えルールを導出してあります。

(1) **変動賃料導入によるインセンティブの共有**

　固定賃料の一部を変動賃料に置き換えるということは，実はそのSC側がテナントの売上高の変動リスクをとることで，テナントとインセンティブを共有し，テナントの売上高の増加を支援していくことになります。このことは，固定賃料の一部をテナントのビジネスに投資し，そこからセンター経営側は，テナントの売上高の上昇により，固定賃料と比べて変動賃料の追加的な増加収入が大きくなることを狙うこととみることができます。したがって，変動賃料の導入は，実は金融投資とかなり似た，投資活動とみることができます。しかし，ここの変動賃料の変動というものはテナントの売上高の変動で，株価の変動とは大きく異なります。それは株価の場合と違って，比較的安定してゆっくりと変動し，その売上変動の内部情報は，レジからのPOS情報として日々観察できます。テナントの売上高変動リスクを一部取ることで，結果としてSC側の収益を増やすことができるということが，これからの話です。

　具体的な分析を示しますが，以下の議論は1テナントの場合のリスク・リターン分です。まず，固定賃料の意味ですけれども，市場で決まる相場をここでは固定賃料と呼びます。それは，以下の議論では，3年間は最初の市場賃料水準に固定され，また3年ごとに市場賃料の変化とともに再設定され，固定賃料として3年間は一定となります。そのうちのa％だけを売上高にリンクした変動賃料に置き換えることを考えます。

　結果として，毎月受け取る賃料というのは，次のミックス賃料，

　　　$a \times$変動賃料＋$(1-a) \times$固定賃料

になります。変動賃料は売上高にリンクした変動賃料であるから，テナントの売上高が変動すると，SC経営側に入ってくる賃料が変動するという形になります。念のため，固定賃料は市場の相場でも，必ずしも一意的に決まらないの

です。ここで述べるような経営をする場合，ほかの SC より固定賃料を少し下げても，結果的に十分な収益をつくることができるということも述べておきます。

(2) テナント入替え戦略

このミックス賃料の形だけでは，経営側が固定賃料だけの場合と比べて大きな損失リスクを抱えることになります。そのリスクをコントロールするのがテナント入替え問題です。以下では，そのテナント入替え方式を定式化します。実は，前記の本の中では，もう少し別な定式化をしていますけれども，ここで紹介するのはそのうちの1つです。

具体的に述べます。まず，リース期間を3年として，テナントが出店してから2年半後の売上高水準が c より大きい場合には，契約が更新されるけれども，そうでなければ出てもらう，次のテナント入替え方式です。

【2年半後の売上高（資料では定義する契約売上高）の水準 < c ならば，退出】

結果的に，売上高にリンクする変動賃料の割合 a を決める問題と，テナント入替え売上高水準の閾値 c を決める問題が重要となります。これら2つの問題はリンクしているので，以下では，それを同時に決める問題と理解できます。そこで，それを決める問題を戦略（a，c）と呼ぶことにします。

戦略（a，c）を決める問題では，a と c をいろいろ変えてリスク1単位当たりの収益を最大にする意味での，全体最適ができるような a と c を求めるということが，定量的な意味での価値創造 ERM 戦略になります。この戦略が求まると，最適変動賃料比率と最適入替えルールが決まるので，具体的に戦略を実行できます。

6-1 シミュレーション結果

簡単にシミュレーションのテクニカルな部分を説明したいと思います。まずリース期間を3年とし，テナントを入替えもしくは更新を10回繰り返していった30年間の場合，売上高の変動プロセスと3年ごとの市場賃料（＝固定賃料）のプロセスをありそうな時系列的なモデルを仮定します。それに基づいて，シミュレーションした将来の SC 側の収益キャッシュフローの現在価値の平均値を M とします。そして，R を下方リスク（平均値からの下方偏差）とし，リス

ク1単位当たりの平均収益の値 M/R を最大にする，戦略 (a, c) を選択します。

実際にデータがあれば，データからモデルをつくることができますが，それがないため，きょうはシミュレーションモデルに基づいた結果です。

採用している対数 DD モデルはどこまで合理的かどうかは，皆さんの判断によるわけですけれども，要するに株式市場の変動と違ってゆっくりと変動すると考えられますので，ドリフトのモデルとして時系列の領域での指数平滑モデルを使います。そのもとで 10 万回のパスを発生させます。

6-1-1 固定賃料とミックス賃料のもとでのリスク・リターン比

固定賃料で 30 年間賃貸したときのリスク 1 単位当たりの平均リターン M/R を計算するため，市場賃料の変動率を年率 5% とすると，それは約 10 となります。

一方，同じ方式で変動賃料とテナント入替えのもとでシミュレーションをするのですが，売上高の年間変動率を 20% とします。そして，変動賃料組入比率 a とテナント入替え売上高水準の閾値 c を決めるのですが，実際は「入替えコスト」がかかるので，そのコストを大きく見積もって月次固定賃料の 24 倍（2 年分）とした場合，最適変動賃料組入比率は $a = 0.35$，入替えルールの閾値 $c = 0.6$，平均リスク・リターン比は M/R = 15.7 になります。すなわち，リスクを過大に見積もっても，固定賃料だけの場合と比べて，平均リスク・リターン比は大きく改善されることになります。入替えコストを 12 倍（1 年分）とするその比は 20 倍以上になります。その意味で，変動賃料の導入と入替えルールの導入は，SC の経営に大きく貢献することがわかります。

これに加えて，上に述べたきめ細かな ERM 的経営をすることで，さらにその比率は上がる可能性もあるでしょう。

6-1-2 複数テナントの場合

以上は 1 テナントの場合の結果ですが，複数のテナントの下では，いわゆるポートフォリオ効果が発生し，さらに安定的に大きな M/R 比を得ることができます。2 テナントの場合を考える場合，売上高の変動の相関を考慮する必要

があります。前掲書の中でその結果を示していますが，その相関が負の場合，リスクが小さくなって M/R 比が固定賃料の場合と比べてかなり大きくなります。コスト抜きで少なくとも M/R > 42.4 が成立します。

　もちろん，本当は SC には多くのテナントがいるので，その場合について分析することは興味があることですが，現在のところこの範囲でしか分析をしていません。

7．要約的結論

　基本的な考え方を申し上げましたので，結論をまとめて終わりたいと思います。

　まず，私自身は，SC，特に地方にとっての SC というのは一つの文化の発信地でもあって，週末であっても，あるいはいろいろな催し物のためにそこに行くというような形であっても，非常に社会的に重要な機能を持っていると考えています。それをうまく経営することは，その社会的な機能を多くの人に認識してもらうことになろうかと思います。すなわち，多くの集客力を維持している SC は，その機能を十分発揮していることになるでしょう。そのためには，進化に対応して変わる，変える ERM 経営が必要でしょう。テナント入替えはゆっくりと SC を変えることを意味し，SC に残っていくテナントの店の商品(モノ，サービス，コト)がその進化に対応している，社会のニーズに合っていることになるのでしょう。そこでは，SC も，またテナントも大きな利益を上げることができるということです。

　さらに残っている問題としては，SC は多くの商品，テナントごとなどのさまざまなデータを持つ，ビッグデータの宝庫であり，その有効活用がさらに有効な経営ができるであろうと考えています。経営側は，共通の理念のもとに，多様な形で情報をテナントに提供し，テナントの経営を支援するとともにインセンティブを共有して，より大きな価値をつくることができるであろうと思っています。これが厳しい競争の中での ERM 経営でしょう。

　以上です。どうもありがとうございました。

●パネルディスカッション●

企業における ERM の実践
―実務担当者からの提言―

テーマと3つの論点

　司会　お待たせしました。これからパネルディスカッションを開始いたします。テーマは,「企業における ERM の実践」です。まずパネリストの皆さまのご紹介をします。

　最初に,皆さまから向かって右側から,日産自動車のグローバル内部監査室主管（コーポレートリスクマネジメント）担当の菅原正さんです。続きまして,関西大学大学院博士課程の前期課程（前ユー・エス・ジェイ法務部兼総務部,コンプライアンス・リスク担当次長）の大森勉さんです。最後に私は,当学会の副会長を拝命している吉野でございます。

　早速ですが,パネルのテーマと論点をご紹介いたします。テーマは「企業における ERM の実践〜実務担当者からの提言」です。価値創造での ERM の役割は,業種や個別企業の特性とか,あるいは事業環境に応じて行う必要がありますので多様です。そのため,自社に適した ERM の実践方法を見出しにくいというのが現状でございます。このパネルでは,企業における価値創造 ERM の実践とはいかなるものかと,それを実践するためには何が必要かということを,事例に基づき,実務家の視点から議論することにより,ERM の実践に向けた1つの視点を提供したいと考えております。議論は,お手元に書いてありますとおり,以下の3つの論点から行います。

第1に，ERMに求められる役割・機能とはどのようなものであるのか。第2に，そういった役割・機能を実現するために構築すべき組織・体制やモニタリングのあるべき姿とはどのようなものなのか。第3に，ERMを実践する中で遭遇する課題とその対応とはどのようなものであるのか。以上の3つの論点について，議論を行っていきたいと思います。

それでは，各パネリストから約10分間の報告をお願いしたいと思います。最初に，日産自動車の菅原さん，お願いします。

パネリストからの報告

◆日産自動車のリスクマネジメント

菅原　「実務担当者からの提言」というタイトルにはなっておりますけれども，これは後半のパネルディスカッションのための前振りということで，ご理解をいただきたいと思います。

(1) **日産自動車の概要**

最初に，日産自動車の概要を簡単にご紹介いたしますと，1933年に設立をされまして，今年で83年になります。ただ，90年代の後半に本当に潰れそうになりまして，99年，ルノーと資本提携をいたしました。カルロス・ゴーンが日産にやってまいりまして，リバイバルプランのもと，自動車関連事業に特化をして，今まで生き残りを図ってきているということでございます。現在では世界20か国で生産をしておりまして，170か国以上で年間540万台，販売をしております。連結売上ですと12兆2,000億円，営業利益ですと約8,000億円といった規模になります。

これが，今申し上げました完成車を生産している20か国ということになります。実は非連結の会社，あるいはあまり生産実績が出ていないところも入っておりますけれども，一応こういう形でございます。

これは国別の生産比率の変化を見たものです。たとえば2001年度には，日

本が半分以上ございました。日米欧とメキシコを入れますと，だいたい100％近くになりました。直近はどうなったかといいますと，日本の比率が17％ぐらいに落ちております。パイの大きさ自体は2倍以上に増えていますが，中国とかタイ，インドといった，いわゆる新興国が純増になっています。

　2010年に今の中期計画を立てたときに，このパイの大きさ，新興国での生産は，実はもっと膨らむと考えていたけれども，残念ながら，そうはなっていない。2010年，2011年，2012年頃がピークで，そこからドーンと落ちて，全然戻っていないところが，かなり多いわけです。1つ言えることは，新興国マーケットは非常に長期的に見たときには，ポテンシャルがあるというのは間違いない。ただ，5年とか7年ぐらいの中期で見ても，やはり非常にハイリスクであるということはいえると思います。

(2) **リスクマネジメントに求められる2つの役割・機能**

　それから，きょうのテーマの1つでもありますリスクマネジメントに求められる役割・機能ですけれども，まず役割としまして，私は大きく2つだと思っております。まず1つは，会社法の要請を満たす必要があるだろう。これは，いわゆる会社法が求める内部統制システムというのがございますけれども，その中に「損失の危険の管理に関わる規程その他の体制」という項目がございます。これが当社の中では，リスクマネジメントに相当するという解釈をしておりまして，たぶん他社さんでも，同じように解釈，理解されているところが多いと思います。

　ただ，こういう形を整えればいいのかということですと，決してそういうことではないわけです。もう1つが，この経営をサポートするツールであるというのがあると思います。この2つが相まって，結果的に企業価値の向上が実現できるようになれば，これが一番の目的であると考えております。これに関しましては，たとえば会社の存続に影響するような重大な全社的なリスク，当社ではコーポレートリスクという言い方をしておりますけれども，そういうものを管理する，洗い出しをして，それを経営層に提案したり報告したりして，トップとコミュニケーションをしていくというものでございます。

　会社の存続にかかわると，大上段に振りかぶらなくても，もう一回り小さい，たとえばこの中期計画の達成とか，その達成をより確実にするためのツールと

図1 リスクマネジメントに求められる役割・機能

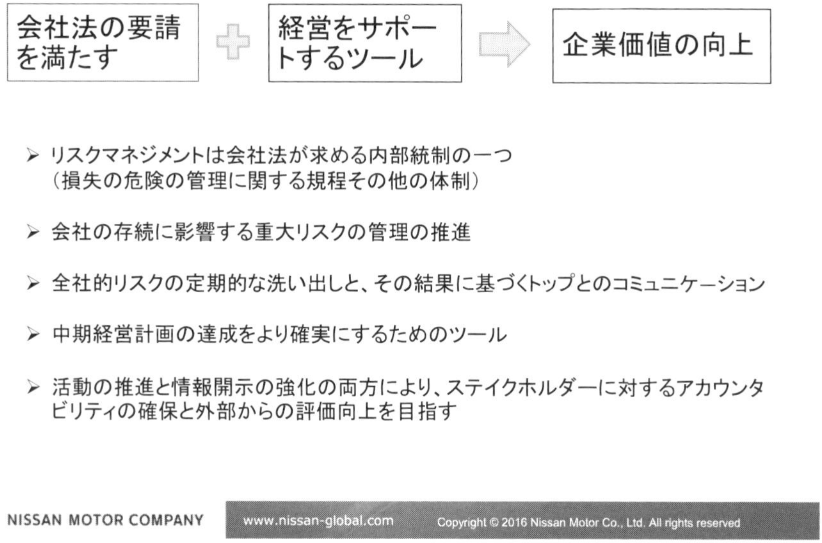

会社法の要請を満たす ＋ 経営をサポートするツール ⇒ 企業価値の向上

- リスクマネジメントは会社法が求める内部統制の一つ（損失の危険の管理に関する規程その他の体制）
- 会社の存続に影響する重大リスクの管理の推進
- 全社的リスクの定期的な洗い出しと、その結果に基づくトップとのコミュニケーション
- 中期経営計画の達成をより確実にするためのツール
- 活動の推進と情報開示の強化の両方により、ステイクホルダーに対するアカウンタビリティの確保と外部からの評価向上を目指す

NISSAN MOTOR COMPANY　www.nissan-global.com　Copyright © 2016 Nissan Motor Co., Ltd. All rights reserved

して，経営層に使ってもらうということも目的，役割として期待されるのではないかと思います。

(3) 対外発信

あと1つ付け加えると，ちゃんとやっていますよということを対外的に積極的に発信することによって，ステークホルダーに対するアカウンタビリティも確保して，それがいい評判につながっていけばこれ幸いというところもあります。

(4) 内部統制委員会・取締役会

これがあるべき姿ということではなくて，今どういう形でやっているかという体制ですけれども，当社の場合は，内部統制委員会というものをつくっています。「内部統制を担当する取締役」を取締役会決議で決めており，その人が議長になって，その下に，リスクとかコンプライアンスに関わる委員会とか機能をぶら下げる形で整理をしたということです。

この内部統制委員会は，年2回定期的に開催されておりまして，中間報告と年度末の報告をしますが，委員長から取締役会にも同じように年2回，報告を

図2 コーポレートリスクマネジメントの年間プロセス

- 目的や定義、基本的なプロセスは、グローバルリスクマネジメントポリシー及び同マニュアルに規定
- 基本的な考え方、プロセス、及びリスクマップ等のツールはグローバルに共有

してもらって、これで会社法が求める形を整えている状態です。

(5) コーポレートリスク管理委員会（経営会議）

　これは、コーポレートリスクマネジメントの体制ということです。私どもは、独立別個のコーポレートリスク管理委員会を持っておらず、経営会議がこれを兼ねることになっております。

　昔はゴーンさんが議長をしている経営会議だったんですけれども、今はナンバー2の人が議長をするものに権限が移譲されております。私が事務局として入っておりまして、毎年1回、トップテンのリスクといいましょうか、重大リスクの候補を選んで、経営会議にかけて決定をしてもらう。それと同時に、日産の経営陣としてコーポレートリスクに責任を持つという観点から、原則として経営会議メンバーということにしておりますけれども、リスクオーナーも決めてもらう。同じように内部統制委員会に年2回報告をして、取締役会にも報告をしてもらうということは、先ほどの内部統制委員会と同じです。

(6) 年間のリスクマネジメント・プロセス

　年間のプロセスの特徴的なところだけをご紹介いたしますと、一番最初の

リスクサーベイ。これはコーポレートリスクを洗い出すということですので，すべての役員へのインタビューで洗い出しをしております。年明けぐらいから始まりますが，だいたい50くらいのインタビューをやる，かなりハードな仕事です。それをまとめて，新しいマップの改訂版の提案をつくって，先ほどの経営会議にかけるというところです。

それからアクションのところですが，今われわれのところでは，自然災害のような外来のリスクだけではなくて，ストラテジーリスクも対象としています。あえて自らリスクをつくり出して，それを取ることによって，より高いリターンにチャレンジをするんだということですので，リスクをなくす，減らすということではなくて，いかにリスクを取れるようにするか。つまり，管理状態に置くかということで，リスクのコントロールレベルを上げるための活動をしてもらう。そういうやり方をしております。

したがって，この年度末には，このコントロールレベルがどう変わったのか，変わっていないのか，というところを評価をしている。これを1年単位で毎年ぐるぐると回してやっていく。そういうやり方をしております。

とりあえず，私からは以上でございます。

司会 どうもありがとうございました。続きまして，大森さん，お願いします。

◆エンターテイメントビジネスから見たERM

大森 関西大学の大森でございます。よろしくお願いいたします。私は昨年の7月末まで，USJ（ユニバーサル・スタジオ・ジャパン）のリスクマネジメント統括という立場で，約9年間，職務に就いておりました。リスクマネジメントおよびコンプライアンス，内部統制，リスクファイナンスという領域が私のスコープでございます。現在は，ERMにおける意思決定とリスク情報をテーマとして，関西大学大学院で研究に従事しております。

本日は，「エンターテイメントビジネスから見たERM」ということで，皆さま方が普段なかなかイメージできないような観点からのERMの実践の内容について，コメントさせていただきたいと思っております。それと，私が今日

お話しさせて頂きます内容は，昨年の7月末までのUSJの状況を反映しており，意見等につきましては，あくまでも私の意見としてご理解願います。現在のUSJの取組みは，これからお話し申し上げる内容に合致しているかどうかというのは定かでないという点だけ，お含みおきいただければと思います。

まず，3つの点について共有させていただければと思っております。1つ目は「テーマパークビジネスとは」，2つ目は「テーマパークビジネスとERM」，3つ目は「Stage-Upを狙うには」といったポイントを共有させていただきたいと思います。

(1) テーマパークビジネスの特徴

❶エンターテイメント

まず，エンターテイメントとは，積極的かつ心理的な充足感を期待できる体験を求めることです。昨今，コト消費であったりコト体験，コトメモリーといわれておりますけれども，その体験自体に価値を見出すことで心のうちから誘発される反応ということが，一般的にいわれております。また，テーマパークビジネスということでは，ユニバーサルスタジオがいくつかのテーマパークを米国および日本に有しており，2020年には北京郊外にもオープンする予定で，今，建設工事が進んでおります。最近ですと，ハリー・ポッターが皆さまの耳目に新しいかと思います。

テーマパークビジネスは，小さな街の運営といったものに非常に似ています。特徴的なところとしては，街路については常に清掃，舗装が維持されているであるとか，あと警察，消防とか保健衛生部門はよく訓練された状態で，何かあればすぐ駆けつけて活動しているといったところ，一部には生演奏の催し等々もあります。運営上の特長という点につきましては，来場者数が季節であるとか時間の周期で大きく変動してしまうということがあります。

❷労働力と収益構造

それと，労働力ですね。実際には，現在，9,500～9,600人が年間の従業員数になります。そのうちの約9割が時間給のアルバイトです。そのアルバイトの9割のメンバーが，年間で約90％入れ替わってしまう。ですから，10％，900人弱しか残っていかないということで，非常に離職率が高いという特徴があります。ただし，固定費が高い比率を占めますので，ある一定の損益分岐点

テーマパークのビジネスモデル

を超えると，それがすべて利益になってしまうということで，いかに集客を上げていくかが生命線になっているのが，一つのビジネスモデルとしてあります。

収益のベースとしては，お客さま，つまりゲストの方々から収入を得ることです。それとコーポレート・マーケティング・パートナーとありますけれども，これはスポンサー企業ですね。それと，3つ目にライセンサーとあります。多くのコンテンツを使用していますので，コンテンツの使用料を支払いますから，むしろコンテンツビジネスと考えていただいても結構かと思います。

❸テーマパークビジネスにおけるリスクマネジメントの特徴

テーマパークビジネスにおけるリスクマネジメントの特徴としていくつか挙げておりますが，一つは，市場の嗜好性が非常に早く変化していくということ，この激しい変化への対応が一つあります。それとプロダクト。これは物をつくっていくわけではありませんが，大きなアトラクションであるとかイベント等がありますので，それの安全の確保であったり，導入する新規の投資案件についての需要予測です。何百億円という投資をしていきますので，導入したアト

●パネルディスカッション●企業における ERM の実践 —実務担当者からの提言—

ラクションの長期需要の維持をいかにしていくのか。それと，リスクの顕在化への迅速な対応です。これは BtoC でたくさんのお客さまがパークにお見えになりますので，直接反応がうかがえます。当然いくつかのリスクが顕在化することがありますので，それについてのスピーディな対応です。それと昨今は SNS を使って，パークの中で起こった事柄というのが非常に速いスピードで拡散してしまうということで，その加速化への対応が，リスクマネジメントの特徴としてあるかと思います。

(2) テーマパークビジネスと ERM

❶ ERM に求められる役割と機能

ERM に求められる役割と機能は，本日のディスカッションの主題の1つになっておりますが，重要な点として，スピーディな意思決定に資するスキームを提供していくことが1つあります。それと，良質な企業カルチャーの体現です。それが改革フォース，力の創出となります。それと，投資案件の利益貢献度の向上と確実なリスク低減。この3つですね。これらが役割として求められる機能であると考えております。

❷ミッション・ビジョン

USJ では，ミッションやビジョンの中において，「私たちはゲストの期待を上回る感動とサービスを提供する」ということが重要なテーマとして挙げられています。それでは，提供するサービスとは一体何なのかということですけれども，これはゲストの心にインサイトをして，どれだけ感動をもたらせるか，持ってもらえるか，感動させられるかといったことを定義付けしております。

提供するサービスの評価ということは，極めて不確実性が高い。これは，一人一人のゲストの方がどう感じられているかということですので，非常に複雑な構成要因が存在しています。それと，一定レベルの評価を維持させていくためには，ビジネススキームをいかにシンプル化して，単なるイベントの運営という側面から，継続的な感動の場を提供し続けていくというところに，いかにシフトしていくのかということが重要な点かと思います。

それに対して，ミッション，ビジョンを行動規範などの実践を通して具体的な行動レベルまで上げようという観点で，USJ が，「Decide Now. Do it Now. Everything is possible. Swing the bat!」，とにかくバットを振りましょう。バ

> **Decide Now. Do it Now.**
> **Everything is possible.**
> **Swing the bat!**
>
> 社員ひとりひとりが、自ら考え決断しよう！　迅速に行動しよう！
> リスクをとってでも変えていこう！
> ゴールに達することは不可能だと決して考えるべきではない。
> やってみなければ、ゴールに到達する事はありません。さらに、スピードが非常に大事です。
> 時間は敵である為、ゴールは何か、そしてどの様にして達成するかを
> 迅速に決定しなければなりません。
> ゴールを達成する為の道筋が決まれば、次は計画の実行です。先延ばしは出来ません。
> 迅速に行動する事が必要です。

ットを振らないと出塁できませんからね。端的に言いますと、リスクを取っていこうというリスクテイクが行動規範の基本になっています。ですから、リスクを取ろうというのがエンターテイメント、テーマパークビジネスマインドの非常に大きな部分を占めているということです。

❸カルチャー

それと、企業カルチャーということでは、企業が目指すビジョン、ミッションですね。感動とサービスを提供します。それと、リスクを取っていこうという行動規範。リスクを何でも取るだけではなくて、しっかりとしたコンプライアンス、リスクマネジメントの3つを1つのベクトル上にしっかりと位置づけて、常に経営者、従業員、アルバイト、場合によっては取引先が確認をしながら、その方向を維持してきております。

❹リスクマネジメント体制

リスクマネジメント体制という点では、最上位にアンブレラという形でリスクマネジメントコミッティを位置付けています。そのもとに、各専門領域であるコンプライアンス、安全衛生、防災等々がぶら下がっています。それぞれの

委員会は，月例で開催されます。定例のリスクマネジメントコミッティは年2回ですが，臨時のコミッティが月1回もしくは2回開催されて，そこでは単なる報告ではなくて，意思決定をしていくという非常に強い側面を維持しております。

それに加えて，各部門ごとに責任者担当者がアサインされております。特に重要な点として考えていたのが，リスクマネジメント事務局の権限です。ここでは，ただ運用をしていくというのではなくて，しっかりとしたリスク対応の予算，つまりバジェットを取っていくということの権限。それと，臨時予算をしっかりと確保していくという，財務と連携した形での活動。あとは，各部門における構成メンバーの人事評価とか，報酬制度とのリンクです。ある一定の人事評価権をリスクマネジメント委員会事務局が持っておりましたので，ここで，任にあたる方々の人事評価，報酬としっかりとリンクさせていったことが特徴としてあります。

テーマパーク事業としては，プロダクトリスク，戦略リスク，いわゆる事業予測リスク等々というのが特徴としてあります。オペレーショナルリスク（リスクと危機）とありますけれども，具体的には自然災害運営リスク，社会・風評リスク等々です。

それと，PDCAのサイクルを毎年回していくわけですけれども，リスク評価から始まって，年間計画，実施，モニタリング，チェック，マネジメントレビューが，改善サイクル活動として回してきております。リスク評価というのは，リスクマネジメントのスタートラインと位置付けて，適正な適応能力を発揮するための必要事項です。事業に関するリスクとして把握していくことになります。

❺リスクマップ・チャンスマップ

正確なリスク情報の把握と未来の予想ということで，リスクマップだけではなく，新規の事案，投資案件に対するチャンスマップ，つまり戦略リスクもリンクさせて継続的に実施してきております。

一定の分析・評価手順書に基づいて，リスクマップ・チャンスマップを作成して，計画策定，マネジメントを実施してきております。

リスクマップは各企業で実際に取り組んできておられると思いますが，特に

ユニークな点はチャンスマップです。これは投資案件ごとの意思決定に活用していくということで，たとえば優先順位とか，投資効果の評価とか，計画の策定・補正，それとゴールの設定に活用しております。リスクマネジメント委員会事務局，それとマーケティング，財務，ファイナンスが主要なプレーヤーとして活動を推進しております。

それぞれのコンテンツが持っているグリップ力，どれだけそれが継続されるかといった需要予測，それとイニシャルコスト，さらにメンテナンスフィーとか，想定される売上高等々を勘案しながらチャンスマップを作成していくわけです。

それと同時に，チャンスマップには投資案件がすべてプロッティングされ，そのプロッティングされた投資案件ごとに，今度はリスクマップを作成します。その作成されたリスクマップに基づいて，今度は具体的に再度，戦略リスク委員会において，マーケティング，財務，リスクマネジメント委員会が，個々のリスクをしっかりと把握していきます。

ですから，USJにおいては，リスクを低減させていくだけではなくて，戦略リスクとオペレーショナルリスクは一体のものだということで取り組んできていることがユニークな点かと思います。

(3) **Stage-Up**

Stage-Upを狙うということ，さらに上げていこうとなると，あくまでもリスクマネジメントという側面ですが，自社にとってのリーダーシップ，コーディネート，コミュニケーションの定義をしっかり行っていく必要があると同時に，人材育成，トレーニングという側面も非常に重要かと思います。

それと倫理観に基づくリスクマインドということで，しっかりと経営者から始まって従業員に至るまで，どういう基準を持って意思決定をしていくのか，判断していくのかというリスクマインド。この良質なリスクカルチャー，企業のカルチャーにリンクされていくのかといったことが重要となります。

それと，外してはならない点として，スピーディな意思決定が重要であると考えています。

以上，私の報告になります。

司会 大森さん，どうもありがとうございました。

◆ ERMに求められる役割・機能

司会 では，続きまして私のほうから，「企業におけるERMの実践」とはどのようなものかということについて報告をさせていただきます。これは個人で行うものでありますので，私の所属する企業の意見ではございませんので，その辺はよろしくお願いします。

まず，ERMに求められる役割・機能とはどのようなものであるかということです。これはさまざまだと思いますが，私は主に4つあると考えています。1つ目はモニタリングとPDCAの確実な回転，2つ目が経営上の重要課題への対応，3つ目が危機管理，4つ目が社員のリスク管理能力の向上，主に研修です。そういったものが主な役割と機能ではないかというのが私の考えです。

以下では，そのうち第1と第2の機能についてご説明します。注意していただきたいのは，企業におけるリスクマネジメントの機能はさまざまですので，これから私が申し上げるのは，あくまでも一つの見方であるということをご了解いただきたいと思います。

図1　ERMに求められる役割・機能の例

- 企業の実務で**全社的リスクマネジメント（ERM）が果たす機能**は、例えば、以下の4点と考えられる。

　第1の機能：モニタリングとPDCAサイクルの確実な回転　（今回説明）

　第2の機能：経営上の重要課題への対応　（今回説明）

　第3の機能：危機管理体制の強化

　第4の機能：社員のリスク管理能力の向上

　　（ご注意）
　　・企業における全社的リスクマネジメントの機能は，企業特性や経営環境により様々。　⇒　以下はあくまでも一つの見方としてお考えください。

(1) ERMのモニタリングとPDCAサイクル

まず,第一の機能でありますERMのモニタリングとPDCAサイクルです。リスク管理部門の役割という視点から申し上げますと,こういったPDCAを特にCとAを中心に回していくことがあります。

❶現状の評価と改善

何があるかというと,3つありまして,1つは,現状の評価と改善です。定期的なモニタリングにより,定期的にグループ全体のリスク管理体制の現状や,各部門・子会社が担当しているリスクと対応の現状を評価して,必要な場合に改善提言をすることです。それには,類似事案の再発防止が含まれます。これは企業にとって重要でして,顕在化した重要リスク事案を常時把握して,類似事案の再発防止のための知見を整理して,対応を推進することです。何かあったときに,対応に問題があるとマスコミから大きく取り上げられるという事例が発生しておりますので,そういうことがないようにするということです。

❷経営のサポート

モニタリングとPDCAサイクルの2つ目は,経営のサポートです。企業グループ全体のリスク対応状況を一覧化・総括して経営者に報告することによって,経営者の現状把握を補佐して,リスク対応についての全社最適の経営判断をサポートすることです。現状把握と経営判断のサポートということが重要な機能だと考えています。以上は,あくまでも私の個人的な意見です。これは,おそらく金融の方とはだいぶニュアンスが違うと思いますが,あくまでも一つの見方とお考えください。

ところで,ERMでは,経営に影響を及ぼす重要リスク全体を対象としており,戦略に関するリスクも対象としていますが,リスク管理部門は,個別具体的なリスクへの対応など,リスクそのものの管理を行っているわけではないことは重要なポイントだと考えています。さまざまな戦略的,政策的なリスクもERMのリスクの対象になっていますが,そういったもの全部をリスク管理部門が管理することではないということです。この辺が一番誤解の多いところです。そもそも,そんなことができたら,リスク管理部門は神様のような存在になってしまい,あり得ない話ですが,こういう誤解が一部あります。

また,リスク管理部門は,個別のリスクすべてについて,評価や改善提言を

行うなど直接的な関与をするものではありません。リスク対応は担当部門の本来業務そのものであって，各部門が主体的に行うことであり，重複は避けるべきです。先ほど申し上げたとおり，リスク管理部門は全社横断的に，ERM の実施状況を一覧化・総括することによって，リスクの観点から，経営者の現状把握を支援する役割を担っているということです。

❸ 全社調整

モニタリングと PDCA サイクルの3つ目は，全社調整です。基本的に企業は縦割りですから，部門を跨いでいる問題は，調整が難しい場合があります。そのような場合には，客観的な第三者として，いわばコーディネーターや行司として，部門間を調整して，当該リスクの主管部門を支援することがリスク管理部門の役割です。たとえば，リスク管理部門が初回の関係者会議を招集して関係者の意思疎通を図ることなどが考えられます。このように，対応策の策定・改善を働きかけるとともに，必要な場合には関係部門間の調整を行うことが必要です。

(2) 経営上の重要課題への対応

ここまでは，第1の機能であるモニタリングと PDCA サイクルについて説明しました。ここからは，第2の機能である経営上の重要課題への対応について説明します。企業は基本的に縦割りですので，複数の部門に跨がるリスク等は，なかなか網羅的に拾いきれない，もしくは対応が不十分な場合があります。その場合，リスク管理部門は，企業グループ全体のリスクの対応状況を鳥瞰して，各部門・各子会社が行う個別のリスクマネジメントで不足する点や，改善を要する点に対して，改善提言を行ったり，対応を支援することが必要です。

そして，そのような役割を通して，時々の経営上の重要課題に対して，リスクという視点から対応策を策定することが，企業における ERM の重要な役割です。経営者が困っていることに対して，対応策を提言して実現することです。そして，個別リスクの主管部門が，対応策を策定，実施するときに支援したり，行司やコーディネーターのような客観的な第三者として調整することです。

❶ 課題の解決

そのような役割の中で特に重要なことは，課題を実際に解決することです。経営上重要なのはリスク対応策を改善するために，リスク管理部門が全社横並

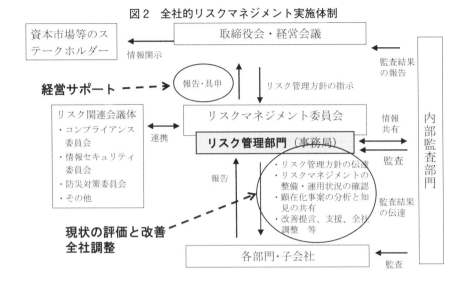

図2 全社的リスクマネジメント実施体制

びで見て,経営上重要なリスクへの対応策に不十分な点や改善すべき点はないかを確認して,改善提言を行うことです。時々の経営上の課題に対して,リスクという切り口から対応策を提言して支援や調整を行い,解決することが大事です。やはり企業の活動ですので,"実利"がないと厳しいのが現状です。言い換えると,経営者が懸念する問題に対して,リスクという観点からパッチを当てて解決することが大事で,これが事業会社におけるERMの実務では重要です。"実現力"がとても重要です。逆に言うと,リスクのリストだけをつくっていると,そのうちだんだん,「何やってんの?」ということになってきてしまうということです。

❷事　例

具体的に,ではどのような経営問題への対応があるかと申しますと,たとえば,第1に,顕在化した重大なリスク情報を,迅速に経営者や関係部門に報告・伝達するエスカレーションルールの策定や周知・徹底があげられます。情報伝達は,我が国の事業会社におけるリスクマネジメントもしくは内部統制の中で,私は一番弱い部分なのではないのかと考えています。

第2に,不祥事をもたらす組織風土上の問題への対応があげられます。第3

に，戦略的なリスクのERMへの取込みがあると思います。ただ，経営上の重要課題への対応というのは，企業によりさまざまですので，今申し上げたことはあくまでも1つの事例にすぎないということにご留意願います。

❸ "リスト"マネジメントを避ける

あと，注意を要することは，いわゆる"リスト"マネジメントを避けることです。導入後1年ぐらいは，会社の重要リスクと対応状況などの洗い出しが中心になるのは仕方がないことですが，2年，3年たってきますと，先ほど申し上げたような経営上の課題への対応を求められてきます。その段階になっても，リスクと対応状況の洗い出しに注力して，リスクリストの精緻化が目的になっている場合がまま見られます。

しかし，企業の活動である以上，実利がないとなかなか厳しいのが実態でして，経営上の課題への対応に貢献することが求められます。ERMの場合，長大なリストの作成と精緻化だけに終わらないように，つまり"リスト"マネジメントにならないように注意することが必要です。そのような状態になると，だいたい2～3年たつといわれるのが，何のためにやっているんだということで，もう要らないんじゃないかとか，もうERMはやめてしまおうとか，そんな話になっている企業も実際に何社かあると聞きますので，こういった注意が必要だと思います。

注意点としては，再び申し上げますが，活動が文書化等のペーパーワークが中心となっていないかということです。エスカレーションルールの策定と周知徹底など，経営上重要なリスク対応上の課題解決のための活動がちゃんと行われていることがとても大事です。

ディスカッション

◆ ERMに求められる役割・機能

司会 では続きまして，パネルディスカッションに入りたいと思います。最

初に,「ERMに求められる役割・機能」というものは,どのようなものなのかということについて議論を行っていきたいと思います。最初に私の方から申し上げます。

先ほど申し上げた通り4つあって,1つ目がモニタリングとPDCAサイクルの確実な回転,2つ目が経営上の重要課題への対応,3つ目が危機管理,4つ目が社員のリスク管理能力向上,つまり研修等です。以上の4点だと考えていますが,あくまでもこれは一つの見方です。それでは,日産自動車の菅原さんから,お考えをお願いします。

菅原 先ほど資料でご説明したとおり,大きく2つあります。1つは,会社法の要請を満たさなければいけないというのがあります。これに関しては,要は全社事務局として,社内でそれぞれ活動している内容を取りまとめて,経営に報告するというのがあるし,もう一方で,彼らはどういうふうに価値のあることをやっているかというのを,あまり外に対してアピールするということは考えていないので,それをうまくまとめて,ディスクローズといいますか,外部の人に対して,サステナビリティリポートなんかを使って,うまくアピールをするという,実際の活動の翻訳,取りまとめみたいな感じでやっているというのが,私の部分にあります。

もう1つは,経営をサポートするツールとして付加価値をつけるというところです。いわゆる社内コンサルみたいな感じで,うまくツールを使ってもらうとか,「これって結構役に立つな」みたいに,どう思ってもらうかというところがポイントです。一つ例を挙げますと,役員はゆくゆくは子会社の社長で出ていくことがあるんですけれども,いきなり子会社の社長になったときに,自分の会社はどういうリスクを持っているのかということが不安になるときがあるようですね。そういうときには,一度うちのコーポレートリスクを洗い出してみろ。どういうやり方をするかは,本社に菅原というやつがいるから,それに聞いてみろみたいな感じで,急に子会社から電話がかかってきて,やり方を教えてくれなんていうことがあります。

社長が自分の会社のリスクをまずは把握したいという,経営をサポートするツールというのは,こういうこともいちおういえるのかと思っております。以上です。

司会 ありがとうございました。続きまして，大森さん，いかがでしょうか。

大森 先ほどの報告にも含まれておりますけれども，USJでリスクマネジメントの体制を取り始めたのが2008年からです。私が2007年にジョインして，まずコンプライアンスについての強化というところから立ち上げたんですが，2008年からリスクマネジメントコミッティを立ち上げるということで，当時のアメリカ人の社長とディスカッションしながら，コミッティを立ち上げていったんです。じゃあ，リスクマネジメントそのものの機能は一体なんだという，かなり突っ込んだ議論を当時の執行役員であるとか社長ともやったんですけれども，結局は意思決定だろうと。

その意思決定をするための情報をいかにタイムリーに上げてくるか。そこで意思決定ができるかどうか，意思決定をしていけるのかどうか，自分たちができるのかどうかといったところが，基本的な機能だろうということだったんです。

基本的には，先ほども申し上げましたけれども，リスクマネジメントコミッティは，報告という形については，上期，下期で年2回ありますが，臨時のリスクマネジメント委員会というのが月に1回か2回，ここでは必ずその時々に起きた問題に対して意思決定をしていく。

どういうことかというと，たとえば専門領域において，各部門があります。部門で取り組むべき問題については，部門ごとがその専門領域を担っていきますけれども，そのリスクが全社に影響を及ぼす，もしくは集客等々に影響を及ぼすといったときには，リスクマネジメント事務局が，それをキャッチアップして，専門部門と一緒に解決，予算取り等々を行っていく。それとか，今はBCPとかといった形で，全社イシューになっていくものについては，しっかりとそこで意思決定を行っていくということです。とにかく，早く意思決定をしていく。スピーディにやっていくというのが，リスクマネジメントの基本スキームとして非常に重要な点だと思っています。

それと，もう1つは，戦略リスクとオペレーショナルリスクというのは一緒のものとして評価されていく。2008年に立ち上げたときには，オペレーショナルリスクについての取組みから立ち上げていったんですけれども，2010年からは，戦略リスクをしっかりとリンクさせていく必要があると考えました。

当然，それまでも何十億円，何百億円という投資を USJ 自身は意思決定をして取り組んできましたけれども，じゃあ，実際にその投資を行った場合にどんなことが起きるんですか，と。要するに，これから起きることが何なんですかというところをしっかりと把握をしていく。それに対していろいろな施策を打っていく必要がある。そのためには，想起されうるリスクを案件ごとにリスクマップに落とし込んで，それを評価していく。どれだけお金がかかっているのかというところを踏まえて，戦略リスクとオペレーショナルリスクへの取組みは表裏一体なんだということで，2010年から取り組んできた。

ですから，ストラテジーとリスクリデュースとオペレーショナルリスクといったものの取組みは一体であるということが，ERM における機能・役割に期待されるものなのかと考えております。

◆構築すべき組織・機能とモニタリングのあるべき姿

司会 どうもありがとうございました。ただいまのご意見を踏まえまして，2つ目の課題であります「構築すべき組織・機能とモニタリングのあるべき姿」について議論をしていきたいと思います。

では最初に，菅原さんにご意見をお願いします。

菅原 これはやはりなかなか難しい，一言では言えないといいますか，それぞれの会社とかの組織，あるいは発展してきた歴史的な経緯，あとは社長の考え方とか，そういうものにどうしても影響を受けると思います。

ですから，教科書的に「こういう組織」というのは，なかなかないと思っています。自分のところではどうやっているかというところをご紹介しますと，まず一つは，うちは最低限の組織，人員体制でやるという原則があります。つまり形から入ると，うちは駄目なんですね。絶対受けないんですよ。現有の体制なり何なりで提案をして，これって何かいいでしょう，付加価値があるでしょうみたいなものを見せられないと，仕事としては認められないみたいなところがありまして。だから，最低限のリソースでできるだけ，どういうふうに付加価値をつけていくかということを考えるという感じになっています。

先ほども会社法の要請を満たす必要があると言ったんですけれども，そのた

めのポイントとしては，取締役会につながっていないと駄目だなというのはよく思います。うちの場合，取締役会と執行役員を基本的に同じ人がやっているので，いわゆる昔ながらの日本の会社のやり方なんですけれども，そうすると，取締役会というのはどちらかというと，フォーマライズのためだけにやって，実質的な議論というのは，経営会議で全部決めてしまうから，経営会議で決めて，CEOとかCFOとかみたいな人に報告しているから，もういいのではないかと最初は思っていたんですけれども，監査役からのアドバイスもあって，やっぱり取締役会にもちゃんと直接報告するみたいなことをやらされてきたんです。

ただ，これをやってみてよかったと思うのは，特に海外のアナリストとか，あるいは格付け機関とかは，いくらCEOに報告していますといっても，全然評価されなくて，取締役会に報告していますというと，初めて評価されるみたいなところがあって，最初はちょっとやらされ感というか，監査役に言われてやったみたいなところがあったんですけれども，そういう形にしておいてよかったと最近よく感じます。だから，そこのポイントだけを押さえて，あとはできるだけ効率的にやるみたいな形に当社の場合はならざるを得ない。すみません。答えになっていないんですけれど。

司会 どうもありがとうございました。

お話をお伺いして，取締役会につながっているから重要であるというのは全くそのとおりで，取締役会につながっているというのは，ERMが機能する重要な要件ではないかと思います。

それでは，簡単に私の考えを申し上げますと，先ほどご説明しましたとおり，やはり経営上の重要課題に対して，どうやって解決していくかということが求められているわけです。一番大事なのは，取締役会とか経営会議できちんと報告されて，経営が関与している，特に取締役会が関与していることが重要であると思います。

では続きまして，大森さん，お願いします。

大森 経営層との連携については，リスクマネジメントコミッティのメンバーが執行役員で構成されているんですね。ですから，臨時のリスクマネジメントコミッティについても，執行役員が入っている。それと，年間の定例報告の

内容は取締役会にもレビューされるんですけれども，必要に応じて CRO と私，事務局長が一緒になって，取締役会でトピック的にしっかりとそれを共有していく。取締役会といいましても，当時はファンドのメンバーがほとんどでしたので，テーマパーク事業に実際に関わっているというわけではないんですけれども，そういう方々にもしっかりと共有をしていくということで，連携はとっておりました。

それと，USJ は外資のスタンス，仕組みがベースになっていますので，ちょっと違うんですけれども，権限と責任というのはしっかりと明確になっていて，リスクマネジメントの事務局，特に私のポジションでしたけれども，予算をいかに取ってくるのか。そういうバジェットの在り方。それと臨時の予算というのは，ファイナンスの役員に働きかけて，しっかりとそれを取っていく。やはり，お金がないと対応できないんですね。だから，そういう権限が非常に重要です。

それとあとは，人事評価権ということですね。形骸化を回避していくためには，いかにコーディネートし，またある程度リーダーシップを発揮していく，事務局にどれだけの権限があるのか。予算と人事評価が非常に重要なものと考えております。

司会 どうもありがとうございました。今お伺いしまして，予算と人事評価，要するにカネとヒトですよね。そこのところは，ERM が有効に実行されるために非常に重要だと思うんですけれど，逆にタッチすることが最も難しいところだと思っています。これは多くの企業の人も，ERM の担当の方も同じ気持ちだと思いますが，大森さんの場合，どうやって，この 2 つの権限を経営者から移譲していただいたというか，認めてもらったのでしょうか。

大森 先ほどもお話ししたんですけれども，当時の社長と執行役員と，そのリスクマネジメントコミッティの設定のときに，いろいろとディスカッションしていく中で，当時のアメリカ人の社長が，「これは，おまえの責任でやっていくんだ」ということで私に全責任が委ねられた。「そのために必要なものは何だ」と言われたときに，「要するに，バジェットとヒューマンリソースです」「そのとおりだ」社長との話し合いの中で，「それがなければ，誰もおまえの言うことは聞かないよ」，「それがあれば言うことを聞くな。その代わり，その責

任はおまえが取るんだ」ということで，全責任を負わされるというか，それに付随してバジェットであるとか人事評価権というのを，事務局の中の権限として盛り込んだという経緯があります。

司会　どうもありがとうございました。大変参考になる事例ではないかと思います。

◆リスクマネジメント事務局を置く部署

菅原　すみません。ちょっと組織とかから離れて私から一つよろしいですか。私はたまたま今，内部監査室という部署に所属しておきながらリスクマネジメントをやっているんですけれども，事務局をどの部署に置くかというのは一長一短があって，うまいところが思い浮かばない。皆さんもどの部署に置くのが一番いいかということはお悩みになっているかと思うんです。そう考えると，吉野さんはいろいろな部署を経験しながらリスクマネジメントのお仕事をされてきたというのが，非常に興味深いところがありまして，何かそこをちょっとご紹介いただけますか。

司会　リスクマネジメントの事務局はどの部門が対応するかということは，結構悩ましい話でありまして，結局，会社の必要度合いに応じて，配置される場所は変わっていくということです。会社としてのリスクマネジメントの重要性が変化すれば，そのときそのときで最適な部門に置かれていくということだと思います。

菅原　ありがとうございました。

◆ERMを実践する中で遭遇する課題

司会　では，これから，「ERMを実践する中で遭遇する課題」について議論していきたいと思います。ERMの中で遭遇する課題はいろいろあると思いますが，戦略に関するリスクというのはやっぱり大きいと思うんですね。戦略リスクについて，先ほどいろいろご発言があった大森さん，いかがでしょうか。

大森　リスクマネジメント，オペレーショナルリスクサイドから戦略リスク

第4回：企業における価値創造 ERM の実践
　　　　―多様な実践の形態から ERM 実践のあり方を考える―

という言葉を出すと，財務とか経営層であるとか，新しい戦略を打って出ようとする部門が非常に嫌がるんです。それは関係ないよと，こういう話になってくるんです。ただ，オペレーショナルリスクについても戦略リスクについても共通するものというのは，やっぱりファイナンス，財務です。ですから，財務の執行役員としっかりとディスカッション等をしながら，かつ USJ でいうとマーケティングであったり，もしくは他の事業会社であれば，営業であったりとか企画であったりというところにも関係すると思います。そこのところを踏まえながら，オペレーショナルリスクの体制と戦略リスクの体制という，プレーヤーをしっかりと説得していく。そのことによって，いかに戦略リスクの一個一個の案件に対して，オペレーショナルリスクとして一体どんなことが起きていくのか。それが想定を超えるようなプロフィットになるケースもあれば，要するに想定外のロスになっていくということもありますので，一体化の取組みは非常に重要ではないのか。そのためのコーディネーターというかリーダーシップを発揮するのがリスクマネジメント事務局というポジションになります。

　ただ，私が所属していた外資系になりますと，リスクマネジメントについての権限は全部その1か所に付与できますので，所属している部門が総務，法務というような兼務のものであったとしても，その権限に基づいてファイナンスであるとか，ほかの部門長に指示をする，こういう権限があるんですけれども，そうでないところではオペレーショナルリスクサイドから戦略リスクをリンクさせていくのは，なかなか難しい点があるのかと思います。今後，ここは非常に重要な点かと思います。

　オペレーショナルリスクとリンクさせていかないと，戦略リスクにおいて，損切りというか，ここまで行ったらもうやめるんだという，いわゆる撤退ですね。当然，新しい事案に投資をしていく以上，うまくいかなければ撤退しなければいけません。ですから，撤退のリスクということも，きっちりとリスク評価というところに入ってきますので，いかに上手に逃げるのかという戦略も含めながら，戦略リスクとオペレーショナルリスクの一体化として取り組んでいくということは非常に肝要なのかなと思います。

　司会　ありがとうございます。一体として取り組むことが私も重要だと思っています。戦略リスクについて，菅原さん，いかがでしょうか。

●パネルディスカッション●企業におけるERMの実践 —実務担当者からの提言—

菅原　うちは大森さんのようにきれいな姿にはなっていないのですけれども，戦略リスクというものは，コーポレートリスクマップには絶対載っていないといけないと思います。地震とかそういうものも当然大事なんですけれども，うちが潰れるようなリスクって何なんだとか，赤字になるようなリスクって何なんだといったときには，そういった戦略リスクが入ってこざるを得ないんですね。だから，マップには載せています。

載せた以上は何かしないといけない。ただ，それに対してリスクマネジメントが別の活動をするのかというと，それも残念ながら現実的ではないので，現時点では，その活動自体はプロジェクトの推進母体だったりとか，そういう人たちにやってもらいながら，それに対してリスクという観点からも，チェックしてもらうとか，そういう気付きを与えて，リスクをちゃんと見ているプロジェクトにしてもらう。先ほど言ったように，ちゃんと経営が直接モニタリングしている形を整えて，プロジェクトがうまくいくようにサポートしていくやり方をしているという程度です。

司会　どうもありがとうございます。戦略リスクの扱いは難しいところがあります。なぜ難しいのか，私は3つ理由があると思います。

1つ目は，本来業務と二重の管理になるという意見。2つ目は，投資など戦略に関する事項は，取締役会や経営会議で議論されているため，リスクマネジメントで戦略を取り扱うのは，リスクマネジメントの事務局が取締役会や経営会議と同格のように見えて，僭越ではないか，違和感があるという意見が出てくる場合があることです。3つ目は，オペレーショナルリスクのようなマイナス事象とは管理の仕方が違うということで，社内で重要リスク一覧表に入れることに抵抗があると思われます。

ただ，戦略とオペレーションは表裏一体のものですから，これはやはり会社としての重要事項としては，根気よく説得して理解してもらっていくしかないというのが私の意見です。

◆リスクマネジメント教育

司会　そろそろ予定の時間になりましたので，最後に一言ずつ，皆さんのお

考えをお話しいただきたいと思います．最初，菅原さん，お願いします．

菅原 まとめの言葉としてはあまりふさわしくないのかもしれないんですけれど，もう1つだけ個人的にうれしいことというか自慢になってしまうんですけれど，申し上げますと，今年から当社の開発部門の全課長職に対してのリスクマネジメント講座という半日コースの座学と実習を始めました．とりあえず今年は300人ぐらいやるんですけれども，今までは，どうしても全社の事務局みたいなところをメインでやっていて，すべての従業員に対する教育みたいなのは，全くできていなかったんですけれども，DJSI（ダウ・ジョーンズ）とか，FTSEとか，そういうところからのアンケートなんかでも，全社員に対する教育みたいなものが，かなりキーポイントになってきて，「これはやらないといい点数がもらえないな」ということに追い込まれて，ちょうど開発部門からそういう話があり，Win-Winの形で私も担当しているんです．

ERMというのは，どこかの誰かが何かをやっているんだ，本社の誰かがやっているんだというものではなくて，一人一人の従業員すべての問題なんですね．すべての従業員がちゃんと理解をして，自分自身もちゃんと貢献するんだと，そういう雰囲気を醸成していく必要があって，そのために，こういう全社員に対する教育もやっていかなければいけない．そういう第一歩を踏み出せたということで，これを励みに，もうしばらく頑張ってみようかと思っております．

司会 どうもありがとうございます．では，大森さん，お願いします．

大森 私は菅原さんのご意見に賛同させていただくんですけれども，リスク教育ですね．これは，やはり良質の企業カルチャーにつながっていく．昨今の時代の要請という点からしますと，正しくないものの中から正しいものを選ぶというのではなくて，たくさんある正しいものの中からベストチョイスを選んでいく．一番大事なものは何なのかという，その判断．要するに，倫理観ですね．これが非常に求められている．

これは決して経営者であったりとか，ある一定以上の役職の方ではなくて，現場で働く一人一人が，どういう価値観でその行動，意思決定していくのかという，そのレベルの内容はいろいろあるんですけれども，そういった点からすると，その倫理観まで昇華させた形の企業文化，企業カルチャー．これをしっかりとつくっていく．リスクマインド研修等々というのは非常に重要だと考え

ております。

司会 日本の企業では，中間管理職，具体的には本社のマネジャークラスあるいは現場の部長クラスのリスクに対する感度を向上させる教育の充実が重要だと思います。リスクに対する感度の向上から，リスクに気を配る文化が生まれてくるのではないかと思います。経営者はこのリスクに気を配る文化を気にしていても，現場の部長，本社のマネジャークラスになると，経営者ほどその重要性を認識していない場合もあります。中間層に対するリスク教育，特に自社の失敗事例あるいは新聞報道されたような事例についてのディスカッションを中心とした教育が重要なのではないかと思います。以上です。

それでは，予定の時間となりました。事業会社におけるERMは多様であるということの一端を，皆様にご理解いただけたのではないのかと思います。きょうはどうもありがとうございました。(拍手)

編集後記──日本価値創造 ERM 学会 10 年間の歩み

【当学会と価値創造 ERM 経営】

　COSO-ERM は，経営者に対してリスクマネジメントに基づいた意思決定を可能にする枠組みを与え，その意思決定に関して一定の保証を与える枠組みです。

　当学会は，この点に着目し，経営プロセス全体の有効性を考察し，「リスク・プロセスアプローチ」による「価値創造 ERM 経営」を行うことを提言しています。これは無形資産価値への貢献をリスクの識別との関係で捉え，有効なプロセスの構築を狙うもので，以下の3つの整合性に注目しています。

① 企業理念・目的と事業構造の関係
② 現在の組織構造と有形・無形資産保有構造の関係
③ 価値創造の目的・結果に影響を与える不確実性（リスクとチャンス）構造と対応プロセスの関係

　企業の価値創造についての概念的な枠組みを求める際に重要な視点は，不確実性（リスクとチャンス）と無形資産との関係の理解の仕方です。そして，

① 有効なリスクマネジメント・プロセスとして，有効な不確実性（リスクとチャンス）に関する認識・識別プロセスを有しているか
② リスクへの対応として，有効な情報共有空間を有しているか
③ リスク対応プロセスとして，取りうる選択肢を識別する有効なプロセスを有しているか
④ そのプロセスが有効に経営管理されているか，これらプロセスが有効に機能するために，適切な資源配分をしているか，人的資産は十分な情報・知識水準にあるか

などの，リスクとプロセスのダイナミックな関係を改善していく枠組みの構築と運用を提唱しています。プロセスの有効性では，人的要因が関係するため，企業理念や企業文化などが重要な要素となります。モラルハザードは，このプ

ロセスの不安定性に関係し，プロセスの安定性を確保することも重要な経営プロセスの一つであり，リスクマネジメント・プロセスはその役割の一翼を狙います。

「企業の事業活動と，コーポレートガバナンス，リスクマネジメントとを別ものとして捉えるのではなく，統合的に捉え，無形資産価値創造により企業価値の向上につなげるべきもので，これが経営そのもの」との考え方を基本とします。経営者にとって，上位概念である企業理念や企業目的を踏まえ，経営戦略・事業計画を策定することが，リスクマネジメントを考えるうえでの出発点です。当該計画の達成を支える経営の枠組みを構築し，運用することになります。この経営の枠組みを確実にするものが，リスクマネジメントシステムです。経営戦略・事業計画の概要について株主の了承を得ること，また，計画の進捗や結果について報告し理解を得ること，このようなプロセスによる経営者に対する規律がコーポレートガバナンスです（たとえば，本件に関する日本企業の取組みとして，当学会での講演会や勉強会にてパナソニックの宮崎氏から事例紹介あり）。

情報・知識集約型のポスト工業社会では，付加価値の源泉が「人的資本」を中心とした無形資産にあることから，株主のみならず，従業員が企業理念・目的，そして経営戦略・事業計画とリスクマネジメントシステムにかかわる一連のプロセスの整合性と連続性を理解し，自身のものとして共有することが基本となります。また，顧客・取引先，業務委託先についても，当該企業のリスクマネジメントシステムにつながる重要なプロセスの延長線上にあることを理解することが重要です。

企業経営は，「知識とリスク」への対応であると定義することができます。すなわち，価値を創り出すものと，毀損するものへの対応です。「進化に対応できない陳腐化リスクは企業にとって致命傷となり，加速化する進化への経営の対応として，価値とリスクの両面から考察することが重要です（AIやIoT，ロボットに代表される新しい技術への対応という大きな経営課題に直面しています）。

（注）　上記の「価値創造ＥＲＭ経営」は，2006年度に実施した明治大学・野村総合研究所との共同研究の成果・知見に基づく（明治大学／刈屋武昭教授，野村総研／三宅将之主席コンサルタント，堀江貞之上席研究員）。

【日本価値創造 ERM 学会の活動】

　当学会の会員は，事業会社のリスクマネジメント，内部監査，経営企画等の部署に所属する会員，およびコンサルティング会社や金融・保険会社に所属する会員，ならびに大学や研究機関の研究者である会員で構成されています。

　従来，日本企業は，欧米の先進企業（たとえば，米デュポン，英トムキンズ等）のリスクマネジメントに関する事例研究や関連情報収集には熱心でしたが，大多数の企業は自社の取組みを対外的に公表することに難色を示してきました。

　そうした中，設立以来10年間で当学会の会員関係者による218件の発表実績（月次研究会と年次大会での発表実績累計），発表全体の約2割が自身の所属する組織のERMの取組みについて発表しています（8割は，研究者やコンサルタントによるERM関連研究や手法に関する発表）。

　日本を代表する企業（パナソニック，花王，セブン・アンド・アイ，日産，東京ガス，帝人，ANA，資生堂，ヤマハ発動機，野村證券，みずほFGなどの有力企業）での様々なERMの取組みに関する事例研究，そして，昨今のメディア報道に度々登場する企業の巨額損失事例等を踏まえ，会員間で，「価値創造」と「リスク」の関係に関する理解を深めてまいりました。日本企業の価値創造に資するよう地道な活動を積み重ねてきた「10年間の当学会の足跡」を本書籍にまとめることの意義は大きいものと思います。

　当学会の活動に参加いただいています関係各位には心から感謝申し上げる次第です。

（記・三宅将之）

(参考) 月次研究会ならびに年次研究発表大会開催実績
―― 当学会設立(2007年春)〜2016年度までに開催した月次研究会ならびに年次研究発表大会での発表件数*1

年度	年次研究発表大会				月次研究会			
	A	B	C	計	A	B	C	計
設立大会 (2007.5.18)	1	4	1	6				
2007	1	11	2	14	5	1	8	14
2008	1	6	1	8	5	4	6	15
2009	0	9	1	10	7	1	9	17
2010	0	5	3	8	5	3	7	15
2011	1	6	2	9	3	8	4	15
2012	0	6	4	10	4	6	5	15
2013	1	6	1	8	5	2	8	15
2014	1	5	3	9	1	3	3	7
2015	1	4	-	5	1	4	2	7
2016	0	3	4	7	1	2	1	4
計	7	65	22	94	37	34	53	124

*1) 複数の発表者の場合は,1件とカウント
*2) A,B,Cの分類について
　　A:自身の所属する組織のERMの取組みについて
　　B:研究者によるERM研究について
　　C:コンサルタント等によるERMに関する手法,ERM事例の紹介等について
*3) 2016年度は,月次研究会形式ではなく,創立10周年記念として4回のシンポジウムを開催

●研究会

2007年度	開催日	発表者	発表タイトル
第1回	6月1日（金）	1. 三宅　将之（野村総合研究所）	内部統制から価値創造ERM経営へ〜未来のリスクとチャンスをマネジメントする
第2回	7月20日（金）	1. 馬渡　一浩（電通）	ブランドが望ましい企業文化やプロセス作りにどう役立つか
		2. 横田　浩一（日本経済新聞社）	ブランドと価値創造
第3回	8月3日（金）	1. 張替　一彰（野村證券）	有報事業リスク情報を活用したリスクIR評価
		2. 戸田　真（ニッセイ情報テクノロジー）	生保のガバナンス
第4回	9月7日（金）	1. 刈屋　武昭（明治大学）	ERMと無形資産：展望
		2. 今田　達雄（インターリスク総研）	リスクファイナンシング手法としての自家保険〜キャプティブ実務を踏まえて
第5回	10月5日（金）	1. 田井　久恵（帝人）	ERM：帝人のケース
		2. 山田　昌宏（全日本空輸）	ERM：ANAのケース
第6回	11月16日（金）	1. 小西　健一郎（野村證券）	事業リスク定量化の試みと事業リスク評価モデル
		2. 宮﨑　勇気（松下電器産業）	松下電器グローバル＆グループリスクマネジメントの取り組み
第7回	12月21日（金）	1. 山田　敦則（資生堂）	資生堂の総合リスクマネジメント
第8回	2月15日（金）	1. 荒木　由起子（損害保険ジャパン）	英国・カナダの官公庁における統合的リスクマネジメント推進の取り組み
		2. 野口　和彦（三菱総合研究所）	ISOの規格化等を含むリスクマネジメントの最新の動向

2008年度	開催日	発表者	発表タイトル
第1回	4月18日(金)	1. 辻　晶仁（トヨタ自動車）	トヨタ自動車における内部統制プロジェクトの歩みと今後について
		2. 中井戸　達也（住友商事）	住友商事のコーポレートガバナンスとリスクマネジメント
第2回	5月23日(金)	1. 佐藤　淑子（日本IR協議会）	リスクマネジメントとIR活動
		2. ラティポフ・ゲンナディ（京都大学大学院）	不確実性のもとでの企業成長の評価（Valuing corporate growth under uncertainty）
第3回	6月20日(金)	1. 藤井　哲哉（東京ガス）	日本企業の価値創造に資する内部監査
		2. 三神　明（三菱商事）	内部監査とERM
第4回	7月18日(金)	1. 小川　康（インテグラート）	全社的戦略リスクマネジメント〜経営と現場を直結する戦略的事業ポートフォリオマネジメント手法とシステム
		2. 浜岡　泰介（みずほ第一フィナンシャルテクノロジー）	大きくなる事業リスク〜二酸化炭素削減のコスト
第5回	9月12日(金)	1. 原田　武嗣（野村アセットマネジメント）	資産運用業におけるリスク・マネジメント〜ERM導入の必要性・あるべき姿
		2. 刈屋　武昭（明治大学）	有効なERMプロセスは企業文化から
		3. 刈屋　武昭（明治大学）	組織精神性資産とERM
第6回	10月17日(金)	1. 神林　比洋雄（プロティビティ）	内部統制からERMへ〜ERM導入の事例研究
		2. 永井　孝一郎（アビームコンサルティング）	J-SOXからERMへ〜日本企業が抱える課題
第7回	11月21日(金)	1. 三次　啓之（スタンダード＆プアーズ）	エンタープライズ・リスク・マネジメント〜Ｓ＆Ｐ格付けプロセスへの導入
第8回	12月19日(金)	1. 三木　隆二郎（第一生命）	破綻生保の組織精神性資産とERM
		2. 刈屋　武昭（明治大学）	サブプライム問題とERM

●研究会(2007年度〜2015年度)　229

2009年度	開催日	発表者	発表タイトル
第1回	4月17日(金)	1. 三奈木　輝良（横河電機）	横河電機・海外事業展開
		2. 杉本　典彦（ヤマハ発動機）	ヤマハ発動機グループのリスクマネジメント
第2回	5月15日(金)	1. 新田　敬祐（ニッセイ基礎研究所）	ガバナンス評価の視点
		2. 小杉　真（大和総研）	企業グループの組織体制〜持株会社体制の視点から
第3回	6月19日(金)	1. 萬來　雄一（東京ガス）	東京ガスの危機管理体制〜地震・新型インフルエンザへの対応．BCP事業継続計画を含めて
		2. 藤島　裕三（大和総研）	株主価値創造の原理と経営システム
第4回	7月17日(金)	1. 木村　祐基（企業年金連合会）	日本企業のコーポレート・ガバナンスとリスク・マネジメントへの期待〜年金運用の立場から
		2. 安井　肇（あらた監査法人）	企業の事業継続と企業価値
第5回	9月18日(金)	1. 野村　嘉浩（野村證券）	目前に迫る国際会計基準の導入
		2. 小林　孝明（野村総合研究所）	新たな企業リスクの捉え方〜オペレーショナル・リスク管理高度化の論点
第6回	10月16日(金)	パネラー： 吉野　太郎（東京ガス） 原　誠一（PwCアドバイザリー） 森本　祐司（キャピタスコンサルティング） モデレータ： 酒井　重人（ソシエテジェネラル）	ERM：金融機関と事業法人のアプローチ〜共通の理解を求めて
第7回	11月20日(金)	1. 武井　一浩（西村ときわ法律事務所）	上場会社をめぐって今起きていること〜経営現場と資本市場との衝突と公開会社法制
		2. 唐崎　辰男（矢崎総業）	矢崎総業のリスク管理の概況と実例
第8回	12月18日(金)	1. 関　孝哉（コーポレート・プラクティス・パートナーズ）	従業員の経営参加と欧州会社法〜ドイツ企業の対応と日本への示唆
		2. 菅原　正（日産自動車）	日産自動車におけるリスクマネジメント

2010年度	開催日	発表者	発表タイトル
第1回	4月16日(金)	1. 土本　清幸（東京証券）	上場会社のコーポレートガバナンスの向上に向けた東京証券取引所の取組み
		2. 服部　達男（ディスコ）	株式会社ディスコのBCMへの取組み
第2回	5月21日(金)	1. 野口　和彦（三菱総合研究所）	組織目的の達成を支援するリスクマネジメント規格ISO31000について
		2. 真田　佳幸（三菱商事）	三菱商事のリスクマネジメントの取組み
第3回	6月18日(金)	1. 中村　恭二（第一生命）	マネジメントのためのリスク管理の勘所～損失事例が教えてくれるリスクという名の『心の色』
		2. 久納　啓作（小田急電鉄）	小田急電鉄のリスクマネジメントの取り組み
第4回	7月16日(金)	1. 金　鉉玉（東京経済大学）	リスク情報開示の現状とその効果
		2. 荒木　由起子（損害保険ジャパン）	外国政府機関・企業のERMの事例研究
第5回	9月17日(金)	1. 海津　政信（野村證券）	脱ガラパゴス戦略～新興国市場での日本企業の新たな成長シナリオ
第6回	10月15日(金)	1. 鈴木　行生（日本ベル投資研究所）	投資家からみた企業価値評価～そのアドバイスと蓋然性
		2. 川橋　仁美（野村総合研究所）	コミュニケーション・ツールとしてのリスク・アペタイト
第7回	11月19日(金)	1. 碓井　茂樹（日本銀行）	金融危機後のリスク管理と内部監査の課題～ガバナンス強化に向けて
		2. 水口　啓子（日本格付研究所）	保険会社の経済価値ベース収益・リスク経営管理の評価・分析
第8回	12月17日(金)	1. ピエール・スペストル（元日産自動車）	工業企業のリスク管理～他社の失敗事例から学ぶ
		2. 光成　美樹（みずほ情報総研）	資源除去債務と環境債務

2011年度	開催日	発表者	発表タイトル
第1回	4月15日(金)	1. 田中　正博（田中危機管理広報事務所）	危機管理について
		2. 眞崎　達二朗（GRCジャパン）	事業中断によるキャッシュフロー悪化額の算定
第2回	5月20日(金)	1. 大森　勉（ユー・エス・ジェイ）	エンターテイメント企業のリスクマネジメント
第3回	6月17日(金)	1. 村木　信爾（明治大学）	事業用不動産のリスク管理～価格，価値の視点から
		2. 王　京穂（明治大学）	市場流動性とその対価～賃貸用不動産の場合
第4回	7月15日(金)	1. 鈴木　隆敏（慶應義塾大学）	被災ミュージアムと文化財を救おう
		2. 岩渕　潤子（慶應義塾大学）	激甚被害：不測の事態にどう備えるべきか？美術館・博物館に求められる日頃の対策
第5回	9月2日(金)	1. 大林　厚臣（慶応義塾大学）	事業継続マネジメント（BCM）の要点と課題
		2. 成田　庄二（セブン＆アイホールディングス）	もうひとつのライフラインの構築に向けて～災害対策とその実効性について紹介
第6回	10月21日(金)	1. 野々山　一郎（日本郵船）	日本郵船のERMの整備
		2. 菅野　真一郎（みずほコーポレート）	中国ビジネスの光と影～対中投資相談の現場から
第7回	11月11日(金)	1. 中山　幸雄（DNVビジネス・アシュアランス・ジャパン）	ISO活動と企業価値向上
		2. 野口　正文（日本興亜損害保険）	格付会社のERM確認項目を用いた事業会社向けERMチェックリスト
第8回	12月9日(金)	1. 刈屋　武昭（明治大学）	予兆をみるKey Risk Indicators（KRI）の考え方の紹介と議論～COSO思考ペーターから
		2. 宮村　和谷（あらた監査法人）	今後のリスク監査の展望：データを用いた継続監査による兆候分析と，リスクシナリオベースの統合監査

2012年度	開催日	発表者	発表タイトル
第1回	4月20日(金)	1. 斎藤　寛（東ソー）	事業会社ではERMをどのように実施して，価値創造を実現するのか～実務家からの提言
		2. 吉野　太郎（東京ガス）	事業会社における価値創造ERMの実務対応
第2回	5月18日(金)	1. 高田　朝子（法政大学大学院）	危機に強い組織を作る
		2. 菅野　正泰（神奈川大学）	金融機関経営における資本規制とERM
第3回	6月15日(金)	1. 安井　肇（あらた監査法人）	持続的な価値創造に資する非財務情報開示のあり方～「統合報告」の我が国企業にとっての意義
		2. 張替　一彰（野村證券）	投資家目線を意識した非財務情報IRの在り方について
第4回	7月20日(金)	1. 田中　彰（朝日新聞社）	朝日新聞社でのリスクマネジメントの立ち上げ
		2. 細野　充弘（小田急電鉄）	小田急グループにおけるリスクマネジメントについて
第5回	9月21日(金)	1. 木村　哲（明治大学）	太陽光発電事業のリスク分析例の紹介
		2. 金城　亜紀（関西外国語大学）	ABL（Asset Based Lending）と事業会社のリスクマネジメント
第6回	10月19日(金)	1. 米山　高生（一橋大学大学院）	ドハーティ著『統合リスクマネジメント』を読む
		2. 高瀬　浩幸（日本電気）	『今求められる監査役と内部監査部門のあるべき姿』～コーポレート・ガバナンスを支える監査役と内部監査の役割
第7回	11月16日(金)	1. 井上　淳一（エヌユー知財フィナンシャルサービス）	無形資産としての特許資産価値の評価
		2. 植村　修一（独立行政法人経済産業研究所）	リスク，不確実性，そして金融危機
第8回	12月21日(金)	1. 齊藤　誠（一橋大学大学院）	原発機器の経済学：社会が原発を受け入れる条件とは？

2013年度	開催日	発表者	発表タイトル
第1回	4月19日(金)	1. 木村　哲（明治大学）	財政危機リスク分析モデルの研究
		2. 小川　康（インテグラート）	事業リスクの存在を前提とした事業計画法～仮説指向計画法（Discovery-Driven Planning）の紹介
第2回	5月17日(金)	1. 柴田　宏樹（スタンダード＆プアーズ・レーティング・ジャパン）	S&P経営陣とガバナンスに関する信用力評価要因
		2. 中山　幸雄（DNVビジネス・アシュアランス・ジャパン）	サービスマネジメント：基本編（顧客満足度と企業価値向上に関する考察）
第3回	6月21日(金)	1. 野々山　一郎（日本郵船）	日本郵船のERMの進展
第4回	7月19日(金)	1. 大庭　昭彦（野村證券）	投資家心理と企業価値
		2. 大森　勉（ユー・エス・ジェイ）	ユニバーサル・スタジオ・ジャパンのERM
第5回	9月20日(金)	1. 大久保　琢史（ジャパンリスクフォーラム），酒井　重人（ソシエテジェネラル）	「ジャパンリスクフォーラム」の活動について
		2. 佐野　之泰（日本電気）	労務リスク問題について～その傾向と対策
第6回	10月18日(金)	1. 大前　和徳（日本クラウド証券）	クラウドファンディングの飛躍に向けて
		2. 柳　良平（エーザイ）	価値創造経営に係る一考察【ケース】エーザイIRの理論的背景
第7回	11月15日(金)	1. 森本　親治（新日本有限責任監査法人）	改訂COSOを活かしたリスク管理，ガバナンス強化に向けた内部統制の高度化
		2. 藤井　健司（みずほ証券）	10大事件と金融リスク管理
第8回	12月9日(金)	1. 吉村　雅明（ミリマン）	複雑性の科学(Complexity science)のリスク選好とエマージングリスクへの応用
		2. 植田　和男（特定非営利活動法人 日本PFI・PPP協会）	公共施設・インフラの更新問題による地方自治体経営の危機と解決策としてのPFI/PPP（官民連携）

2014年度	開催日	発表者	発表タイトル
第1回	4月18日(金)	1.渡部　豊（公認情報システム監査人）	ガバナンス・リスク・コンプライアンス（GRC）の動向と日本企業での適用に向けたアプローチ
第2回	5月16日(金)	1.松村　智雄（東京理科大学・亜細亜大学），金丸　智昭（インドネシア総合研究所）	インドネシアビジネスのリスクマネジメント例
第3回	6月20日(金)	1.石井　隆（P&C再保険オフィス）	世界の再保険市場の動向と日本の現状
第4回	7月18日(金)	1.安間　匡明（国際協力銀行）	プロジェクトファイナンスの実務とリスク管理
第5回	9月17日(金)	1.宮林　正恭（東京都市大学）	リスク危機マネジメントのすゝめ
第6回	10月17日(金)	1.中塚　富士雄（格付投資情報センター）	「のれん」の開示と広報・IR活動上のリスク
第7回	11月21日(金)	1.福島　良治（みずほ第一フィナンシャルテクノロジー）	デリバティブ取引のリスクに関する法律問題と規制
第8回	なし		

2015年度	開催日	発表者	発表タイトル
第1回	4月17日(金)	1.野口　正文（損保ジャパン日本興亜）	全社的リスクマネジメント（ERM）を活用した内部監査手法の研究
第2回	5月22日(金)	1.三宅　将之（日本工業大学大学院），Eric Fandrich（野村総合研究所）	新たなICTの挑戦，一層求められるERM経営
第3回	6月19日(金)	1.杉下　裕樹（野村證券）	JPX日経400が企業行動に与える役割と，持続的なROE・株主価値向上のための株主還元政策
第4回	7月17日(金)	1.祖父江　康宏（有限責任監査法人トーマツ）	金融機関のストレステストとERM経営への活用
第5回	10月17日(金)	1.若松　勇（日本貿易振興機構）	アジアへの中小企業海外進出におけるリスクと対応
第6回	11月20日(金)	1.吉野　太郎（東京ガス）	事業会社における危機管理体制についての考察〜企業における不正・不祥事対応を中心にして
第7回	12月18日(金)	1.前田　佳宏（リンカーズ）	日本のものづくり復活・価値創造の最終手段"リンカーズのビジネスモデル"〜極めて高いマッチング成約率のマネジメント構造とは？

●研究発表大会

▶設立大会(2007年5月18日(金))

発表者	発表タイトル
1. 刈屋　武昭（明治大学）	価値創造 ERM と無形資産
2. 吉野　太郎（東京ガス）	ERM，東京ガスの場合
3. 安井　肇（あらた監査法人）	フィナンシャルイノベーションと内部統制
4. 川北　英隆（京都大学）	コーポレートガバナンスとリスク管理
5. 宗國　修治（みずほ第一フィナンシャルテクノロジー）	定量的事業リスクマネジメント
6. 加藤　康之（野村證券）	知的資産経営と資本市場の役割

▶第1回研究発表大会(2008年1月11日(金))

発表者	発表タイトル
1. 藤原　浩一（同志社大学大学院）	競争基盤が変わる脅威と戦略的 ERM
2. 張替　一彰（野村證券）	ERM における予測市場の効用とその影響について
3. 阪田　麻紀（セキュラックジャパン）	英国の先進的 ERM 事例と日本への適用
4. 小西　健一郎（野村證券）	企業セグメントパネルデータを用いた垂直・水平関係を考慮した利益率要因解析
5. 八丁地　園子（明治大学大学院）	ビジネスの「現場」における「潜在的ゲームの構造」～企業価値創造の視点から
6. 高橋　茂（三菱総合研究所・(独)情報処理推進機構）	ソフトウェア資産に関する実証分析
7. 馬渡　一浩（電通）	Web データを活用したレピュテーションリスク対応手法の構築に向けて
8. 樋渡　淳二（埼玉大学）	信用リスク，市場リスクに跨るオペレーショナルリスクの管理高度化

▶第2回研究発表大会(2009年1月23日(金))

発表者	発表タイトル
1. 川上　昌直（兵庫県立大学）	戦略浸透がもたらす業務リスク統制への効果
2. 藤原　浩一（同志社大学）	ERM 実行可能な組織の条件
3. 三神　明（三菱商事）	内部統制監査と内部監査
4. 馬渡　一浩（電通），新井　範子（専修大学），豊田　正史（東京大学），吉永　直樹（東京大学），鍛治　伸裕（東京大学），田村　孝之（三菱電機・東京大学），喜連川　優（東京大学）	レピュテーションリスク予測に向けた Web データの活用方法
5. 吉野　太郎（東京ガス）	ERM の実践～導入，展開，発展
6. 張替　一彰（野村證券）	有報事業リスク情報を活用した IR 評価

7. 堀江　貞之（野村総合研究所）	企業価値向上を目指す投資家と企業経営者の関係のあり方
8. 藤江　康弘（KPMGビジネスアシュアランス），宮脇　篤史（KPMGビジネスアシュアランス）	金融危機から学ぶ～これからのリスクマネジメント像

▶第3回研究発表大会（2010年1月22日（金））

発　表　者	発表タイトル
1. 三神　明（三菱商事）	コーポレート・ガバナンスにおける内部監査の役割
2. 田中　久司（東北新社）	COSO-ERMの定量的手法の適用事例
3. 張替　一彰（野村證券）	定量的手法を用いたR&Dガバナンスの在り方
4. 藤原　浩一（同志社大学）	企業価値の戦略的リスク・マネジメント～企業価値創造とリスク・マネジメント，同時実行手段としてのオプションの可能性について
5. 森山　文利（神戸市外国語大学），土橋　俊寛（一橋大学），西村　健（一橋大学），高橋　茂（三菱総合研究所）	情報システム産業における理論モデルによるインセンティブ契約による適用可能性
6. 加藤　晃（青山学院大学大学院）	リスク情報の定量化による日米比較～製薬業界の事例を踏まえて
7. 山本　裕樹（野村證券）	事業ポートフォリオの定量評価と最適化
8. 杉田　健（中央三井アセット信託銀行）	年金制度のリスク管理と金融危機
9. 青木　輝久（明治大学），乾　孝治（明治大学）	LDIの有効性に関する検証
10. 堀江　貞之（野村総合研究所）	金融危機後の機関投資家の投資責任は何か

▶第4回研究発表大会（2011年1月28日（金））

発　表　者	発表タイトル
1. 八丁地　園子（明治大学），刈屋　武昭（明治大学）	情報の非対称性と意思決定における上司と部下の性格の違いに対する企業の戦略
2. 樋渡　淳二（多摩大学）	戦略・目標と整合的な企業・個人のリスクマネジメントフレームワーク活用と留意点等
3. 三神　明（三菱商事）	会計監査と内部監査～相互の有効利用についての一考察
4. 渡部　豊（ナナロク）	J-SOXでの「重要な欠陥」が語る今後の企業リスク管理のあり方に関する考察～IT活用に基づくIFRS（国際会計基準）適用に向けたGRC（ガバナンス・リスク・コンプライアンス）の強化に向けて
5. 上田　隆史（ネット・カンファレンス）	総合商社に見るリスクベース事業ポートフォリオマネジメントの考察
6. 田中　久司（元東北新社）	一般事業会社のための東郷リスクマネジメント構築への試み

●研究発表大会(設立大会(2007年5月)~第10回大会(2016年9月)) 237

7. 張替　一彰（野村證券）	消費ハビットによる日本市場リスクプレミアム・パズルの解明~動学的一般均衡モデル（DSGE）によるサプライサイドアプローチ
8. 川上　昌直（兵庫県立大学）	顧客価値とリスク・マネジメント

▶第5回研究発表大会(2012年1月13日（金）)

発　表　者	発表タイトル
1. 藤原　浩一（同志社大学），熊谷　善彰（早稲田大学）	イノベーションの財務インパクト~信用リスクはいかに発生するか？
2. 牛島　祐亮（野村證券），張替　一彰（野村證券）	市場流動性と株主価値評価
3. 木村　哲（明治大学），中山　幸雄（DNVビジネス・アシュアランス・ジャパン）	財政破綻リスク分析モデルの研究
4. 田中　久司（フジコー）	東日本大震災における東京電力のリスクマネジメントとそこからの教訓
5. 三神　明（燦ホールディングス）	金融危機後の会計監査のあり方~欧州委員会グリーン・ペーパーについての一考察
6. 大島　英人（あずさ監査法人）	新興国におけるリスクマネジメント
7. 川上　昌直（兵庫県立大学）	価値創造のビジネスモデル・デザイン
特別講演会・基調講演：刈屋　武昭（明治大学）	価値創造ERMの展望
ゲスト講演：中川　俊一（花王）	花王のCSR経営~攻めと守りのCSR・企業価値向上活動

▶第6回研究発表大会(2013年1月18日（金）)

発　表　者	発表タイトル
1. 張替　一彰（野村證券）	アナリスト予想を使った汎用型事業リスク分解モデルの開発
2. 茂木　寿（KPMGビジネスアドバイザリー）	企業のグローバル化とリスクマネジメントの在り方~新興国ビジネスにおけるリスクマネジメント高度化についての考察
3. 刈屋　武昭（明治大学），八丁地　園子（明治大学）	情報価値化過程における上司と部下の性格の組合せと企業パフォーマンス
4. 畑　憲司（KPMG BPA）	食品業界における垂直統合の動向~総合商社がリードするバリューチェーンの編成
5. 三神　明（燦ホールディングス）	監査役のアイデンティティの再検証~三様監査の更なる連携の必要性
6. 田中　久司（フジコー）	ERMの実践的高度化~企業の実践例を踏まえたERMの高度化について

7. 藤原　浩一（同志社大学），熊谷　善彰（早稲田大学）	経営判断と企業価値変動リスク～シミュレーションの可能性について
8. 三木　隆二郎（かんぽ生命保険）	生命保険会社の視点から振返る『失われた20年』の考察
特別講演会・基調講演：川北　英隆（京都大学）	資本コストへの意識が企業価値を高める
ゲスト講演：箱田　順哉（公認会計士）	COSO内部統制フレームワークの改訂と我が国の課題

▶第7回研究発表大会（2014年1月16日（木））

発表者	発表タイトル
1. 三神　明（燦ホールディングス）	監査役監査の定義と監査役制度の再評価～わが国の翻訳文化に潜む諸問題と三様監査
2. 紺野　由希子（横浜国立大学大学院）	公共工事の入札参加資格を使った中小建設業のデフォルト及び撤退の要因分析
3. 王　京穂（明治大学）	電力問題の産業に対する影響
4. 田中　久司（フジコー）	リスク選好を使った経営戦略に係るバランスアプローチ構築の試み？
5. 永田　真一（明治大学），乾　孝治（明治大学）	アローヘッドシステム導入により東京証券取引所は効率化が促進されたか
6. チン　セイ（ナヌーク），王　京穂（明治大学）	中国小売市場への進出タイミングについて
特別講演会・基調講演：川北　英隆（京都大学）	日本経済と市場に迫るリスクへの対応
ゲスト講演：菅原　正（日産自動車）	日産自動車のリスクマネジメント

▶第8回研究発表大会（2015年1月22日（木））

発表者	発表タイトル
1. 樋渡　淳二（大東文化大学）	金融機関のリスク管理手法を応用した個人の夢をかなえるリスク管理手法の研究
2. 杉田　健（三井住友信託）	企業年金制度のリスク・マネジメントにおけるモンテカルロ・シミュレーションの応用
3. 紺野　由希子（横浜国立大学大学院），伊藤　有希（横浜国立大学大学院）	外部格付に依存しない信用リスク計測に関する研究
4. 三木　隆二郎（年金シニアプラン総合研究機構）	協働運用型DC制度のガバナンスとライフプラン教育
5. 三神　明（燦ホールディングス）	企業のグローバル化に対応した監査役制度の再評価と監査業務のフレームワーク～日本版コーポレートガバナンス・コード策定への提言
6. 中山　幸雄（筑波大学），津田　和彦（筑波大学）	マネジメントフレームワークにおける継続的改善の阻害要因

7. 土方　宏治（KPMGコンサルティング）	企業経営におけるビッグデータの利活用とそのリスクへの対応
特別講演会・基調講演：川北　英隆（京都大学）	京都企業が世界を変える
ゲスト講演：鈴木　洋子（鈴木総合法律事務所・セブン＆アイ・ホールディングス）	社外監査役から見た企業のリスクマネジメント

▶第9回研究発表大会(2015年9月12日（土）)

発表者	発表タイトル
1. 藤原　浩一（同志社大学）	イノベーションの財務基盤破壊効果：確率過程モデルによるリスク計測試み
2. 樋渡　淳二（大東文化大学）	健康経営等による企業価値・個人社会の同時創造について
3. 中山　幸雄（筑波大学），津田　和彦（筑波大学）	継続的改善と組織精神性資産に関する考察
特別講演会・基調講演：加藤　康之（京都大学）	ESG投資と企業価値
ゲスト講演：大森　勉（関西大学大学院・前ユー・エス・ジェイ）	エンターテイメント産業におけるリスクマネジメント

▶第10回研究発表大会(2016年9月9日（金）)

発表者	発表タイトル
1. 小川　康（インテグラート）	事業投資のリターンを高める業務プロセス
2. 松本　俊一郎（明治大学）	農業のリスクマネジメント：契約栽培とリスク
3. 杉田　健（年金シニアプラン総合研究機構）	欧州年金基金のストレステストについて
4. 三木　隆二郎（年金シニアプラン総合研究機構）	わが国で取り組むべきESGのS課題に関する考察
5. 大本　隆，米田　尚史（野村アセットマネジメント）	ESG情報の株式投資への活用可能性
6. 宮井　博，杉浦　康之（日興リサーチセンター）	機関投資家のESGインテグレーションと企業のマテリアルな情報開示
7. 伊藤　佳一（SMBC日興證券）	個別企業バリュエーションにおけるガバナンスおよびESGファクターの有効性について
特別講演会・基調講演：太田　洋子（野村證券）	株主価値向上に向けた最近の日本企業の動き～株主資本コストを意識したROEの向上
対談：安藤　聡（オムロン）　　　川北　英隆（京都大学）	企業と投資家の対話の現場

●日本価値創造 ERM 学会　創立 10 周年記念シンポジウム（2016 年度）

		発　表　者
第 1 回（5 月 13 日（金）） 「ESG の観点から見た価値創造と資本市場」	【基調講演】 「ガバナンスを中心とした ESG 改革の最新事情―新たな段階に入った ESG と企業価値の関係：機関投資家の視点から―」	堀江　貞之［野村総合研究所］
	【パネルディスカッション】 「機関投資家，企業から見た ESG と企業価値」	＜パネリスト＞ 永安　正洋［日本電産］ 八木　博一［セコム企業年金基金］ 奥野　一成［農林中金バリューインベストメンツ］ ＜モデレータ＞ 加藤　康之［京都大学経営管理大学院］
第 2 回（7 月 22 日（金）） 「規制哲学転換の下での金融機関経営のあり方と今後の展望―金融機関の価値創造，ERM の進化の方向―」	【基調講演】 「金融規制の潮流と銀行 ERM」	吉藤　茂［三菱 UFJ フィナンシャルグループ］
	【パネルディスカッション】 「グローバルな金融監督規制と金融機関の ERM による価値創造」	＜パネリスト＞ 碓井　茂樹［日本銀行］ 玉村　勝彦［東京海上ホールディングス］ 村木　正雄［ドイツ証券］ 三宅　将之［日本工業大学大学院］ ＜モデレータ＞ 酒井　重人［グッゲンハイムパートナーズ］

要　旨

ESG 要因が企業価値に与える影響に関する見方は歴史的に変遷してきた。投資戦略は現在，第三世代に移行しているが，日本ではまだその戦略は緒に着いたばかりである。日本におけるガバナンス改革の進展の中で，その投資戦略が拡大するためには投資のバリューチェーン全体の変革が必要となる。

GPIF による ESG 投資導入の発表以来，ESG が機関投資家および企業の間で大きな注目を浴びている。本パネルでは年金基金，ファンドマネージャ，企業の各セクターから ESG の専門家を招き，ガバナンスを中心とした ESG の動向や意義について明らかにする。

バーゼルⅡの根底に流れていたバンカーとリスク管理とイノベーションに対する当局の信頼が崩れ，国際金融規制の見直しはリスク管理の改善から資本の絶対量の引き上げに移った（2016 年 4 月，ISDA における森金融庁長官講演）。リスク感応度よりも簡素さと比較可能性に比重を移しつつあるバーゼルⅢや，乱立する各国独自規制とその域外適用というグローバル規制からマルチナショナルな規制へとますます複雑化する金融規制の潮流を先ずは概観する。その上で，リーマンショック以降，銀行が取り組んできたリスクカルチャーの浸透というベーシックな活動や，ストレステストを強化しながら構築してきた RAF（リスク・アペタイト・フレームワーク）を紹介。規制動向を含め不確実性の高まる環境の中で，必要とされる ERM の要件は何かを考える。

基調講演でのグローバルな金融監督規制の流れを踏まえ，我が国の各金融機関における ERM を通じた価値創造が，はたしてどのように目指されてきたか，また金融機関のビジネスモデルが大きく変化しつつある中で，ERM のアプローチがどのような形でなされてゆくことにより，価値創造が可能になるのか，といった点を中心に，監督，金融機関，投資家等の観点から議論を深めてみたい。

		発　表　者
第3回（9月9日（金）） 「企業と投資家はいかに意見交換をするか─価値向上に向けた企業の動き─」	【基調講演】 「株主価値向上に向けた最近の日本企業の動き─株主資本コストを意識したROEの向上─」	太田　洋子［野村證券］
	【対　談】 「企業と投資家の意見交換の現場」	安藤　聡［オムロン］ 川北　英隆［京都大学］
第4回（11月18日（金）） 「企業における価値創造ERMの実践─多様な実践の形態からERM実践のあり方を考える─」	【基調講演】 「経営と価値創造ERM─ショッピングセンターを事例として─」	刈屋　武昭［城西国際大学］
	【パネルディスカッション】 「企業におけるERMの実践─実務担当者からの提言─」	＜パネリスト＞ 菅原　正［日産自動車］ 大森　勉［関西大学大学院・前ユー・エス・ジェイ］ ＜モデレータ兼パネリスト＞ 吉野　太郎［日本価値創造ERM学会］

要　旨

投資家と企業の意思決定においては，資本市場の目線に立脚した共通の尺度を持つことが望ましい。コーポレート・ガバナンス改革の進行により，企業サイドでもROEに対する意識が急速に高まっており，意思決定の際の共通の尺度としても定着しつつある。一方で，望ましいROE水準を検討する際には，株主資本コストとの差異に着目したエクイティ・スプレッドの概念が重要となる。この概念に基づいて，目指すべきROEや株主資本コストは一律ではなく，業種や企業の成長ステージによって異なるのではないかという仮説を定量データによって実証する。さらに，経営管理における資本コストの活用事例，定量モデルによるROE向上戦略の検討方法について紹介する。

企業価値創造と，その創造された企業価値を享受したいと考える投資家とが，実際にどのような意見交換するのかを探りたい。つまり，スチュワードシップ・コードの単なる形式ではなく，実際の姿を探ることに対談の目的がある。企業は企業価値の増大を図る主体であり，経済環境の短中期の変化を除外すれば，中長期的な企業価値の増大が目標となる。一方，中長期的な投資家は，ステークホルダーとして，中長期的な視点から企業価値増大に少しでも関与したいと考えるはずである。この意味で両者の目標は一致しており，議論が噛み合う。では，実際にどのような意見交換がなされるのだろうか。この噛み合った議論がスチュワードシップ・コードの精神の具体的な体現だと考えたい。そこで，具体的な意見交換のあり様を，対談によって少しでも可視化できればと考える。

事業会社における戦略的価値創造ERM経営思考法は，自らの事業に変動を与える下方リスクと上方リスク（機会）を理解し，収益機会を最大活用することである。これを日々のオペレーションへの対応と戦略的対応に実践していくことを，ショッピングセンター(SC)のERM経営の場合について議論する。「モノからコトへ」の購買行動の変化の影響がSCでも進み，環境の進化に適切に対応しないと，商業用施設ビジネスのサステナビリティ（集客力の維持向上）の基礎が失われていく。この講演では，「ERMとは，企業が価値創造する上で直面する不確実性を評価し，経営する理念目的に対して，戦略，プロセス，人材，技術，知識を整合的に統合する，構造化・規律化されたアプローチであり，ビジョン，戦略的目的と整合的なリスクマネジメントプロセスである」を基礎として，SCの各個別施設経営ごとに，リスクを抑制しながら収益最大化の基礎となる，①直接的な顧客であるテナント・ポートフォリオの選択とテナント経営問題，②変動・固定賃料の最適比率の導出，③進化イベントの識別と対応問題，を中心として議論する。議論は，刈屋・山村編著『商業用不動産施設の戦略的経営―価値創造ERMによるリスク・リターンの最適化戦略』（プログレス）を参考にする。

価値創造（毀損防止を含む）におけるERMは，業種および個別企業の特性・事業環境に応じて行う必要があり，多様であるため，自社に適したERMの実践方法を見出しにくいのが現状である。そのため，企業における価値創造ERMの実践とはいかなるものであるか，それを実現するためには何が必要なのかを事例に基づき，実務家の視点から議論することにより，ERMの実践に向けた一つの視点を提供したい。なお，議論は①ERMに求められる役割・機能，②構築すべき組織・機能とモニタリングのあるべき姿，③ERMを実践する中で遭遇する課題と対応の3つの観点から行いたい。

■索 引

【ア　行】

アーニング・アット・リスク　144
アーム社　131
アクティビスト　18
アクティブオーナーシップ　12
アニュアルレポート　147
アベノミクス　68, 129
アンチマネーロンダリング　55
イーアスつくば　178
イオンモールSC　178
インカム収益　25
イングランド銀行　103
インデプスレポート　154
インプライドベータ　132
インベストメント・チェーン　15, 160
伊藤レポート　121, 143
エクイティ・スプレッド　121
エマージングリスク　107, 110, 175
エンロン　ii, 170
英国PRA　54
英トムキンズ　225
オペレーショナルリスク　63, 109, 206, 214, 218
オムロン株式会社　116
オリンパス　ii
欧州債務危機　53

【カ　行】

ガバナンス　4
カルロス・ゴーン　196
カントリーリスク　127
会社法　iii, 212, 214
改正保険業法　79
花王　225
価値創造ERM経営　223
株主資本コスト　120
環境報告書　30
キャピタル収益　26
企業改革法　ii, 170
共同価値の創造　163
京都議定書　30
銀行ERM　62
金融安定理事会　93
金融規制　47
金融工学　49, 118
金融商品取引法　iii

金融庁　　105, 112
クオンツアナリスト　　118
クリエイティング・シェアード・バリュー　　31, 163
グループ・オブ・サーティー　　91
グロースの投資家　　157
経済価値ベース　　82
経済協力開発機構　　91
経済的付加価値　　137
経済同友会　　118
コーポレートガバナンス・コード　　5, 116, 145
コーポレートガバナンス原則　　91
コーポレートリスク　　199
ココディール　　180
コンダクト・リスク　　54
コンプライアンス　　55
国際スワップ・デリバティブ協会　　47
国際保険監督者機構　　81
固定賃料　　190

【サ　行】

サーベンス・オクスリー　　170
サブプライム　　49
サンタンデール銀行　　70
財務情報　　159
財務レバレッジ　　135
システミックリスク　　60
シャープ　　ii
時価会計　　50

自己資本充実度評価　　66
資生堂　　225
証券化　　49
新日本有限責任監査法人　　ii
スタグフレーション・シナリオ　　69
スチュワードシップ・コード　　5, 116, 145
ストレステスト　　48, 62, 67
スマートベータ　　12, 39
セコム　　23
セブン・アンド・アイ　　225
西武そごう　　177
積水化学　　135
戦略リスク　　205, 206, 214, 218
ソニー　　31
ソフトバンク　　ii, 128
ソルベンシーⅡ　　80
総損失吸収力　　59

【タ　行】

ダウ　　126
ダウ・ジョーンズ　　220
タテホ・ショック　　47
大和ハウス　　178
チャンスマップ　　205
地球環境サミット　　30
地政学リスク　　127
ディープラーニング　　142
テーマ投資　　12
テナント入替え戦略　　190, 192

247

テナントポートフォリオ	181, 184
テナントミックス	184
デュポン	126
帝人	225
定量分析	118
定量モデル	118
ドイツ銀行	70
トータル収益	25
トップダウン・アプローチ	63, 132
トヨタ	ii
東京ガス	225
統合レポート	147
東芝	ii
取締役会	215, 216
取締役会評価	163

【ナ 行】

内部統制委員会	198
ニューヨーク連銀	54
日産	ii, 196, 225
日本価値創造 ERM 学会	i, v, 1
日本政策投資銀行	53
日本電産	23
年金積立金管理運用独立行政法人	4
野村證券	225

【ハ 行】

バーゼルⅡ	47, 91
バーゼルⅡ合意	50
バーゼルⅢ	91
バーゼル銀行監督委員会	56
パッシブ投資	12
パッシブ投資家	17
パナソニック	224, 225
バリュー・アット・リスク	46, 91, 144
バリューの投資家	157
ビジネスモデル	47, 107
ヒストリカル・シミュレーション法	48
ヒストリカルベータ	132
ビッグデータ	142, 194
非財務情報	158
ファーストリテイリング	128
フィデューシャリー	26
フィンテック	105
フェア・ディスクロージャー	146
フェアバリュー	50
フォワード・ルッキング	ii, 171, 174
ブラックマンデー	47
プルーデンス政策	60
ブロックチェーン	105
ベータ	128
米デュポン	225
米国 FRB	54
変動賃料	190
ボーダフォン	131
ボトムアップ・アプローチ	63, 132
包括的資本分析レビュー	58

保険会社の ERM　77

【マ・ヤ行】

マーケットバリュー　50
マーサー　7
マクロプルーデンス　69
マルチファクターモデル　133
みずほ FG　225
三越伊勢丹　177
三菱自動車　ii
メリルリンチ　ii
モニタリング　207
ヤマハ発動機　225
ユニバーサル・スタジオ・ジャパン
　200

【ラ・ワ行】

ららぽーと SC　178
リアルオプション　174, 176
リーマン　ii
リーマンショック　44, 47, 48, 82
リスク・プロセスアプローチ　223
リスクアペタイト・フレームワーク
　v, 46, 62, 63
リスクオーナー　199
リスクカルチャー　71
リスクサーベイ　200
リスクフリーレート　127
リスクプレミアム　127

リスクマップ　68, 205
流動性リスク管理　51
ルノー　196
レピュテーションリスク　109
ロハス　184
ロボ・アドバイザー　105
ワールドコム　ii, 170

「3線」モデル　93, 94, 98
AMA　57
ANA　225
APPLE　126
Best-in-class 投資　12
CCAR　58
CFA 協会　13
COSO　2, 91, 170
Creating Shared Value　31
CSR　23, 24, 161
CSR 報告書　23
CSV　163
CVA　59
D/E レシオ　135
DJSI　167, 220
Dow　126
Du Pont　126
ERM（Enterprise Risk Management）
　v
ERM（Enterprise Risk Management）
　学会　2
ERM 経営プロセス　i, 2

ESG（Environmental, Society, Governance） x
ESR（Economic Solvency Ratio） 88
fiduciary 26
FRB 109
FSB 93
FTSE 220
FTSE4Good 167
G30 91
GPIF 4, 7, 8, 9, 17
G-SIBs 57, 59
IAIS 81
ICAAP 66
ICS（International Capital Standard） 81
IIA 93
IR 145
IRオフィサー 146, 156
ISO14001 31
JAVCERM i
JBIC 53
JPモルガン 55
KPI（Key Performance Indicator） 173
KPMG 71
KRI（Key Risk Indicator） 173
LCR 59
LCR規制 52
LCワールド 178
lifestyles of health and sustainability 184
MSCI 162, 167
Munich Re 88
NII 65
NSFR 59
NSFR規制 52
OECD 91
OECDコーポレートガバナンス原則 91, 93
ORSA 84, 85
PBR 121
PDCAサイクル 65, 208
PDCAプロセス 64
PER 134
RAF v
RCP（Recovery Plan） 70
RobecoSAM 167
ROE 18, 64, 120
ROIC経営 152
RORA 64
SDGs 163
SOX法 ii, 170
TLAC 59
tone at the top 72
USJ 200

《日本価値創造ERM学会創立10周年記念シンポジウム》
企業の価値創造経営プロセスの新たなる体系化をめざして

2017年9月5日　印刷
2017年9月15日　発行

編　者　JAVCERM10周年記念書籍刊行委員会

発行者　野々内邦夫

発行所　株式会社プログレス　〒160-0022　東京都新宿区新宿1-12-12
　　　　　　　　　　　　　　電話03(3341)6573　FAX03(3341)6937
　　　　　　　　　　　　　　http://www.progres-net.co.jp
　　　　　　　　　　　　　　e-mail: info@progres-net.co.jp

■落丁本・乱丁本はお取り替えいたします。

モリモト印刷株式会社

本書のコピー，スキャン，デジタル化等の無断複製は著作権法上での例外を除き禁じられています。本書を代行業者等の第三者に依頼してスキャンやデジタル化することは，たとえ個人や会社内での利用でも著作権法違反です。

ISBN978-4-905366-67-6　C2034

商業用不動産施設の戦略的経営
価値創造エンタープライズ・リスクマネジメント（ERM）によるリスク・リターンの最適化戦略

刈屋武昭（城西国際大学特任教授・一橋大学名誉教授）
山村能郎（明治大学専門職大学院グローバル・ビジネス研究科教授）

■A5判・240頁
■本体3,000円+税

●主要目次●
第1章 商業用不動産施設の経営と開発−展望
第2章 商業用不動産施設経営の不確実性に対する思考法
第3章 商業用不動産施設の価値創造ERM経営とリアルオプション
第4章 固定賃料と変動賃料とテナント入替ルールの分析枠組み
第5章 最適変動・固定ミックス賃料と最適テナント入替ルール
第6章 テナント・ポートフォリオの効果

賃貸・分譲住宅の価格分析法の考え方と実際
ヘドニック・アプローチと市場ビンテージ分析

刈屋武昭 [城西国際大学特任教授・一橋大学名誉教授]
小林裕樹 [三井ホームエステート株式会社]
清水千弘 [日本大学スポーツ科学部教授]

■A5判・348頁
■本体4,200円+税

●主要目次●
▶経済学的なヘドニック市場需給均衡分析と問題点
▶ヘドニック分析での属性識別とビンテージ評価
▶ヘドニック価格分析法の考え方と実際的分析法
▶モデル選択と非線形属性変数の定式化
▶東京23区の住宅価格関数のモデル選択プロセスと非線形属性変数
▶横浜市鶴見区鶴見駅周辺エリアにおける賃料価格分析
▶東京都国立市国立駅周辺エリアにおける賃料価格分析
▶住宅価格・賃料分析への展望：需要者属性とアメニティ属性